Das 19. Jahrhundert als Mediengesellschaft

Ateliers des
Deutschen Historischen Instituts Paris

Herausgegeben vom
Deutschen Historischen Institut Paris

Band 4

R. Oldenbourg Verlag München 2009

Das 19. Jahrhundert als Mediengesellschaft

Les médias au XIXe siècle

Herausgegeben von Jörg Requate

R. Oldenbourg Verlag München 2009

Ateliers des Deutschen Historischen Instituts Paris
Herausgeberin: Prof. Dr. Gudrun Gersmann
Redaktion: Veronika Vollmer
Anschrift: Deutsches Historisches Institut (Institut historique allemand)
Hôtel Duret-de-Chevry, 8, rue du Parc-Royal, F-75003 Paris

Bibliografische Information der Deutschen Nationalbibliothek
Die Deutsche Nationalbibliothek verzeichnet diese Publikation in der Deutschen Nationalbibliografie; detaillierte bibliografische Daten sind im Internet über <http://dnb.d-nb.de> abrufbar.

© 2009 Oldenbourg Wissenschaftsverlag GmbH, München
Rosenheimer Straße 145, D-81671 München
Internet: oldenbourg.de

Das Werk einschließlich aller Abbildungen ist urheberrechtlich geschützt. Jede Verwertung außerhalb der Grenzen des Urheberrechtsgesetzes ist ohne Zustimmung des Verlages unzulässig und strafbar. Dies gilt insbesondere für Vervielfältigungen, Übersetzungen, Mikroverfilmungen und die Einspeicherung und Bearbeitung in elektronischen Systemen.

Umschlaggestaltung: Thomas Rein, München

Gedruckt auf säurefreiem, alterungsbeständigem Papier (chlorfrei gebleicht).
Gesamtherstellung: Grafik + Druck GmbH, München

ISBN 978-3-486-59140-8

Inhalt

Jörg REQUATE
Einleitung 7

I.
Konzeptionelle Fragen der Mediengesellschaft des 19. Jahrhunderts
Questions conceptuelles de la société des médias au XIXe siècle

Marie-Ève THÉRENTY
Les débuts de l'ère médiatique en France 20

Jörg REQUATE
Kennzeichen der deutschen Mediengesellschaft des 19. Jahrhunderts 30

Christian DELPORTE
La société médiatique du XIXe siècle vue du XXe siècle 43

II.
Presse als Medium gesellschaftlicher Selbstorganisation
Le rôle de la presse dans l'évolution sociétale

Thorsten GUDEWITZ
Die Nation vermitteln – Die Schillerfeiern von 1859 und die mediale
Konstituierung des nationalen Festraums 56

Alice PRIMI
La presse, un lieu de »citoyenneté« pour les femmes? (France et Allemagne,
1848–1870) 66

III.
Die alltäglichen Sensationen – Le sensationnel au quotidien

Anne-Claude AMBROISE-RENDU
Les faits divers ou la naissance d'une instance médiatique de régulation
du monde? 78

Philipp MÜLLER
»Éducateur« ou »mauvais garçon«?
Le capitaine de Köpenick et les bouleversements du paysage médiatique
dans l'Allemagne de Guillaume II 89

IV.
Skandalisierung – Scandalisation

Frank BÖSCH
Limites de »l'État autoritaire«. Médias, politique et scandales dans l'Empire ... 100

Martin KOHLRAUSCH
Medienskandale und Monarchie. Die Entwicklung der Massenpresse und die
›große Politik‹ im Kaiserreich 116

V.
Visualisierung – Visualisation

Laurent BIHL
Les données législatives et les politiques de coercition de l'image entre 1881
et 1914 132

Daniela KNEISSL
Illustrierte Presse für den republikanischen Bauern: »Le Père Gérard.
Gazette nationale des communes« (1878–1887) 152

Ludwig VOGL-BIENEK
Projektionskunst und soziale Frage. Der Einsatz visueller Medien in der
Armenfürsorge um 1900 162

Frank BECKER
Augen-Blicke der Größe. Das Panorama als nationaler Erlebnisraum nach
dem Krieg von 1870/71 178

Personenregister 192

Medienregister 194

Autorinnen und Autoren 196

JÖRG REQUATE

Einleitung

Der Begriff »Mediengesellschaft« ist zu einer gängigen Selbstbeschreibungskategorie der Gegenwartsgesellschaft geworden. Ohne im Alltagsgebrauch ganz scharf konturiert zu sein, bezieht er sich auf die, zumindest dem Anschein nach, zentrale Bedeutung der Medien in der Jetztzeit. Die immer neuen Fernsehformate, die ihre eigenen Stars und ihre eigenen Skandale hervorbringen und Agenda setzend in die Gesellschaft hineinwirken, evozieren den Begriff ebenso wie die stets neuen medialen Inszenierungen der politischen Akteure. Trotz unterschiedlicher Mediensysteme und unterschiedlicher Traditionen im Umgang mit den Medien gilt dies für moderne Gesellschaften insgesamt und konkret für Frankreich in ähnlicher Weise wie für Deutschland. Nachdem etwa in der Bundesrepublik mit Gerhard Schröder ein Bundeskanzler regierte, der aufgrund seines offensiven Umgangs mit dem Fernsehen und manchen Zeitungen als »Medienkanzler« bezeichnet worden ist, nimmt der derzeitige französische Präsident Sarkozy als Akteur wie als Objekt der Medien eine weltweit fast einzigartige Stellung ein.

Die Medien selbst haben einen erheblichen Anteil daran, den Begriff der Mediengesellschaft zu popularisieren. Sie nehmen die Rolle der Beobachter dritter Ordnung ein, indem sie die Beschreibungs- oder Analysekategorie ihrer eigenen medialen Beobachtung zum Gegenstand neuer medialer Betrachtungen machen. Jenseits des eher diffusen Gefühls von der wachsenden Bedeutung medialer Inszenierungen hat sich in letzter Zeit vor allem die Mediensoziologie bzw. die Medien- und Kommunikationswissenschaft bemüht, den Begriff der Mediengesellschaft schärfer zu fassen und analytisch verwendbarer zu machen[1]. So lässt sich die verstärkte Beschäftigung mit den Medien und der Versuch, deren Bedeutung begrifflich zu fassen, selbst als ein Phänomen der Mediengesellschaft begreifen. Die Entstehung und Expansion der Medien- und Kommunikationswissenschaft, wie sie vor allem in Deutschland zu verzeichnen ist, kann ohne weiteres als Reaktion auf die Expansion und den Bedeutungsgewinn der Medien gesehen werden. In diesem Zusammenhang ist auch die Geschichte der Medien immer schon mit untersucht worden. Die deutsche Geschichtswissenschaft hat allerdings erst sehr spät begonnen, sich intensiver mit den Medien zu befassen. Dies ist insofern von Bedeutung, als sich damit die Perspektive verändert hat. Favorisieren die Arbeiten, die in einer zeitungs- bzw. medien- und kommunikationswissenschaftlichen Tradition stehen, einen Blick, der vorrangig die eigene Entwicklungslogik der Medien untersucht, rücken aus geschichtswissenschaftlicher Perspektive stärker gesellschafts-, sozial- und kulturgeschichtliche Fragestellungen in den Mittelpunkt.

---

[1] Vgl. u.a. Ottfried JARREN, »Mediengesellschaft« – Risiken für die politische Kommunikation, in: Aus Politik und Zeitgeschichte, B 41–42 (2001), S. 10–19; Kurt IMHOF u.a. (Hg.), Demokratie in der Mediengesellschaft, Wiesbaden 2006.

In Frankreich hat sich eine zeitungswissenschaftliche Tradition, wie sie in Deutschland seit dem frühen 20. Jahrhundert entstand, nicht in derselben Weise wie im Nachbarland herausgebildet[2]. Anstelle einer eigenständigen institutionellen Verankerung einer Medien- und Kommunikationswissenschaft ist in Frankreich die Beschäftigung mit den Medien dagegen von Beginn an stärker in die klassischen Disziplinen der Soziologie, Philosophie und der Geschichtswissenschaft eingebunden gewesen. Untersuchungen zu den Medien sind daher in Frankreich zumeist stärker in die Analyse von gesellschaftlichen und kulturellen Prozessen und Praktiken eingebunden. Dies gilt nicht zuletzt für die Epoche der Französischen Revolution und die Entwicklungen, die ihr vorangegangen sind: Die Frage nach den »kulturellen Ursprüngen« und der Bedeutung der Aufklärung für die Revolution war unmittelbar verbunden mit Fragen nach der Verbreitung und der Wirkung medial vermittelten Gedankenguts. Roger Chartiers Untersuchungen zum Leseverhalten oder Robert Darntons und Arlette Farges Studien zur Verbreitung, Kontrolle und Bedeutung von Schriften und Gerüchten gehören genau in diesen Zusammenhang[3]. Etwas provozierend hat Robert Darnton auf der Basis seiner Arbeiten den Begriff der »Informationsgesellschaft« bereits für das Paris des ausgehenden 18. Jahrhunderts verwendet[4]. Dem kann leicht entgegengehalten werden, dass Darnton hier etwas modisch einen Begriff der Gegenwartsgesellschaft aufgreift und anachronistisch verwendet. Die bedeutenden Unterschiede zwischen den Informationsmöglichkeiten des ausgehenden 18. und des beginnenden 21. Jahrhunderts liegen unmittelbar auf der Hand. Die Vormoderne insgesamt war in vielem gerade durch den Mangel an gesicherten Informationen gekennzeichnet. Die Grenze zwischen Nachrichten und Gerüchten war vielfach fließend und die Frage, was für wahr gehalten wurde, hing von vielen Faktoren ab[5]. Wenn Darnton dennoch den Begriff der Informationsgesellschaft verwendet, zielt er darauf, die Bedeutung der spezifischen Art von Informationsvermittlung und -gewinnung in den Mittelpunkt des Interesses zu rücken.

Aber auch jenseits der Französischen Revolution hat die Frühneuzeitforschung die Bedeutung der Kommunikation seit einigen Jahren stark hervorgehoben. Im deutschen Kontext ist im Rahmen der Reformation von einer »Kommunikationsrevolution«

---

[2] Zur Geschichte der deutschen Zeitungswissenschaft vgl. u.a. Rüdiger VOM BRUCH (Hg.), Von der Zeitungskunde zur Publizistik. Biographisch-institutionelle Stationen der deutschen Zeitungswissenschaft in der ersten Hälfte des 20. Jahrhunderts, Frankfurt a.M. 1986.

[3] Nur einige der wichtigsten Titel: Roger CHARTIER, Culture écrite et société. L'ordre des livres (XIVe–XVIIIe siècle), Paris 1996; Arlette FARGE, Dire et mal dire. L'opinion publique au XVIIIe siècle, Paris 1992; DIES., Lauffeuer in Paris. Die Stimme des Volkes im 18. Jahrhundert, Stuttgart 1993; Robert DARNTON, The Literary Underground of the Old Regime, Cambridge (Mass.) 1982; DERS., Literaten im Untergrund. Lesen, Schreiben und Publizieren im vorrevolutionären Frankreich, München 1985.

[4] Robert DARNTON, An Early Information Society: News and the Media in Eighteenth-Century Paris, in: American Historical Review 105.1 (2000), S. 1–35. In elektronischer Form mit entsprechender Verlinkung: http://www.historycooperative.org/journals/ahr/105.1/ah000001.html.

[5] Vgl. hierzu Jörg REQUATE, »Unverbürgte Sagen und wahre Fakta«. Anmerkungen zur Kultur der Neuigkeiten in der deutschen Presselandschaft zwischen dem 18. und der ersten Hälfte des 19. Jahrhunderts, in: Bernd SÖSEMANN (Hg.), Kommunikation und Medien in Preußen vom 16. bis zum 20. Jahrhundert, Stuttgart 2002, S. 239–254.

gesprochen worden und Peter Burke und andere haben gerade über den Fokus der Kommunikation eine neue Perspektive auf die Frühe Neuzeit geworfen[6]. Aus der Sicht des Historikers des 19. und 20. Jahrhunderts erscheint die auf die Frühe Neuzeit angewendete Terminologie als etwas zu »modernistisch«. Dennoch verdeutlichen diese Forschungen eindrucksvoll, wie eng kulturelle, gesellschaftliche und kommunikative Prozesse miteinander verwoben sind. Dabei rücken die technischen Verbreitungsmedien wie Flugblätter, Zeitungen und Broschüren in den Blickpunkt des Interesses und nicht umsonst haben viele in diesem Kontext die Erfindung des Buchdrucks als wichtige Epochenschwelle betont[7]. Dennoch bleibt sowohl für die »Kommunikationsrevolution« des 16. Jahrhunderts als auch für Darntons »Informationsgesellschaft« des 18. Jahrhunderts die Verbindung von mündlicher und schriftlicher Kommunikation fundamental. Lieder, Erzählungen, Zeitungen oder Bücher erscheinen hier als eng miteinander verbundene Kommunikationsmedien, die die kulturellen und gesellschaftlichen Veränderungsprozesse nicht nur widerspiegeln, sondern tragen.

Springt man von der Frühen Neuzeit ins 20. Jahrhundert, hat sich die Forschung von einem breiten Blick auf gesellschaftliche Kommunikation insgesamt deutlich stärker auf die Medien fokussiert. Die wachsende Bedeutung und Ausdifferenzierung der Medien, deren immer komplexere institutionelle Basis, die immer augenfälligeren Eigengesetzlichkeiten und nicht zuletzt das wachsende ökonomische Gewicht lassen diese Verlagerung verständlich werden. Vor allem in Deutschland hat zudem der zentrale systemtheoretische Bezug weiter Teile der Medienwissenschaft dazu beigetragen, dass die Eigenlogik des »Systems der Massenmedien« in der Forschung immer mehr an Gewicht gewonnen hat[8]. Gesellschaftliche Kommunikation erscheint hier folglich zum Teil auf massenmediale Kommunikation reduziert. Das 19. Jahrhundert hat zwischen diesen beiden Polen in der Forschung vor allem in Deutschland in letzter Zeit erstaunlich wenig Beachtung gefunden. Die meisten aktuellen Forschungen konzentrieren sich hier mehr auf das ausgehende 19. Jahrhundert, das aus mediengeschichtlicher Perspektive in gewisser Weise bereits als beginnendes 20. Jahrhundert begriffen wird. In Frankreich haben Marie-Ève Thérenty und Alain Vaillant vor wenigen Jahren das Jahr 1836 – als Émile de Girardin mit »La Presse« und Armand Dutaq mit »Le Siècle« auf den Markt kamen – provokativ zum »Jahr eins des medialen Zeitalters« erkoren[9]. Die Zäsur ist ohne Zweifel plakativ gesetzt und nicht jeder wird der vorgenommenen Qualifizierung folgen. Doch wird mit ihr die Aufmerksamkeit darauf gelenkt, dass Prozesse der Medialisierung keineswegs dem 20. Jahrhundert vorbehalten waren. Die in Frankreich entstandenen Arbeiten, die für das 19. Jahrhundert die wachsende Bedeutung der Medien und die wachsende Verschränkung gesellschaftlicher, kultureller

---

[6] Michael NORTH (Hg.), Kommunikationsrevolutionen. Die neuen Medien des 16. und 19. Jahrhunderts, Köln 1995.
[7] In diesem Sinne u.a.: Michael GIESECKE, Der Buchdruck in der Frühen Neuzeit. Eine historische Fallstudie über die Durchsetzung neuer Informations- und Kommunikationstechnologien, Frankfurt a.M. 1991.
[8] Niklas LUHMANN, Die Realität der Massenmedien, Opladen 1995.
[9] Marie-Ève THÉRENTY, Alain VAILLANT, 1836, l'an I de l'ère médiatique. Étude littéraire et historique du journal »La Presse«, d'Émile de Girardin, Paris 2001.

und medialer Entwicklungen analysieren, sind in diesem Kontext zu verorten[10]. So bleibt allerdings die Frage, wie das 19. Jahrhundert zwischen der »Kommunikationsrevolution« der Frühen Neuzeit und den massiven Medialisierungsprozessen des 20. Jahrhunderts zu fassen ist. Dabei steht »das 19. Jahrhundert« weniger für eine konkrete Zeitspanne als vielmehr für die Phase des Übergangs zwischen den medialkommunikativen Bedingungen des 18. Jahrhunderts und der voll ausgeprägten medialen Moderne des 20. Jahrhunderts.

Wenn hier nach der »Mediengesellschaft des 19. Jahrhunderts« gefragt wird, geht es somit weniger darum, den Beginn der medialen Moderne einfach vorzuverlagern, als darum, nach den Spezifika der Übergangsphase zu fragen. Der Begriff der Mediengesellschaft dient dabei zum einen dazu, den Blick nicht allein auf mediale Entwicklungen, sondern auf deren Verschränktheit mit gesellschaftlichen Entwicklungen zu werfen, und zum anderen, die Spezifika des 19. Jahrhunderts schärfer zu fassen.

Was also bezeichnet der Begriff genau und wie lässt er sich auf das 19. Jahrhundert beziehen? Der Kommunikationswissenschaftler Otfried Jarren nennt in seiner auf die Gegenwart bezogenen Definition insgesamt fünf zentrale Punkte: eine enorme quantitative und qualitative Ausbreitung der Medien und ihrer Angebotsformen, die Herausbildung neuer Medienformen, die rasante Beschleunigung der Vermittlungsgeschwindigkeit, die immer stärkere Durchdringung aller gesellschaftlichen Bereiche durch die Medien und schließlich eine wachsende Aufmerksamkeit für die Medien und alles, was in den Medien passiert[11]. Die quantitative Aufbereitung der Angebotsformen bezieht er insbesondere auf das rasante Anwachsen privater Fernsehstationen, wie es seit den 80er Jahren sowohl in der Bundesrepublik als auch in Frankreich zu beobachten ist. Mit der Herausbildung neuer Medienformen ist insbesondere das Internet, aber auch das Entstehen von Spartenkanälen und Zielgruppenzeitschriften gemeint. Das rasante Anwachsen der Vermittlungsgeschwindigkeit bezieht sich auch vor allem auf das Internet, das rund um die Uhr neue Nachrichten zur Verfügung stellt.

Abstrahiert man diese Punkte von den gegenwärtigen (technischen) Entwicklungen, werden erstaunliche Parallelen zum 19. Jahrhundert sichtbar. Die quantitative Ausbreitung der publizistischen Medien spielte sich in erster Linie im Bereich der Printmedien ab, verlief hier aber ohne Zweifel eindrucksvoll. Nur ein paar Zahlen sollen dies veranschaulichen. In der ersten Hälfte des 19. Jahrhunderts erreichte die wohl wichtigste deutschsprachige Zeitung, die »Augsburger Allgemeine«, kaum 10 000 Exemplare, die Berliner »Vossische Zeitung« kam 1848 immerhin auf rund 20 000 Exemplare. Der 1883 gegründete »Berliner Lokal-Anzeiger« erreichte bei viel größerer Konkurrenz schnell eine Auflage von 100 000. Die Zahl der Zeitungen stieg ebenso schnell wie der Umfang, und zu Beginn des 20. Jahrhunderts kamen manche Zeitungen nicht nur mit zwei, sondern mit bis zu vier Ausgaben pro Tag heraus[12]. In Frankreich ist die Expan-

---

[10] Vgl. hier insbesondere die Arbeiten von Dominique KALIFA, Crime et culture au XIXe siècle, Paris 2005; DERS., La culture de masse en France, Paris 2001 sowie eine Reihe von Untersuchungen und Tagungen, die am Centre de recherche en histoire du XIXe siècle entstanden sind.
[11] JARREN, »Mediengesellschaft« (wie Anm. 1), S. 10–19.
[12] Zahlenangaben für Deutschland finden sich zusammengestellt bei Rudolf STÖBER, Deutsche Pressegeschichte, Konstanz 2000.

sion noch augenfälliger. 1836 erschien Émile de Girardins »La Presse«, die schnell eine Auflage von über 30 000 Exemplaren erreichte und damit neue Maßstäbe setzte. Am Ende des Jahrhunderts übersprang der »Petit Parisien« die Marke von einer Million verkauften Exemplaren[13]. Von der Erscheinungshäufigkeit, dem Umfang, der Auflage und vielen anderen Faktoren her standen hier die Zeichen in allen Bereichen auf Expansion.

Was neue Medienformen anbelangt, differenzierte sich der Markt in großer Geschwindigkeit aus und ist mit dem Verweis auf Zeitungen und Zeitschriften nur sehr unzureichend beschrieben. Die politischen Zeitungen selbst bestanden bereits in unterschiedlichen Formen und wandelten sich zum Teil ganz erheblich. Entstanden vor allem in der ersten Jahrhunderthälfte immer wieder kleine und kleinste Blättchen für ein eng begrenztes Publikum, existierten zu Ende des Jahrhunderts umfangreiche Tageszeitungen mit mehreren spezialisierten Beilagen. Daneben entstand ein breites Spektrum von Zeitschriften, das von höchst populären Familienrevuen bis zu spezialisierten Wissenschaftsorganen reichte[14]. Kalender, Almanache und Bücher für ein sich immer stärker ausdifferenzierendes Publikum vervollständigten schließlich den Markt der Printmedien[15]. Mit der Fotografie, lithographischen Drucken, Postkarten, mit Panoramagemälden und mit den Anfängen bewegter Bilder, aus denen schließlich das Kino hervorging, entwickelte sich zudem eine Vielzahl weiterer neuer Medien und neuer Medienformen, die jenseits der textlichen auch visuelle Kommunikationsformen schufen und nutzten. Hier lassen sich nicht zuletzt Museen und Ausstellungen anfügen, die sich im ausgehenden 19. Jahrhundert zunehmender Popularität erfreuten und ähnlich wie die Panoramabilder große Menschenmengen anzogen. Damit erweiterte sich nicht allein das Spektrum medialer Darbietungsformen und Vermittlungsmöglichkeiten. Darüber hinaus nahmen gleichzeitig die Möglichkeiten des intermedialen Austausches zu, der als Kennzeichnung von Mediengesellschaften ebenfalls eine wichtige Rolle spielt. Was schließlich die Vermittlungsleistung und -geschwindigkeit angeht, brachten der Telegraph auf der einen und die Verbesserung der Drucktechnik – die Schnellpresse seit dem frühen 19. Jahrhundert und der Rotationsdruck in der 2. Hälfte des 19. Jahrhunderts – wahre Quantensprünge mit sich.

Die Frage, in welchem Maße alle gesellschaftlichen Bereiche von diesen Entwicklungen bereits »immer stärker und engmaschiger« durchdrungen wurden und die Medien »aufgrund ihrer hohen Beachtungs- und Nutzungswerte« immer mehr an gesamtgesellschaftlicher Aufmerksamkeit und Anerkennung erlangen, wie es Jarren für die Gegenwartsgesellschaft betont[16], ist damit allerdings noch nicht beantwortet, sondern als offene Forschungsfrage zu sehen. Ohnehin wäre es verfehlt, aus den hier aufgezeigten formalen Parallelen auch inhaltliche Parallelen abzuleiten. Grundsätzlich kann kein

---

[13] Weitere Zahlen zu Frankreich vgl. in dem Beitrag von Christian DELPORTE in diesem Band.
[14] Zur Zeitschriftenentwicklung vgl. immer noch Joachim KIRCHNER, Das deutsche Zeitschriftenwesen, seine Geschichte und seine Probleme, Wiesbaden 1962.
[15] Ein guter Überblick über den sich ausdifferenzierenden Bücher- und Zeitschriftenmarkt findet sich bei Georg JÄGER (Hg.), Geschichte des deutschen Buchhandels im 19. und 20. Jahrhundert. Das Kaiserreich 1871–1918, Frankfurt a.M. 2001/2003.
[16] JARREN, »Mediengesellschaft« (wie Anm. 1), S. 11.

Zweifel darüber bestehen, dass die mediale Durchdringung der Gesellschaft sowohl von der Seite des Konsums als auch von der Seite der »Fütterung« her selbst am Ende des 19. Jahrhunderts noch weit von den Dimensionen der Gegenwartsgesellschaft entfernt war. Diese Unterschiede sollten mit der Verwendung des Begriffs der Mediengesellschaft nicht verwischt werden. Doch mit den hier angedeuteten Prozessen macht er die Übergangsphase von der medial-kommunikativen Situation der Vormoderne zu derjenigen der Moderne sichtbar. Eine interessante Frage wäre in diesem Kontext, wie sich Darntons »Informationsgesellschaft« des 18. Jahrhunderts mit der heraufziehenden medialen Moderne vermischt und überlagert. Vieles spricht dafür, dass die von Darnton beschriebenen Verhältnisse keineswegs einfach verdrängt wurden. Mündliche Kommunikation und die Weitergabe von Gerüchten und Hörensagen lassen sich kaum einfach als traditionelle Kommunikationsform gegenüber modernen medialen Kommunikationsformen bezeichnen, da sie nicht nur bis in die Gegenwart fortwirken, sondern wohl auch in Zukunft ihren festen Platz behalten werden. Interessant, aber zumindest für das 19. Jahrhundert noch wenig erforscht, ist die Frage des Verhältnisses und der wechselseitigen Veränderungen und Beeinflussungen »traditioneller« und »moderner« Kommunikationsformen. Fragen danach, in welchem Maße sich der Stellenwert medialer Kommunikation für den Alltag der Menschen oder auch für die Arbeit politischer und gesellschaftlicher Organisationen verändert hat, sind dabei ebenso offen wie die Frage, in welchem Maße und in welcher Weise gedruckte Kommunikation Elemente mündlicher Kommunikation aufgriff oder sich davon löste. Ebenso unbeantwortet ist, in welcher Weise visuelle Kommunikation in andere Kommunikationsformen eindrang bzw. aktiv und gezielt eingefügt wurde.

Problemstellungen dieser Art greifen über die Möglichkeiten dieses Bandes hinaus, deuten aber die grundsätzliche Fragerichtung an, die durch die Projektion des Begriffs der Mediengesellschaft auf das 19. Jahrhundert evoziert wird. In fünf thematischen Abschnitten werden im Folgenden unterschiedliche Aspekte im Verhältnis von und im Veränderungsprozess zwischen Medien und Gesellschaft im 19. Jahrhundert aufgegriffen. Die Konzentration auf die deutsche und die französische Entwicklung ist dem Entstehungskontext dieses Bandes geschuldet: Die Tagung am Deutschen Historischen Institut in Paris hatte vornehmlich zum Ziel, die beiden nationalen Historiographien, die gerade im Bereich der Mediengeschichtsschreibung nur relativ wenige Berührungspunkte haben, stärker miteinander ins Gespräch zu bringen. Auf diese Weise wird der nationale Kontext klar überschritten, während hingegen insbesondere die englische Entwicklung weitestgehend unberücksichtigt bleibt. Dies war insofern eine bewusste Entscheidung, als England zwar in vielerlei Hinsicht eine Vorreiterrolle einnahm, aber auch von vielen Besonderheiten geprägt war. Dazu gehört einerseits die im europäischen Vergleich sehr frühe Liberalisierung im Bereich der Pressegesetzgebung und andererseits das stabile politische System, innerhalb dessen gerade auch die Parteien eine fast einzigartige Persistenz aufweisen. Deutschland und Frankreich liegen daher – trotz einer Vielzahl von Unterschieden im Einzelnen – vergleichsweise näher zusammen.

Der Band ist nicht im engeren Sinne konsequent vergleichend, aber in einer vergleichenden Perspektive angelegt und gruppiert sich für beide Entwicklungen um die gleichen Begriffe und Fragestellungen. Ohnehin geht es somit nicht primär um deutsch-französische Unterschiede, sondern um übergreifende Entwicklungen, die in beiden Ländern in unterschiedlichen Ausprägungen zu beobachten sind. Dabei steckt der erste Block aus der Perspektive der beiden Länder zunächst den allgemeinen Rahmen ab und fragt aus einer übergreifenden Perspektive nach etwaigen Spezifika der Mediengesellschaft des 19. Jahrhunderts. Diese Beiträge dienen auch der wechselseitigen Orientierung über die Entwicklungen in den beiden Ländern und beziehen sich von daher auf die jeweiligen nationalen Kontexte. Die hier aufgeworfenen Fragen gehen jedoch deutlich darüber hinaus. Marie-Ève Thérenty und Christian Delporte präsentieren zunächst unterschiedliche Perspektiven auf die französische Entwicklung des 19. Jahrhunderts. Thérenty untermauert hier noch einmal ihre provokante These vom Beginn des medialen Zeitalters im Jahr 1836. Thérenty richtet die Aufmerksamkeit auf eine Reihe wichtiger weitreichender Entwicklungen, im Zusammenhang mit der Gründung von »La Presse« und »Le Siècle«. Eingebettet waren diese Neugründungen in eine grundsätzliche Transformation der französischen Medienlandschaft, die sich nicht zuletzt in der Neugründung einer ganzen Reihe von literarischen Zeitschriften niederschlug. Das literarische Erzählen habe hier erheblich an Popularität gewonnen und auf diese Weise auch Eingang in den populären Feuilleton-Roman gefunden, der zu einem wichtigen Element der neuen Tageszeitungen wurde. Diese Lust am Erzählen, so Thérenty, habe sich schließlich in zunehmender Weise in den Zeitungen insgesamt, nicht zuletzt im Umgang mit Informationen, niedergeschlagen und so einen neuen Modus medialer Präsentation geschaffen.

Christian Delporte, der der Bitte nachgekommen ist, aus der Perspektive des 20. Jahrhunderts auf das 19. Jahrhundert zu blicken, fragt vor allem nach den Grundsteinen, die hier für die weiteren Entwicklungen im 20. Jahrhundert gelegt wurden. Dabei betont Delporte zunächst die zentrale gesellschaftliche Funktion der Presse, die sich diese auf der Basis eines liberalen Gesellschaftsmodells mit der entsprechenden Pressefreiheit erobert hat. Davon ausgehend war der Journalist in allen politischen Konzeptionen »ein Missionar« und in diesem Sinne sehr nah am deutschen Entwurf des »gesinnungsfesten« Kämpfers für seine Ideen[17]. Den Anspruch darauf, innerhalb der liberalen Gesellschaft eine zentrale, nicht zuletzt erzieherische Funktion einzunehmen, hat die Presse seitdem nicht aufgegeben. Der Kampf für die Pressefreiheit, so Delporte, verlieh den Journalisten zudem einen heroischen Nimbus, der nach der Befreiung und nach dem Zweiten Weltkrieg noch einmal erneuert wurde, und bildet bis heute eine zentrale Grundlage für deren professionelles Selbstverständnis. Nicht nur in dieser Hinsicht, sondern auch in der Durchsetzung der Marktmechanismen und der zunehmenden Macht des Publikums sieht Delporte die Grundlegungen klar im 19. Jahrhundert – auch in gesellschaftlichen Implikationen, die damit verbunden waren. Gingen Liberalisierung und Demokratisierung von Medien und Gesellschaft im 19. Jahrhundert unmittelbar Hand in Hand, war damit nicht zuletzt eine Entwicklung eingeleitet,

---

[17] Dazu Jörg REQUATE, Journalismus als Beruf. Entstehung und Entwicklung des Journalistenberufs im 19. Jahrhundert. Deutschland im internationalen Vergleich, Göttingen 1995, S. 264–271, S. 357–375.

so Delporte, die die Frage aufwirft, inwieweit eine »unkontrollierte Demokratisierung« der Medien günstig für die Demokratie insgesamt ist.
Der Blick zurück auf das 19. Jahrhundert könnte aus deutscher Perspektive prinzipiell ähnlich ausfallen. Doch während sowohl Thérenty als auch Delporte eher die Zäsuren, die Neuerungen und die enorme Dynamik der Entwicklung betonen, rücken aus deutscher Perspektive eher die retardierenden Faktoren in den Vordergrund. Die lange Phase der Zensur und anderer, die Pressefreiheit einschränkender Maßnahmen verlangsamten nicht nur die Medienentwicklungen, sondern prägten das Verhältnis von Presse und Gesellschaft in einer für den Übergang zur medialen Moderne typischen Weise. Sehr gut lässt sich hier zeigen, wie der erzieherische Anspruch, den auch Delporte hervorhebt, aus der Tradition der Volksaufklärung in der spezifischen Konzeption der Kombination von »Belehrung und Unterhaltung« weitergetragen wird. Unter den Bedingungen des entstehenden publizistischen Massenmarktes scheint dieser, vor allem in den Familienzeitschriften vertretene Anspruch zurückzutreten, ohne zu verschwinden. Das wachsende und sich ausdifferenzierende Publikum machte auch eine Neubestimmung im Verhältnis zu den Lesern notwendig, die zunehmend nicht mehr nur als potenzielle Empfänger einer Botschaft, sondern als Konsumenten zu verstehen waren. In der deutschen Presse vollzog sich dieser Wandel zwar langsamer als in der französischen. Grundsätzlich ist es aber eher eine Frage der Perspektive als des Landes, ob man eher die dynamischen oder eher die beharrenden Faktoren betont.

Nach dem einleitenden Block sollen in vier Themenbereichen zentrale Momente der Entwicklungen angeschnitten werden, in denen verdeutlicht wird, wie sich mediale und gesellschaftliche Entwicklungen immer stärker miteinander verzahnten. Beispiele dafür, wie die Presse zu einem wichtigen Medium gesellschaftlicher Selbstorganisation geworden ist, ließen sich in großer Zahl anführen, nicht zuletzt im Kontext der Parteienbildung. Mit den Beiträgen von Thorsten Gudewitz zu den Schillerfeiern und Alice Primi zur Presse der Frauenbewegung in Deutschland und Frankreich wurden hier jedoch gerade solche Bereiche gewählt, in denen sich die originäre selbstorganisatorische Bedeutung der Zeitungen deutlicher zeigt. Bei Gudewitz und Primi wird jeweils deutlich, dass die Medien den Organisationen nicht einfach nachgeordnet, sondern unmittelbarer Teil der personellen und kommunikativen Vernetzung waren, durch die die Selbstorganisation getragen wurde. Wie Thorsten Gudewitz zeigt, konnte erst das gegenseitige Beobachten das eigene Handeln in einen übergeordneten Bedeutungszusammenhang einordnen. Dadurch, dass sich die Akteure in der Organisation der Schillerfeiern mit anderen in Verbindung und in Bezug setzten, definierten sie sich als Teil des Nationsbildungsprozesses. Alice Primi unterstreicht, dass sowohl in Deutschland als auch in Frankreich die Presse – trotz aller Beschränkungen, die diese insbesondere auch für Frauen parat hatte – fast der einzige Ort war, um bürgerschaftliches Engagement zu zeigen.

Die Bedeutung mündlicher Kommunikation für den sozialen Zusammenhalt ist von Soziologen immer wieder hervorgehoben worden. Es spricht vieles dafür, dass im Zuge der rasanten Urbanisierung Zeitungen zwar keineswegs zum Ersatz mündlicher Kommunikation wurden, dieser aber neue Nahrung und einen erweiterten, über die unmittelbare Umgebung hinausgehenden Rahmen schufen. Mit den damit im Zusammenhang stehenden Fragen befasst sich der zweite Abschnitt zur »alltäglichen Unterhaltung« in den Zeitungen. Anne-Claude Ambroise-Rendu zeigt an ihrer Untersuchung der *faits divers* in den französischen Zeitungen des 19. Jahrhunderts, wie gerade diese Rubrik nicht nur alles andere als unpolitisch war, sondern wie hier gesellschaftliche Normen neu definiert und neu verhandelt wurden. Philipp Müller konzentriert sich auf einen besonders spektakulären Fall, die Beschäftigung mit dem Coup des »Hauptmanns von Köpenick«, der 1906 das Berliner Zeitungspublikum in Atem hielt. Auch bei Müller wird deutlich, wie hier die Zeitungen das Stadtgespräch initiierten, begleiteten und selber führten und hier insofern eine wichtige soziale Funktion erfüllten. Ähnlich wie bei Ambroise-Rendu zeigt sich auch hier die politische Auflagung derartiger Ereignisse, die damit unmittelbarer Anlass zur Auseinandersetzung um gesellschaftliche Normen waren.

Auch für die Mechanismen der Skandalisierung, um die es im anschließenden thematischen Block geht, spielt die Frage von Normen und Normverletzungen eine zentrale Rolle – nun jedoch auf einer weit höheren politischen Ebene. Frank Bösch und Martin Kohlrausch zeigen beide die wachsende Bedeutung und Macht der Presse, an deren Normsetzungen sich zunehmend auch die Eliten bis hin zum Kaiser messen lassen mussten. Wie die Sensationen des Alltags im Kleinen schufen die »großen Skandale« ein Publikum, das zwar keineswegs einheitlich war, das aber durch bestimmte Themen und durch die Diskussion um Normen und Normverletzungen zusammengebunden wurde. Für Frankreich fehlt hier leider ein entsprechender Beitrag, doch lassen sich prinzipiell ähnliche Mechanismen verfolgen. Der Panamaskandal verlieh dem Thema der Skandalisierung jedoch noch einmal eine besondere Nuance. Die Geschichte hatte ihren Ursprung in der Pleite der Panamagesellschaft im Jahr 1889. Drei Jahre später enthüllte die Zeitung »La Libre Parole«, dass sich über hundert Abgeordnete von der Gesellschaft hatten bestechen lassen, um weiter öffentliche Mittel durch das Parlament zu bewilligen, obwohl die finanzielle Schieflage der Gesellschaft längst offensichtlich gewesen war. Doch war die Presse hier nicht nur Ankläger, sondern sie saß bald mit auf der Anklagebank der Öffentlichkeit. Denn viele Zeitungen und Journalisten hatten sich ebenfalls bezahlen lassen und so die »abominable vénalité de la presse française« geradezu sprichwörtlich werden lassen. Dadurch war zwar der Ruf der Presse nachhaltig geschädigt, doch auf der anderen Seite zeigte sich ihre Bedeutung schon darin, dass sie ganz offensichtlich aufs engste mit der Politik und der Finanzwelt verwoben war und hier offenbar als ein wichtiger Machtfaktor gesehen wurde. Zudem erzeugte der Skandal eine fesselnde Fortsetzungsgeschichte, die ein nationales Publikum über Jahre hinweg in ihrem Bann hielt. Trotz ihres beschädigten Rufes war es allein die Presse, die den Skandal »am Leben hielt« und somit schließlich davon profitierte. Skandalisierung wurde also sowohl in Frankreich als auch in Deutschland am Ende des 19. Jahrhunderts zu einem Erzählmodus, der einerseits insbesondere die Politik einer neuen Art von Kritik aussetzte und andererseits die Presse zu einer Instanz machte, die diesen Erzählmodus bediente und von ihm profitierte.

Mit dem letzten inhaltlichen Schwerpunkt rücken unter dem Stichwort der »Visualisierung« Prozesse in den Mittelpunkt, die einerseits eng mit dem Aufstieg der Presse verbunden waren, andererseits aber darüber hinausgingen und andere Medien ins

Blickfeld geraten lassen. So greifen die zwei Beiträge von Laurent Bihl und Daniela Kneißl visuelle Aspekte aus der Presse auf, während Frank Becker mit den Panoramabildern und Ludwig Vogl-Bienek mit seinem Beitrag zum Einsatz von visuellen Medien – insbesondere in Form von »Projektionsaufführungen« – in der Armenfürsorge um 1900 zwei zugleich »neue« und spezifische Medien des 19. Jahrhunderts untersuchen. Alle vier Beiträge machen deutlich, wie vielfältig, aber auch wie selbstverständlich die Möglichkeiten der Visualisierung genutzt wurden. Die Kombination von Belehrung und Unterhaltung spielt hier einmal mehr eine zentrale Rolle, und zwar im französischen ebenso wie im deutschen und im englischen Kontext, wie die Beiträge von Daniela Kneißl und Ludwig Vogl-Bienek deutlich machen. Einen erstaunlichen und bislang wenig bekannten Einsatz von visuellen Medien untersucht Vogl-Bienek im Kontext von pädagogisch-philanthropischem Engagement im Bereich der Armenfürsorge in England und Deutschland. Hier wurde das »neue Medium« der Projektionskunst – eine Art Lichtbildervorführung mit Bewegungseffekten – genutzt, um das Publikum über die Faszination der Bilder über das Elend und die Gefahren der Verarmung aufzuklären. In der Untersuchung von Daniela Kneißl ist es dagegen weniger die Faszination als die Einfachheit der Bilder, die ihren pädagogischen Effekt erzielen soll. Zentral ist hier die Figur des Père Gérard, die einer populären französischen Zeitung für die Landbevölkerung ihren Namen gab und die sowohl textlich als auch visuell genutzt wurde, um die Landbevölkerung nach dem Ende des Zweiten Kaiserreichs an die Republik zu binden. Kneißl analysiert die über die einfachen Bilder transportierte Symbolik und deren Bedeutung für die »Republikanisierung« der Landbevölkerung. Sie zeigt hier auch, dass diese Bilder – etwa die Darstellung einer glücklichen bäuerlichen Großfamilie – mit textlichen Inhalten – etwa dem Eintreten für das Recht auf Scheidung – in einem gewissen Kontrast stehen und so eine doppelsinnige Botschaft vermitteln konnten. Die Bilder sind damit nicht nur eine Funktion des Textes, sondern entwickeln hier ihre eigene Logik und ihre eigenen Bedeutungskontexte.

Gerade diese Eigenschaft – das wird in dem Beitrag von Laurent Bihl deutlich – machte Bilder gerade im 19. Jahrhundert zu einem besonderen Problem der Zensur, aber auch zu einem reizvollen Mittel, die Grenzen des Erlaubten auszutesten. Bihl zeigt, dass das französische Pressegesetz von 1881 für die Bildpublizistik keineswegs jener Endpunkt im Kampf um die Pressefreiheit war, als der es gemeinhin gilt. Vielmehr lässt sich die Zeit bis zu Ersten Weltkrieg als eine Art Aushandlungsprozess über die Grenzen bildlicher Freiheit beschreiben, insbesondere was die Frage von Nacktheit und Pornographie betraf. Bihl zeigt, dass es zwar eine Reihe von Gesetzen gab, die die Freiheit des bildlich Zeigbaren einschränkten, die aber gerichtlich kaum durchgesetzt wurden. Stattdessen übten gerade satirische Blätter eine Selbstzensur aus, die einerseits staatlichen Maßnahmen zuvorkam, die aber andererseits an einer permanenten Ausweitung der Grenzen nicht interessiert war, um sowohl die Norm als auch deren Überschreitung noch deutlich machen zu können. Das Interesse derer, die gegen den »Niedergang der Moral« und gegen die »Pornographie« in den Zeitungen kämpften, koinzidierte insofern bis zu einem gewissen Grade mit den Autoren der satirischen Zeitungen. Der Beitrag von Bihl verweist folglich einmal mehr auf die Bedeutung des Kampfes um die Grenzen des in der Presse Schreib- und Zeigbaren, der das 19. Jahrhundert quer durch Europa in vielfältiger Weise durchzog. Ebenso verweist dieser auf die Bilder bezogene Kampf zusätzlich auf die Eigengesetzlichkeiten, denen die Visualisierung unterworfen war.

Auch Frank Beckers Beitrag zu den »Panorama-Bildern«, die Szenen aus dem deutsch-französischen Krieg von 1870/71 nachempfanden, zeigt die Eingebundenheit dieser Form der Visualisierung in gesamtgesellschaftliche Diskurse ebenso wie den bildlichen »Mehrwert«. Die riesigen, »begehbaren« Rundgemälde, die in Frankreich und in Deutschland große Popularität erreichten, schrieben sich in den Prozess der inneren Nationsbildung und der nationalistischen Begeisterung ein und ermöglichten den Zuschauern darüber hinaus eine spezifische Form des »Nacherlebens«. Dieses Potenzial, das den Zuschauern die Möglichkeit eröffnete, sich in das Gesehene hineinzuversetzen, hat die Panoramabilder aus mediengeschichtlicher Perspektive zum Teil in den Kontext der Vorgeschichte des Kinos gestellt. In jedem Fall zeigen sich an den Lichtbildprojektionen und an den Panoramabildern die neuen emotionalisierenden und faszinierenden Möglichkeiten, die ein neues Publikum in ihren Bann zogen.

Die Mediengesellschaft des 19. Jahrhunderts äußerte sich somit keineswegs nur in Printmedien und ging weit über geschriebene Texte hinaus. Dabei reicht das Spektrum der Visualisierungen gewiss weiter als hier vorgestellt. Von den Panoramabildern ließe sich der Weg schließlich zu vielfältigen Formen von Ausstellungen ziehen, die im ausgehenden 19. Jahrhundert immer mehr zu Publikumsmagneten wurden. Dennoch kann insgesamt kein Zweifel darüber bestehen, dass die Presse, insbesondere die Tagespresse, *das* Leitmedium des 19. Jahrhunderts war. Die periodische Presse, die sich in immer kürzeren Abständen und größerem Umfang von den Städten ausgehend über das gesamte jeweilige Land ausdehnte, entwickelte eine permanent fortgesetzte, vielfältig ausdifferenzierte Erzählstruktur mit einem stetig steigenden Bedarf an Inhalten, die auf die unterschiedlichste Weise mit gesellschaftlichen Entwicklungen verbunden waren. Dabei konnten punktuell spezifische mediale Darbietungsformen eine enorm große Menge an Menschen mobilisieren. Doch erhielten sie ihre Bedeutung und ihre Reichweite nicht zuletzt dadurch, dass die periodischen Medien darüber berichteten und sie in einen Kontext einbetteten. Die Schaffung von Erzählstrukturen für eine wachsende Flut an Neuigkeiten, die Marie-Ève Thérenty bereits für die 1830er Jahre in Frankreich als wichtigen Einstig ins »mediale Zeitalter« ausmacht, beschleunigte und erweiterte den gesellschaftlichen Kommunikationsprozess. Die Medien spielten dabei auch schon im 19. Jahrhundert eine immer wichtigere Rolle, blieben aber unmittelbar an gesellschaftliche Prozesse geknüpft.

Der vorliegende Band geht auf eine Tagung zurück, die am 7. und 8. Juni 2007 am Deutschen Historischen Institut in Paris durchgeführt wurde. Neben der spezifischen inhaltlichen Fragestellung verfolgte sie auch das Ziel, deutsche und französische Historiker auf dem Arbeitsfeld der Mediengeschichte stärker als bisher miteinander in Verbindung zu bringen. Für die finanzielle Unterstützung der Tagung und damit auch dieses Bandes danke ich neben dem DHI Paris der Deutsch-Französischen Hochschule und der FAZIT-Stiftung. Zum besonderen Gelingen der Tagung haben außer den Beiträgern insbesondere die Kommentatoren Andreas Biefang, Christophe Charle, Martina Kessel und Thomas Mergel beigetragen, denen an dieser Stelle noch einmal ausdrücklich gedankt sei. Schließlich möchte ich Karin Förtsch für die Unterstützung bei der Vorbereitung und Durchführung der Tagung, Veronika Vollmer und Michaline Skupin für die Unterstützung beim Lektorat und der Herstellung des Buches sowie Ann-Christin Meermeier und Carolin Stenz für die Hilfe bei der Lektüre und den Korrekturen der Manuskripte danken.

I.

Konzeptionelle Fragen der Mediengesellschaft des 19. Jahrhunderts

Questions conceptuelles de la société des médias au XIXe siècle

MARIE-ÈVE THÉRENTY

Les débuts de l'ère médiatique en France

En 2001, Alain Vaillant et moi-même avons publié un livre au titre un peu provocateur: »1836, l'an I de l'ère médiatique«[1]. Nous y semblions pris d'une frénésie anticipatoire puisque, en suggérant d'avancer d'une trentaine d'années le début de l'ère médiatique, nous interrogions les périodisations les plus osées, qui faisaient remonter cette culture aux années 1860. Nous proposions donc de dater les débuts médiatiques de 1836, date de création par Émile de Girardin du quotidien »La Presse«. Il s'agissait d'une date largement symbolique, qui permettait de renvoyer à une décennie où s'opère une révolution de la communication sensible aussi bien dans la prolifération des images (caricatures, lithographies), dans la naissance de nouveaux périodiques (grandes revues, magasins) que dans l'apparition de la transmédialité, de la sérialité et des produits dérivés. Il s'agissait surtout pour nous, en tant que littéraires, de signaler la naissance d'un »récit médiatique«, qu'il s'agira ici de définir, et de son envers, apparu de manière quasi concomitante, le discours antimédiatique. Notre analyse s'appuyait essentiellement sur une lecture du journal et sur la découverte d'un changement de paradigme fondamental dans le régime de l'information. Succède dans la presse à un discours essentiellement rhétorique fondé sur les techniques de l'éloquence et sur la volonté de convaincre son interlocuteur un mode essentiellement narratif de l'information, qui s'appuie sur le récit de l'événement. Ce mode narratif constitue le socle de toute société médiatique, qui fonde son développement sur des récits souvent fictionnels qui constituent le substrat d'un imaginaire social. Notre analyse, s'appuyant sur une étude des textes et des représentations diffusées par ceux-ci, invitait donc à une relecture globale du siècle en proposant de distinguer culture de masse et culture médiatique. Cette analyse rompait avec d'autres lectures de l'histoire, qui, avec d'autres méthodologies et d'autres définitions, arrivaient à des conclusions sensiblement différentes en matière de périodisation. Mais la périodisation ne constitue évidemment pas une science exacte, et ses divergences ont l'utilité de faire sourdre de nouveaux objets, de manifester des articulations jusque-là invisibles et de mettre à jour des phénomènes culturels essentiels. Avant de revenir à ce qui pour nous et pour d'autres aujourd'hui – puisqu'une large équipe travaille actuellement à un ouvrage collectif intitulé »La civilisation du journal«[2] – constitue les caractéristiques d'une civilisation médiatique, il sera utile de faire l'historiographie de cette notion en France et des périodisations qui lui sont associées.

---

[1] Marie-Ève THÉRENTY, Alain VAILLANT, 1836, l'an I de l'ère médiatique. Étude littéraire et historique du journal »La Presse«, d'Émile de Girardin.
[2] Dominique KALIFA, Philippe RÉGNIER, Marie-Ève THÉRENTY et al. (dir.), La civilisation du journal. Histoire culturelle et littéraire de la presse, Paris 2010.

HISTORIOGRAPHIE DE LA NOTION D'»ÈRE MÉDIATIQUE«

La notion de »culture médiatique« a été créée au XXe siècle d'abord pour définir des réalités apparues après la Seconde Guerre mondiale. Comme le rappelle Christian Delporte dans un article retraçant l'histoire des médias, le mot »médias« fait son entrée dans la langue française en 1953, et la notion de culture médiatique[3], qui

> suppose de considérer le champ des médias comme un système de représentations nourri par des supports divers, concurrentiels, complémentaires, en constante mutation, bâtis à partir d'écrits, de sons, d'images, ancrés dans la perception du réel ou la création fictionnelle[4]

a servi d'abord à désigner la période contemporaine de la création de cette notion, soit le lendemain de la Seconde Guerre mondiale.

Comme souvent dans le cas de la création d'un concept, les historiens se sont rapidement interrogés sur la présence antérieure du phénomène et sur la validité de cette notion, notamment avant le XXe siècle. Jean-Yves Mollier[5] a ainsi proposé, dans une série d'articles, de dater de la Belle Époque le développement de la culture médiatique en France. Selon Jean-Yves Mollier, l'apparition d'une presse populaire et non politique constitue la condition majeure du développement d'une culture véritablement médiatique, qui s'appuie notamment sur la diffusion du fait divers et sur ses dérivations fictionnelles. Cette culture trouve une promotion sensible à la Belle Époque, avec l'achèvement de la scolarisation de la population française, la progression remarquable de la presse nationale (30 titres) et régionale (175 titres), et l'achèvement de la modernisation du système éditorial. Conformément à l'opinion qu'il a défendue lors du colloque de Cerisy sur l'histoire culturelle[6], Jean-Yves Mollier définit donc la naissance de l'ère médiatique à partir de l'état du système éditorial en France en prenant en compte le marché du manuel scolaire et du livre à bon marché et en étudiant la diffusion de la presse quotidienne. À ces conditions de base d'une culture médiatique, il ajoute l'organisation d'une industrie culturelle englobant le théâtre, le café-concert, le music-hall, le cirque et les premiers parcs d'attraction. La cohérence de ce système éditorial et culturel permet la diffusion d'un système de représentations communes – la culture médiatique –, dont une des caractéristiques à la fin du XIXe siècle est d'être largement liée à l'appréhension d'une société du crime et de l'insécurité.

---

[3] Sur cette notion, voir Pascal DURAND, La culture médiatique au XIXe siècle. Essai de définition-périodisation, dans: Quaderni 39 (1999), p. 29–40; Marc LITS (dir.), La culture médiatique aux XIXe et XXe siècles, actes du colloque international, 3 et 4 juin 1999, Louvain-la-Neuve 1999 (Les dossiers de l'ORM, 6).

[4] Christian DELPORTE, L'histoire des médias en France: mise en perspective, dans: Laurent MARTIN, Sylvain VENAYRE (dir.), L'histoire culturelle du contemporain, Paris 2005, p. 139.

[5] Jean-Yves MOLLIER, La naissance de la culture médiatique de la Belle Époque: mise en place des structures de diffusion de masse, dans: Études littéraires automne 1997, p. 15–26; ID., Genèse et développement de la culture médiatique du XIXe au XXe siècle, dans: Jacques MIGOZZI (dir.), De l'écrit à l'écran, Limoges 2000, p. 27–38.

[6] Voir Jean-Yves MOLLIER, L'Histoire du livre, de l'édition et de la lecture: bilan de 50 ans de travaux, dans: MARTIN, VENAYRE (dir.), L'histoire culturelle (voir n. 4).

Dominique Kalifa[7], quant à lui, définit le régime médiatique en s'appuyant moins sur l'appréhension du marché de l'imprimé que sur des critères plus globaux, économiques et sociaux. En ce qui concerne la production, la culture médiatique se définit par l'industrialisation de la diffusion et de la production des produits culturels. Du côté de la réception, elle se caractérise autant par la massification de l'audience que par l'individualisation, la diffraction de la réception en de multiples publics différenciés. Concernant la circulation ensuite, chaque produit est susceptible d'être sérialisé et surtout de circuler, de transiter d'un support à l'autre. La sérialité et la transmédialité constituent des caractéristiques de l'ère médiatique. Dominique Kalifa en conclut qu'un tournant est perceptible nettement dès les années 1860 en France[8] et il voit s'ébaucher dès cette époque ce qu'il appelle une culture de masse. Cet auteur relie donc à une série de facteurs économiques et sociaux (le désenclavement des classes populaires, l'accroissement général du volume de la production, des profits et de la masse monétaire, la constitution d'une petite bourgeoisie populaire, l'élaboration d'un marché du loisir, la généralisation de l'alphabétisation déjà réalisée dans les années 1860 à Paris) des initiatives décisives en matière culturelle, parmi lesquelles l'impulsion donnée aux bibliothèques populaires, la forte croissance des librairies, la modernisation de l'industrie du spectacle avec le spectaculaire essor du café concert ou le lancement des expositions universelles – celle de 1867 accueille par exemple 11 millions de visiteurs. Symbolique de cette entrée dans une nouvelle ère culturelle lui paraît être le lancement en 1863 du »Petit Journal«, qui initie un mouvement d'envolée des tirages de tous les quotidiens ainsi qu'une multitude de produits dérivés: livres-journaux, journaux-romans, magazines distrayants. Dominique Kalifa met enfin en valeur le nouveau modèle cognitif lié à l'entrée dans l'ère médiatique et le régime essentiellement narratif qui est lié à cette culture:

Plus qu'un journal, c'est un nouveau regard sur le monde social qu'inventent Millaud, Lespès et les rédacteurs anonymes du »Petit Journal«, un modèle cognitif comme un répertoire générique. Le fait divers bien sûr n'était pas alors une nouveauté, mais »Le Petit Journal« fait de lui, par-delà son domaine spécifique, une catégorie de récit capable de décrire et d'évaluer le monde dans son entier, de dire l'extraordinaire comme l'infra-ordinaire, la vie sociale comme la vie politique, les découvertes scientifiques comme les manifestations culturelles[9].

Actif dès les années 1830 selon nous, ce changement de paradigme cognitif explique que, sous la monarchie de Juillet en France, on puisse déjà déceler les premiers grands phénomènes médiatiques, comme par exemple la diffusion massive du roman-feuilleton ou encore la propagation des premiers grands mythes médiatiques.

Selon nous, c'est dès les années 1830, qu'un nouveau discours social émerge et atteint par la presse l'élite bourgeoise de la nation, avant de se diffuser plus largement au sein des couches populaires par le biais des paroles, des chansons, des ›canards‹, des

---

[7] Dominique KALIFA, La culture de masse en France, vol. I: 1860–1930, Paris 2001.
[8] Voir ID., L'entrée de la France en régime médiatique: l'étape des années 1860, dans: MIGOZZI (dir.), De l'écrit à l'écran (voir n. 5), p. 39–52.
[9] Ibid., p. 49.

innombrables images qui circulent. Longtemps les chercheurs ont eu une vision réduite du lectorat des journaux et de la sphère d'extension du médiatique dans ces années 1830–1840. Les études les plus récentes des historiens de la presse réévaluent des données chiffrées qui reposaient uniquement auparavant sur les tirages des journaux. L'historien Gilles Feyel, invitant à prendre en compte tous les systèmes de lecture collective (sociétés de co-abonnés, chaînes de sous-abonnés, cercles, cabinets de lecture, abonnements aux journaux du lendemain, lecture à voix haute dans les cabarets et les cafés) évalue à au moins 2 millions le lectorat des grands quotidiens dans les années 1840[10]. Dès ces années, la transmission de l'imaginaire social, c'est-à-dire des valeurs, des lieux communs, des images, des fictions fondatrices sur lesquels se bâtit une société ne se fait plus essentiellement dans une relation discursive interpersonnelle ni par le biais du livre, mais elle est surtout médiatisée selon un processus dont la presse élitiste et bourgeoise de la monarchie de Juillet constitue le vecteur premier. Dès les années 1830, l'ensemble de la population française vit donc au rythme d'une civilisation de la périodicité rythmée par le journal. L'alphabétisation encore modérée de la société en ces années n'a pas constitué un obstacle rédhibitoire à la diffusion large de modèles et de récits médiatiques. Le premier point essentiel est de bien distinguer culture de masse et culture médiatique: il y a ère médiatique lorsque l'ensemble d'une société vit dans un imaginaire régi par le média. C'est le cas bien avant les années 1860. En témoigne le phénomène caractéristique du succès des »Mystères de Paris« en 1842–1843, qui atteint finalement de biais l'ensemble de la population française et qui se diffuse aussi par de nombreux produits dérivés qui en sont issus, comme les personnages en pain d'épice représentant Fleur-de-Marie et Rodolphe vendus dans les baraques des foires. En témoigne encore le gigantesque char de carnaval affrété par le journal »L'Époque« en 1846 pour lancer dans les rues de Paris le nouveau feuilleton de Paul Féval intitulé »Le Fils du diable«. Ce gigantesque char représentait dans un bain de sang les principales scènes du roman et mettait aussi en scène sous forme d'allégories la presse, l'imprimerie, etc. La culture de masse est une conséquence de l'installation de l'ère médiatique et apparaît ensuite en France dans les années 1860. Le deuxième point essentiel est que le journal représente l'élément moteur dans cette envolée de la culture médiatique. La nouveauté du journal ne vient pas de sa nature d'imprimé, mais de sa triple essence de support périodique, narratif et d'actualité, qui engendre un nouveau rapport au temps et à l'imaginaire.

1836, L'AN I DE L'ÈRE MÉDIATIQUE

Le début de la monarchie de Juillet est marqué par une transformation en profondeur du paysage périodique français[11]. Entre 1829 et 1836 apparaissent successivement les

---

[10] Gilles FEYEL, L'expérience de la presse au XIXe siècle, dans: KALIFA, RÉGNIER, THÉRENTY (dir.), La civilisation du journal (voir n. 2).
[11] Nous nous permettons de renvoyer à notre ouvrage: Marie-Ève THÉRENTY, Mosaïques. Être écrivain entre presse et roman, 1829–1836, Paris 2003.

premières grandes revues littéraires, comme la »Revue de Paris« ou la »Revue des deux mondes«, une multiplication de feuilles spécialisées destinées à des publics différenciés, comme le »Journal des enfants«, la création de nouveaux journaux de vulgarisation conçus sur le modèle anglais et appelés magasins (»Le Magasin pittoresque«, le »Musée d'éducation«), le développement des journaux à caricatures, comme »La Silhouette« ou »Le Charivari«. Tous ces périodiques s'appuient sur le goût du public pour les formes fictionnelles et notamment sur la mode du conte. Cette folie du conte est épinglée d'ailleurs en 1833 par Désiré Nisard dans un manifeste qui est peut-être le premier discours antimédias, manifeste intitulé »Contre la littérature facile«[12]. Cette mode touche aussi les journaux quotidiens par l'intermédiaire d'une case feuilleton, en rez-de-chaussée, qui lentement se fictionalise[13].

Le 1er juillet 1836, un entrepreneur de presse, Émile de Girardin, déjà connu pour quelques entreprises innovantes, comme »Le Journal des connaissances utiles« ou »Le Voleur«, lance un nouveau journal quotidien intitulé »La Presse«. Cet événement a été élu par l'histoire comme symbolique de la transformation en profondeur du paysage culturel français. On aurait pu choisir également le quotidien concurrent, »Le Siècle«, lancé par Armand Dutacq ce même jour, qui faisait le même genre d'analyse du champ périodique et qui en avait tiré les mêmes conclusions aussi bien en termes de contenus que de supports.

Car, jusqu'en 1836, la presse quotidienne française se caractérise par une certaine sclérose due à la législation particulièrement rigide sur la presse, aux abonnements prohibitifs et aussi au positionnement politique sans nuances des quotidiens, qui sont encore conçus comme des organes d'opinion plutôt que d'information. Émile de Girardin a beau jeu de dénoncer la »vieille presse« et de définir un des premiers protocoles de l'information en régime médiatique fondés sur une réduction de la polémique (donc de l'éloquence) et un accroissement de la nouvelle (donc du récit):

> Ne plus harceler le pouvoir, mais stimuler l'esprit public; ne plus flatter les gouvernants, mais encourager les hommes supérieurs, dans toutes les branches des sciences et de l'industrie; jeter dans la circulation le plus de faits possibles; reproduire fidèlement tous les actes du gouvernement; ne rien négliger pour recueillir des nouvelles promptes et sûres, enfin, émanciper le lecteur, lui permettre d'avoir une opinion, étendre le domaine de la publicité, restreindre celui de la polémique, partager entre l'industrie et la littérature l'espace trop exclusivement consacré dans les journaux à la politique; telle doit être la mission de la JEUNE PRESSE[14].

Ce souci d'inventer un nouveau régime d'information s'accompagne aussi – et Girardin là encore est un précurseur – d'un désir d'instruction des masses rappelé dans plusieurs professions de foi du journal:

---

[12] Désiré NISARD, Manifeste contre la littérature facile, dans: Revue de Paris, décembre 1833; texte repris dans ID., Études de critique littéraire, Paris 1858, p. 1–21.
[13] Sur ce point, nous renvoyons à Marie-Ève THÉRENTY, De la rubrique au genre: le feuilleton dans le quotidien (1800–1835), dans: Marie-Françoise CACHIN, Diana COOPER-RICHET, Jean-Yves MOLLIER et al. (dir.), Au bonheur du feuilleton, Paris 2007, p. 67–80.
[14] Émile DE GIRARDIN, France, Paris, 8.10., dans: La Presse, 9.10.1836.

Ceux à qui appartient l'idée de ce journal estiment que l'instruction publique est le premier moyen d'amélioration; que d'un bon ou mauvais système adopté dépend la fortune de l'avenir [...]. Une révolution politique s'est faite pour produire la répartition de la fortune publique; qu'une révolution paisible préparée dans la presse et consommée par la loi répartisse l'instruction à la mesure de la richesse; qu'elle se proportionne aux besoins et s'élève à la température de chaque sphère sociale[15].

Ces pétitions de principe concordent avec la révolution économique et littéraire tentée par le quotidien. La formule est bien connue. Girardin divise par deux le prix de l'abonnement au journal quotidien, le réduisant à 40 francs. Les frais de timbre, de port, de papier s'élevant à 43 francs 50 par abonné, les annonces publicitaires doivent à la fois couvrir la différence, payer l'administration et la rédaction et permettre à l'actionnaire d'engranger des bénéfices. Comme seul un nombre d'abonnés significatif peut convaincre l'annonceur, Girardin adapte au quotidien la recette expérimentée dans les revues, les magasins, les journaux à caricatures. Il ouvre l'espace de son journal à une foule de littérateurs, petits chroniqueurs, conteurs exceptionnels et accueille dans ses colonnes l'élite de la jeunesse romantique: Théophile Gautier, Alexandre Dumas, Frédéric Soulié, Gérard de Nerval, Honoré de Balzac, Delphine de Girardin... Les commentateurs ont souvent réduit cette initiative à un événement, la publication à partir du 23 octobre 1836 et jusqu'au 4 novembre de »La Vieille Fille« de Balzac en tranches quotidiennes, et à une formule: l'invention du roman-feuilleton. En fait, si Girardin, d'un côté, a bien contribué à créer le roman-feuilleton, il a aussi favorisé d'un autre côté le développement dans le journal d'une écriture du quotidien, qui contrevient avec les codes rhétoriques définis par la pratique fortement discursive du »premier-Paris«, l'éditorial du journal. Dorénavant, le destin des hommes de lettres et du journal est pour quelques décennies inéluctablement lié. Avec plus ou moins de bonheur, les autres grands quotidiens de la monarchie de Juillet tentent à leur tour de s'assurer des rédactions de journalistes ancrés dans la littérature. La vogue des journaux s'appuie donc autant sur le succès des grands romanciers-feuilletonistes qui constituent des ›coups médiatiques‹ (Eugène Sue, Alexandre Dumas, Honoré de Balzac, Frédéric Soulié, George Sand, Paul Féval...) que sur l'embauche d'une rédaction de chroniqueurs à succès, de voyageurs spirituels, de critiques à réparties, de faits-diversiers inventifs prêts à tenir dans le quotidien un nouveau discours du quotidien.

Par le biais du partage de ce discours journalistique, composé à la fois de romans-feuilletons mais aussi de chroniques, par exemple, qui constitue la toile de fond des imaginaires, la France entre dans l'ère médiatique. Ce discours journalistique possède les propriétés d'être périodique, actuel et narratif, voire même souvent fictionnel.

Avec l'entrée dans une culture périodique, la France entre dans un nouveau rapport au temps qui est celui du média. Le journal participe – comme les horaires des trains, le développement des règlements d'atelier, la distribution de plus en plus régulière du courrier – de la mise en place et du partage d'une temporalité nationale. L'achat, la lecture et la circulation du journal contribuent à scander le temps quotidien, à condi-

---

[15] La Presse, 2.7.1836.

tionner intellectuellement et émotionnellement le public à l'irruption attendue de ce théâtre moderne du monde.

Surtout et c'est là l'effet proprement médiatique, le ressassement des mêmes nouvelles, jour après jour, semble plonger le lecteur du journal dans la réalité même des choses en sorte qu'il finit par confondre le monde réel évidemment inconnaissable et le monde représenté[16].

Ce discours du quotidien est aussi un discours d'actualité. Pour qu'il y ait discours d'actualité, il faut que le scripteur et le lecteur vivent approximativement dans le même temps. La notion d'actualité commence donc à se préciser à partir du moment où les délais de réception dans les provinces les plus éloignées diminuent. Un lien direct unit donc la matière à traiter par le journal et les progrès techniques réalisés dans sa diffusion et sa confection. Dès 1836, le chroniqueur en titre de »La Presse« peut écrire: »Il nous est arrivé de faire notre COURRIER le dimanche et d'être obligé de le jeter au feu le mercredi, parce que ses niaiseries étaient déjà vieilles: le bavardage ne plaît que par sa fraîcheur«[17].

Les Français apprennent donc à lire dans la presse le récit de leur vie au quotidien et peut-être à faire plus confiance au récit immédiatement narrativisé et médiatisé de leur vie qu'à leurs propres perceptions ou plutôt à faire leurs les représentations de la vie quotidienne orchestrées par le périodique. Les premiers mythes médiatiques prennent leur origine dans cette superposition confuse qui s'opère entre récit et réel.

Enfin, le journal diffuse de l'information sur un mode essentiellement narratif. Au-delà même du roman-feuilleton, le plaisir de conter envahit toutes les rubriques: on le trouve dans les informations militaires, les faits divers, les nouvelles mondaines. C'est le début de l'hypertrophie narrative spécifique à l'ère médiatique. S'annonce déjà le règne du fait divers caractéristique de la société médiatique. Quand elles ne sont pas fictionnelles, ces formes narratives sont d'ailleurs souvent fictionnalisées, et ceci jusqu'à la fin du siècle[18].

Pour illustrer cette entrée dans l'ère médiatique, on peut convoquer l'exemple bien connu du roman-feuilleton, qui se développe dans la décennie 1840 avec ses grands succès, comme »Les Mystères de Paris« ou »Le Juif errant«, d'Eugène Sue. La parution des romans de cet auteur dans de grands quotidiens engendre un phénomène d'abonnements massifs. Ainsi l'annonce de la publication du »Juif errant« dans »Le Constitutionnel«, qui n'avait plus que 3600 abonnés, suscite immédiatement 20 000 abonnements supplémentaires en 1844[19]. Le lectorat, comme le montrent les files devant les cabinets de lecture, dépasse considérablement les chiffres d'abonnements, et la diffusion est accrue par la sérialité (on décline les »Mystères« dans toutes

---

[16] Voir Alain VAILLANT, Invention littéraire et culture médiatique au XIXe siècle, dans: Jean-Yves MOLLIER, Jean-François SIRINELLI, Pascal VALLOTON (dir.), Culture de masse et culture médiatique en Europe et dans les Amériques 1860–1940, Paris 2006, p. 17.
[17] Vicomte DE LAUNAY, dans: La Presse, 15.12.1836.
[18] Pour la démonstration un peu longue de ce point, voir Marie-Ève THÉRENTY, La littérature au quotidien. Poétiques journalistiques au XIXe siècle, Paris 2007.
[19] Lise QUEFFÉLEC, Le roman-feuilleton français au XIXe siècle, Paris 1989.

les langues, tous les pays et toutes les provinces) et la transmédialité (de la vaisselle au pain d'épice, les produits dérivés se multiplient). Mais plus significatif semble l'usage du roman-feuilleton par ses lecteurs populaires comme un discours social adéquat pour décrypter le réel. Très tôt, les lettres aux écrivains témoignent que le récit modèle et identifiant est celui qui est véhiculé par le journal. En témoigne cette lettre envoyée à Eugène Sue après la parution de »Mathilde«, roman-feuilleton publié dans »La Presse« en 1841, où la lectrice convoque le personnel du roman pour expliciter sa propre autobiographie:

Vous allez voir Monsieur combien votre ouvrage m'a touchée de près. Je suis comme Emma fille adultérine. J'ai une mère que j'adore et j'ai éprouvé les mêmes angoisses qu'Emma quand je l'ai su. [...] Je suis loin de demander que l'on flétrisse la condition de la mère, car si la mienne n'eût pas été abandonnée, comme Mathilde de la façon la plus outrageante, je suis certaine qu'elle serait restée vertueuse. Mais elle trouve un Rochegune. Mon père était colonel sous l'Empire et je mets en fait que peu de femmes dans ce cas seraient des Mathilde[20].

Comme l'a montré Judith Lyon-Caen[21], la plupart des lecteurs, dont beaucoup sont issus des couches les plus défavorisées de la société, racontent leur vie et formulent leur identité sociale à partir de bricolages et d'emprunts, associant passages mimétiques et réécritures des grandes fictions et témoignant à leur façon d'une entrée du siècle dans l'ère médiatique.

En témoignent aussi la formation et la circulation de grands mythes médiatiques dès les années 1840. Un des premiers grands mythes médiatiques, qui perdure encore aujourd'hui, est ainsi la description de la gent artistique en «bohème». L'utilisation de l'expression »mythe médiatique« ne vise pas à remettre en cause la véracité de la misère de certains écrivains au XIXe siècle, mais entend seulement pointer le caractère d'abord conjoncturel et limité puis ensuite essentiellement structurant et collectif d'une représentation qui est devenue une sorte de rituel de la consécration artistique par le biais du média. Car cette opération de mythification s'est faite essentiellement à la fin des années 1840 grâce à la caisse de résonance qu'ont pu constituer les relais des journaux, des théâtres et de l'édition. Dès 1845 paraissent dans le feuilleton du »Corsaire«, sous la plume de plusieurs rédacteurs du journal (Champfleury, Murger, Vitu), des historiettes qui mettent en scène la bohème et son milieu. Le récit de la bohème prend son essor parce qu'il assimile les impératifs du système médiatique. Une des premières règles est que la presse repose sur un fonctionnement collectif: l'ensemble de la sphère médiatique ne s'emballe que par stéréophonie. Or, le récit de la bohème est soutenu par l'ensemble de la rédaction du »Corsaire« qui reprend avec énergie cette notion, qui en fait l'emblème de sa rédaction. Cet emballement trouve rapidement un écho à l'extérieur dans les autres petits journaux, par exemple »La Silhouette«, »L'Artiste« et le »Tam-tam«, qui constituent un premier relais de la notion avant qu'elle ne trouve un second tremplin dans les grands journaux par l'intermédiaire d'un Gautier, par exem-

---

[20] Lettre de Paris, 20.6.1842, reprise dans Judith LYON-CAEN, La lecture et la vie, Paris 2006, p. 193.
[21] LYON-CAEN, La lecture et la vie (voir n. 20).

ple, au feuilleton de »La Presse« qui vient la soutenir. Le relais médiatique est manifestement mis en place très tôt. On voit donc un premier foyer extrêmement actif qui produit quantité de récits – des »scènes de la vie de bohème« – le déploiement par l'intermédiaire de l'espace du boulevard et des petits journaux d'un espace de réaction à cet événement, la captation de ce mythe et de ses effets par des centres secondaires de diffusion qui vont constituer petit à petit un réseau médiatique. Du récit initial au public, il se fait bien des échos, tous de nature différente, qui s'articulent et se prolongent, et préparent le succès de la pièce puis du roman »Scènes de la vie de bohème« de Murger.

De plus, conséquence de son adoption collective, l'objet-bohème se diffuse selon un rythme périodique. Durant l'année 1846 et 1847, pas une semaine ne se passe sans que la bohème ne soit évoquée dans »Le Corsaire« de manière à la fois autonome mais aussi harcelante. Scandée selon un rythme régulier, à l'image du média, la bohème s'impose dans une civilisation fondée désormais sur la périodicité et les effets mnémoniques dus à la répétition et à la sérialisation. Enfin et de manière très subtile l'invention du récit de la bohème va bénéficier de toute la séduction ambiguë de la case feuilleton, le rez-de-chaussée, qui constitue un espace incertain dans le journal. L'espace du feuilleton est à la fois destiné à accueillir des fictions, genre auquel manifestement semblent appartenir les scènes de la bohème, mais il peut aussi accueillir des études de mœurs, soit des textes référentiels à forte valeur sociologique et informative. Dans le feuilleton, la frontière entre fiction et référence n'est pas toujours stable. Le lecteur de la monarchie de Juillet, habitué à ces variations de régime, est donc facilement plongé dans une sorte d'incertitude sur la valeur référentielle ou autobiographique des »récits de bohème«. Ils semblent certes appartenir à la fiction par le côté romanesque des aventures de la bohème, notamment chez Murger et par le régime narratif mis en place, mais la poétique du texte, qui s'ancre dans un cadre quotidien, prosaïque, et qui cherche manifestement à faire coïncider l'espace et le temps de la vie avec l'espace et le temps de la fiction, tient plutôt du pacte référentiel ou autobiographique. La force du mythe médiatique de la bohème est de ne jamais trancher entre ces deux versions et de continuer à véhiculer ensemble ces deux versants, en s'appuyant sur une caractéristique essentielle du journal au XIXe siècle, c'est-à-dire l'existence d'une case feuilletonesque qui hésite constamment entre fiction et référence. Ce récit matriciel épouse les caractéristiques de la presse, c'est-à-dire la collectivité, la périodicité et l'actualité, et ce faisant, il se transforme lui-même en objet médiatique. L'objet se constitue ainsi en premier mythe médiatique moderne, voire en première légende urbaine, pour reprendre le lexique d'aujourd'hui, permettant ensuite de cataloguer des postures, d'engendrer des fictions...

Il existe donc bien un discours périodique, actuel, narratif voire même souvent fictionalisant qui apparaît dès les années 1830 et qui constitue la toile de fond médiatique des sociétés modernes, tout individu étant susceptible ou même prié de s'évaluer ou de se mesurer par rapport à ce discours social commun.

Dernier argument qui manifeste l'entrée dans cette ère médiatique: la concomitance entre l'apparition de ce récit médiatique et la formation d'un contre-discours, antimédiatique, qui accumule les mêmes arguments que celui d'aujourd'hui. Comme l'a montré Lise Dumasy, se trouvent accumulées dès la fin des années 1830 l'ensemble des attaques contre les médias alors que l'expansion des médias ne semble être encore que virtualité. L'article célèbre de Sainte-Beuve, intitulé »De la littérature industrielle«, en constitue la preuve[22]. Il relie explicitement l'apparition de cette littérature industrielle, de fait médiatique, à l'avènement de la démocratie, à la diminution du prix du journal, à la rémunération des auteurs en fonction de leur succès et non de leur talent et il énumère tous les dommages collatéraux causés à la littérature: stéréotypie, redondance, vénalité... Il est rapidement relayé à l'occasion du développement du roman-feuilleton par toute une série de contempteurs de cette culture.

L'étude de la naissance du journal »La Presse«, de Girardin, permet donc de catalyser un certain nombre de phénomènes diffus jusque-là et de mettre en évidence l'existence d'un récit médiatique disséminé et totalisateur qui imprègne la société dès la fin des années 1830. Sans remettre en cause les périodisations des historiens, notre analyse a pour but de montrer l'avènement d'un nouveau système cognitif fondé sur un répertoire renouvelable de fictions du monde, qui imprègne l'ensemble de la population avant même que ne se constituent les conditions d'une culture de masse. Ce nouveau système cognitif créé grâce au développement de la presse se diffuse ensuite rapidement, empruntant la voie de microrécits ou de microfictions fondateurs véhiculés sous forme sérielle et transmédiale et qui constituent d'ailleurs sans doute le substrat de la culture de masse dans les sociétés préindustrialisées du XIXe siècle.

---

[22] Charles Augustin SAINTE-BEUVE, De la littérature industrielle, dans: Revue des deux mondes, 1.9.1839, repris dans Lise DUMASY, La querelle du roman-feuilleton. Littérature, presse et politique: un débat précurseur (1836–1848), Grenoble 1999, p. 25–43.

JÖRG REQUATE

Kennzeichen der deutschen Mediengesellschaft des 19. Jahrhunderts

In der Einleitung ist skizziert worden, in welchem Sinne der Begriff der Mediengesellschaft hier verwendet werden soll: Ausgehend von der Expansion und der Diversifikation der Medien im 19. Jahrhundert soll der Fokus auf die wachsende mediale Durchdringung der Gesellschaft und die entsprechende Bedeutung gelenkt werden, die die Medien für gesellschaftliche Entwicklungen auf den unterschiedlichsten Ebenen hatten. Der Schwerpunkt liegt daher nicht auf der Nachzeichnung der Medienentwicklung. Vielmehr sollen drei zentrale Punkte herausgegriffen werden, die für das Verhältnis zwischen der gesellschaftlichen und der medialen Entwicklung innerhalb der deutschen Geschichte des 19. Jahrhunderts fundamental zu sein scheinen. Die zentralen Bereiche, die dabei berührt werden, dürften insbesondere den meisten deutschen Lesern vertraut sein. Gleichwohl geht es darum, die grundlegenden Verschränkungen und deren Spezifik zu betonen und neu zu beleuchten. Medien erscheinen hier nicht als etwas, an dessen Funktionsweisen und Eigengesetzlichkeiten sich »die Gesellschaft« anpassen musste, sondern zunächst als Mittel, das neue Kommunikationsmodi schuf und so die gesellschaftliche Kommunikation insgesamt veränderte.

Da die staatlichen Repressionen in den deutschen Staaten über weite Strecken des 19. Jahrhunderts die mediale Kommunikation nachhaltig behindert haben, ist es unabdingbar, zunächst auf die rechtlichen Rahmenbedingungen einzugehen. Pressefreiheit ist ein sehr genauer Gradmesser für gesellschaftliche Freiheit insgesamt, so dass hier die Verschmelzung gesellschaftlicher und medialer Entwicklungen bereits unmittelbar deutlich wird. Dies führt direkt zu dem zweiten hier zentralen Punkt, dem Zusammenhang zwischen zivilgesellschaftlicher Selbstorganisation und Presseentwicklung. Es geht dabei um die Wechselwirkungen zwischen der entstehenden Zivilgesellschaft, einem sich daran anschließenden Formenwandel der Politik und den entsprechenden medialen und kommunikativen Veränderungen. Die Tatsache, dass die Parteien und die Zeitungen oftmals enge Verbindungen miteinander eingingen, ist ein Aspekt dieser Entwicklung. Der unmittelbare Zusammenhang von gesellschaftlicher Selbstorganisation und medialer Repräsentation ging jedoch weit darüber hinaus: In nahezu allen gesellschaftlichen Bereichen gingen Selbstorganisation und mediale Repräsentation Hand in Hand.

Über diese im weitesten Sinne gesellschaftliche Funktion der Presse hinaus waren Zeitungen und Zeitschriften aber schließlich auch Konsumartikel des täglichen Gebrauchs. Diesen Punkt zu fokussieren bedeutet nicht, die alte, vermeintliche Trennung zwischen einer politischen Parteipresse und einer unterhaltenden oder kommerziellen Presse erneut zu zementieren. Vielmehr wird hier die Aufmerksamkeit darauf gelenkt, dass Zeitungen und Zeitschriften komplexe Konsumgüter sind, die politische, ökonomische und unterhaltende Faktoren miteinander vereinen. Ihr Inhalt hängt nicht zuletzt davon ab, welche Vorstellungen sich der Verleger oder Herausgeber von den Lese-, Informations- und Unterhaltungsbedürfnissen des Publikums macht und welchen Erfolg er damit hat. Das bedeutet auch, dass »Unterhaltung« in diesem Sinne nicht als Gegensatz zu Politik gedacht ist, sondern in unterschiedlichster Weise mit ihr verwoben ist. Wenn die zivilgesellschaftliche Funktion der Zeitungen auf der einen und ihre Funktion als »Konsumgut« auf der anderen Seite unterschieden werden, geht es somit nicht primär um unterschiedliche Zeitungstypen, sondern um unterschiedliche Betrachtungsweisen der Verbindung von medialer und gesellschaftlicher Entwicklung.

RECHTLICHER RAHMEN

Die gesetzliche Verankerung der Pressefreiheit erfolgte in Deutschland mit dem Reichspressegesetz von 1874 nominell früher als in Frankreich, dessen allerdings liberaleres Pressegesetz bekanntlich 1881 in Kraft trat. Dennoch haben die Zensur und andere gegen die Pressefreiheit gerichtete Maßnahmen der Entwicklung in Deutschland in ganz besonderem Maße ihren Stempel aufgedrückt. Während in Frankreich unter den wechselnden Regimen die Presse trotz verschiedener Behinderungen immer noch einen gewissen Spielraum besaß, erhoben die Karlsbader Beschlüsse von 1819 den Anspruch auf eine quasi totale Kontrolle öffentlicher Kommunikation. Um den Missbrauch der Presse zu verhüten, so schrieb Friedrich Gentz, der als Metternichs Berater maßgeblich für die Karlsbader Beschlüsse verantwortlich war, solle am besten »gar nichts gedruckt« werden[1]. Denn über die Presse artikulierte und organisierte sich die Gesellschaft, und das genau galt es zu verhindern. In dieser Hinsicht könnte man überspitzt sagen, dass der Begriff der »Mediengesellschaft« für das 19. Jahrhundert eine Tautologie ist: Gesellschaft ohne die Möglichkeit, sich öffentlich über ein Medium zu äußern, ist gewissermaßen inexistent. Ziel der Zensur war es somit, eine Vergesellschaftung durch öffentliche Kommunikation zu verhindern.

»Pressfreiheit« wurde damit umgekehrt im deutschen Vormärz zum Synonym für Freiheit schlechthin, ein »heiliges Gut«, wie der Schriftsteller Heinrich Luden es bereits 1814 ausgedrückt hatte[2]. »Ein eigentümlicher Zauber«, so musste selbst die Pressekommission der Bundesversammlung 1847 gestehen, gehe allein schon von dem Wort »Preßfreiheit« aus. Und der Schriftsteller Robert Prutz schrieb in seiner »Geschichte des deutschen Journalismus« von 1845 in einer Mischung aus Pathos und Ironie: Als »Drachenzahn, aus welchem die geharnischten Männer unserer Opposition hervorgehen«, als »Büchse der Pandora«, aus der das »Miasma der Unruhe und der Unzufriedenheit sich erhoben hat«, erscheine den Regierenden die Freiheit der Presse. Den Befürchtungen der Regierungen hinsichtlich einer freien Presse entsprachen um-

---

[1] So Friedrich Gentz in einem Brief an Adam Müller; vgl. Briefwechsel zwischen Friedrich Gentz und Adam Heinrich Müller 1800–1829, Stuttgart 1857, Brief Nr. 182, S. 300f., hier S. 301.
[2] Heinrich LUDEN, Vom Freien Geistesverkehr, in: Nemesis 2/2 (1814), S. 214.

gekehrt die gewaltigen Hoffnungen des Publikums: »Den Sprecher [...] für die Wünsche der Nationen« solle sie abgeben, »die unermessliche Lücke zwischen den Regierenden und den Regierten« ausfüllen,

ja nicht bloß das Signal zum Fortschritt soll sie geben, sondern auch diesen selbst erwartet man von ihr. [...] Mit dem Stift des Zensors soll auch der Hemmschuh brechen, welcher bisher das Rad unserer Geschichte, die Entwicklung unserer Freiheit aufgehalten und gehindert hat[3].

Die 48er Revolution brachte schließlich die ersehnte Pressefreiheit, aber auch nur für kurze Zeit. Zwar gehört die Abschaffung der Vorzensur zu den bleibenden Errungenschaften der Revolution, doch war damit nur wenig gewonnen. Über die Mittel der Konzessionsvergabe, der sofortigen Beschlagnahme und andere Maßnahmen war die Polizei weiter in der Lage, den Spielraum der Presse in hohem Maße einzuschränken, und sie machte in den 1850er Jahren reichlich Gebrauch davon[4]. Erst mit der »Neuen Ära« seit 1858 setzte schließlich eine langsame Liberalisierung auch für die Presse ein. Die Symbolkraft, die der Ruf nach Pressefreiheit einst besessen hatte, war jedoch verloren gegangen. Die 48er Revolution hatte gerade auf die Liberalen ernüchternd gewirkt. Auch wenn sie immer noch die gesetzliche Fixierung der Pressefreiheit verlangten, waren Teile der Nationalliberalen in den Verhandlungen zum Reichspressegesetz von 1874 schnell bereit, dem Staat auch künftig eine Reihe von Möglichkeiten zuzubilligen, um einen vermeintlichen »Missbrauch« der Pressefreiheit zu verhindern[5]. Insofern sind sowohl die tatsächlichen Auswirkungen als auch die symbolische Bedeutung des Reichspressegesetzes von 1874 deutlich geringer als die des französischen Gesetzes von 1881. Dies lag nicht zuletzt daran, dass das Pressegesetz nicht davor schützte, dass der Staat nun im Kampf gegen die Presse Mittel einsetzte, an die die Autoren des Gesetzes noch gar nicht gedacht hatten. Das gilt insbesondere für das Sozialistengesetz, das als Sondergesetz die Pressefreiheit für die sozialdemokratische Presse von 1878 bis 1890 gleich ganz außer Kraft setzte. Zudem entwickelten Polizei und Justiz eine beachtliche Phantasie dabei, die Presse mit Hilfe des Strafgesetzbuches zu verfolgen. Dabei verlagerte sich das Gewicht jedoch von der Einschränkung der Meinungsfreiheit hin zu einer Einschränkung der Informationsfreiheit. Die beiden wichtigsten Instrumente in dieser Hinsicht bestanden in der Möglichkeit einer Ausübung des Zeugniszwangs und in der sehr weit ausgedehnten Möglichkeit, die Presse wegen Beleidigung zu belangen. Beim Zeugniszwang ging es darum, Journalisten zu zwingen, ihre Informationsquelle zu nennen. In den allermeisten Fällen weigerten sich die Journalisten zwar, ihre Quellen preiszugeben – selbst dann, wenn sie dafür ins

---

[3] Robert PRUTZ, Geschichte des deutschen Journalismus, 1845, ND: Göttingen 1971, S. 16.
[4] Zur Pressekontrolle der 50er Jahre vgl. vor allem Wolfram SIEMANN, Von der offenen zur mittelbaren Kontrolle. Der Wandel in der deutschen Preßgesetzgebung und Zensurpraxis des 19. Jahrhunderts, in: Herbert G. GÖPFERT, Erdmann WEYRAUCH (Hg.), »Unmoralisch an sich ...« Zensur im 18. und 19. Jahrhundert, Wiesbaden 1988, S. 293–308. Siemann überzieht allerdings seine negative Einschätzung des »Justizsystems« der 1850er Jahre im Vergleich zum Zensursystem des Vormärz.
[5] Zu den Einzelheiten vgl. Eberhard NAUJOKS, Die parlamentarische Entstehung des Reichspressegesetzes in der Bismarckzeit (1848/74), Düsseldorf 1975.

Gefängnis mussten. Doch eine etwaige Bereitschaft gerade von Beamten, einem Journalisten Informationen zu geben, wurde damit nicht gerade gefördert[6]. Zu einer Änderung der gerichtlichen Praxis kam es erst 1907, als die Justiz von der Reichsregierung dazu aufgefordert wurde, solche Verfahren nur noch in Ausnahmefällen anzuwenden, da sie ohnehin in aller Regel zu nichts geführt hatten.

Häufiger noch standen Redakteure wegen Beleidigung vor Gericht. Auch die gerichtliche Anwendung dieses Tatbestands zielte in erster Linie darauf, die Presse daran zu hindern, auf der Basis eigenständig recherchierter Informationen eine Art öffentliches Wächteramt wahrzunehmen. Denn der Tatbestand der Beleidigung umfasste weit mehr als etwa eine klassische Majestätsbeleidigung. Vielmehr kamen als Beleidigte nicht nur natürliche Personen, also etwa der Kaiser oder der Kanzler in Frage, sondern ebenfalls politische Körperschaften und Behörden. Als Beleidigung beziehungsweise als üble Nachrede konnte dabei jede nicht nachweislich wahre Information über jede Person und nahezu jede Institution, die herabsetzenden Charakter hatte, verfolgt werden. Wer etwa behauptete, die Reichsbahn sei aus Fahrlässigkeit für einen Unfall verantwortlich, konnte sich mit einer Beleidigungsklage konfrontiert sehen. Vor Gericht musste der Redakteur im Zweifel nachweisen, dass die von ihm behauptete Tatsache der Wahrheit entsprach, was verständlicherweise schwierig war. Oder der Journalist musste belegen, dass er selbst ein persönliches Interesse daran hatte, einen Missstand aufzudecken. Denn, so stellte das Reichsgericht 1881 ausdrücklich fest, es existiere kein »allgemeines Recht der Tagespresse, vermeintliche Übelstände öffentlich zu rügen, und jedes Vorkommnis [...] in die Öffentlichkeit zu bringen«[7]. Dem Journalisten wurde damit untersagt, als Anwalt der Allgemeinheit aufzutreten; nur als Anwalt in eigener Sache, so die rechtliche Konstruktion, durfte er tatsächliche oder vermeintliche Missstände zur Sprache bringen.

In welchem Maße dies Auswirkungen auf die journalistische Praxis hatte, ist schwer feststellbar, zumal hier zum Teil absurde juristische Auseinandersetzungen geführt wurden. Auch wenn der Obrigkeitsstaat im ausgehenden 19. Jahrhundert in vielen Bereichen auf dem Rückzug war, ist das Bemühen des Staates unverkennbar, die Presse weiterhin unter Kontrolle zu halten. Insbesondere betraf dies die Informationsfreiheit, also die Möglichkeit der Presse, unabhängig und eigenständig Informationen zu sammeln und weiterzugeben. Eine wichtige Rolle spielten dabei die Gerichte. Hatten diese in den 1850er und 1860er Jahren der Presse gegen die Übergriffe des Staates noch mit einer liberalen Rechtsprechung zur Seite gestanden, urteilten sie in den 1880er und 1890er Jahren in Strafprozessen gegen die Presse eher zu deren Ungunsten. Eine inzwischen konservativere Richterschaft versuchte daran festzuhalten, dass insbesondere der Staat vor etwaigen Übergriffen der Presse zu schützen sei. Die rasche Expansion und der Pluralismus der Presselandschaft wurden dadurch kaum behindert.

---

[6] Hierzu ausführlicher: Jörg REQUATE, Journalismus als Beruf. Entstehung und Entwicklung des Journalistenberufs im 19. Jahrhundert. Deutschland im internationalen Vergleich, Göttingen 1995 (Kritische Studien zur Geschichtswissenschaft, 109), S. 244–264.

[7] Reichsgericht vom 16.12.1881, Entsch. 5, S. 239, zit. nach Karl ULRICH, Die Wahrnehmung berechtigter Interessen bei der Beleidigung in § 193 StGB, Diss. Göttingen 1908, S. 34.

Die Idee einer nach der Konzeption der »Vierten Gewalt« kontrollierenden Presse setzte sich allerdings nur sehr langsam durch.

ZIVILGESELLSCHAFT UND PRESSE

Im Jahr 1832 gründeten die beiden Publizisten Johann Georg August Wirth und Philipp Jakob Siebenpfeiffer den sogenannten »Preß- und Vaterlandsverein«. Der Verein organisierte noch im gleichen Jahr das Hambacher Fest, das man getrost als größte politische Demonstration des Vormärz bezeichnen kann[8]. Die Namensgebung des Vereins als »Presseverein« verweist einmal mehr auf die symbiotische Beziehung des Kampfes um Pressefreiheit mit der sich formierenden Zivilgesellschaft. Überall dort, wo sich im Vormärz auch nur die geringste Liberalisierung andeutete – 1828 in Bayern, Anfang der 30er Jahre in Baden, Anfang der 40er Jahre in Preußen – schossen neue Zeitungen wie Pilze aus dem Boden. Die meisten hatten nur eine geringe Auflage und wurden bald wieder verboten. Doch reichte dies häufig aus, um weit über den lokalen Rahmen hinaus bekannt zu werden und damit jedes Mal aufs Neue deutlich zu machen, in welchem Maße es unter dem Deckel der Zensur brodelte. Als 1848 dieser Deckel gelüftet wurde, entwickelte sich sofort eine Presse, die in unmittelbarem Zusammenhang mit der sich politisch formierenden Gesellschaft stand. In einer traditionellen Perspektive läuft dies häufig unter dem Stichwort »Entstehung der Parteipresse«. Dies greift jedoch zu kurz. Jede Einzelperson oder jede Gruppe, die sich Gehör verschaffen wollte, machte sich in irgendeiner Form die neuen Publikationsmöglichkeiten zu Nutze – sei es durch die Gründung eines eigenen Blattes, sei es durch Kontakte zu bestehenden Blättern. Die entstehenden politischen Gruppierungen nutzten das Medium der Presse in besonderer Weise, in Ansätzen aber auch alle anderen Formen von gesellschaftlichen Gruppierungen, die entstehende Frauenbewegung, die sich formierenden Handwerker, nationale und landsmannschaftliche Zusammenschlüsse etc., ohne dass dies bereits eine im traditionellen Sinn verstandene Partei- oder Verbandspresse gewesen wäre. Die Gesellschaft formierte sich hier auf personell-assoziativer Ebene genauso wie auf einer kommunikativ-medialen Ebene.

Die Niederschlagung der Revolution und die erneute Beschränkung der Pressefreiheit verlangten erneut politische Zurückhaltung. Die generelle Tendenz zur Politisierung der Zeitungen war damit jedoch nur für begrenzte Zeit unterbrochen. Seit sich im Zuge der »Neuen Ära« Ende der 1850er Jahre das Klima auch für die Presse wieder liberalisierte, nutzten viele Journalisten diese Freiheit nun ganz selbstverständlich dazu, ihre politische Gesinnung frei zum Ausdruck zu bringen. Konkret bedeutete dies vielfach zunächst die Unterstützung der sich politisch formierenden Liberalen. Auf lokaler Ebene wurden die Zeitungen häufig zu Kristallisationspunkten für die sich auch dort organisierenden politischen Parteien. Insbesondere für die entstehende SPD, aber auch bei den anderen Parteien stellte das Schreiben in den Zeitungen eine originäre

---

[8] Cornelia FÖRSTER, Der Preß- und Vaterlandsverein von 1832/33, Trier 1982.

politische Tätigkeit dar. Die Beobachtung des politischen Geschehens war aus dieser Perspektive ganz unmittelbar und bewusst mit der Teilnahme daran verknüpft.

Der lange Kampf um die Pressefreiheit in Deutschland führte damit zu einer heroischen Verklärung des »mannhaften« Vertretens der eigenen Meinung. »Gesinnungstreue« wurde auf diese Weise zu einer Art männlich verklärtem Habitus des Journalisten, der aus ihm – jenseits seiner politischen Gesinnung im Einzelnen – einen Kämpfer des Wortes bzw. einer Idee werden ließ[9]. Die Liberalen konnten dabei aus ihrer Vergangenheit schöpfen, in der Zeit des Kulturkampfs der 1870er Jahre lernten auch katholische Journalisten das Gefängnis von innen kennen, für die Sozialdemokraten wurden die Jahre des Sozialistengesetzes zwischen 1878 und 1890 ohnehin zur großen Kampfzeit und rechte Journalisten konnten sich spätestens seit dem ausgehenden 19. Jahrhundert als Kämpfer gegen die moderne Massengesellschaft stilisieren. Die Formierung der Zivilgesellschaft über die Presse ging jedoch weit über die teils engere, teils lockerere Verbindung mit den Parteien hinaus. Nahezu jede sich gesellschaftlich formierende Gruppierung von kleinen Vereinen bis zu den großen Verbänden, aber auch einzelne Personen, die sich und anderen mit ihren Zeitungen intellektuelle Foren schaffen wollten, verdichteten mit ihren Publikationsorganen in zunehmendem Maße die gesellschaftliche Kommunikation. Heimat- und Geschichtsvereine, naturwissenschaftliche Gesellschaften, karitative und genossenschaftliche Zusammenschlüsse, kirchliche Gemeinden und religiöse Vereinigungen, Musik-, Theater- und Kunstvereine, Freunde der Fotografie, der Heraldik, der Numismatik oder der Philatelie – alle gründeten ihre Blätter und bildeten neue kommunikative Verbindungen. Die hier erreichten Öffentlichkeitsebenen erstreckten sich von kleinsten Kreisen bis hin zur allumspannenden nationalen Öffentlichkeit. Unabhängig von der Auflagenzahl konnte das angesprochene Publikum ebenso lokal wie regional oder auch national konstituiert sein. Erreichte eine lokale Tageszeitung eine sehr dichte Leserschaft an einem bestimmten Ort, ermöglichte eine Fachzeitschrift die Vernetzung von Spezialisten und Interessierten im gesamten deutschen Sprachgebiet. Zum Teil flankierend zur Vergesellschaftung in Vereinen, Parteien und Verbänden, zum Teil aber auch unabhängig und jenseits von Zusammenschlüssen in Personenverbänden verdichteten die Zeitungen und Zeitschriften die gesellschaftliche Vernetzung auf allen Ebenen.

Wenn somit der Zusammenhang von Presse(-freiheit) und entstehender Zivilgesellschaft auf der einen Seite evident ist, wird man sich hüten müssen, hier ein allzu heroisches Bild zu zeichnen. In Zeiten der Zensur und der Presseunterdrückung war – unabhängig von den Inhalten im Einzelnen – Presse von ihrer vergesellschaftenden Funktion her eine per se liberale Einrichtung. Zwar gab es spätestens seit dem ausgehenden 18. Jahrhundert immer auch staatliche oder konservative Zeitungsprojekte, doch fristeten die in aller Regel ein kümmerliches Dasein, da sich die Regierungen lange Zeit nicht zu einer aktiven Presse- und Informationspolitik entschließen konnten. Mit der weitgehenden Durchsetzung der Pressefreiheit vergesellschafteten sich jedoch auch jene Gruppierungen, die die inhaltlichen Prinzipien der Zivilgesellschaft nicht stützten, sondern scharf bekämpften. Der Aufschwung der antisemitischen Presse und

[9] REQUATE, Journalismus als Beruf (wie Anm. 6), S. 357–375.

Literatur im ausgehenden 19. Jahrhundert war somit eben auch ein Ergebnis der neuen Möglichkeiten zu einer kommunikativen Vernetzung. Die Nutzung des Internets durch Rechtsradikale, die sich damit als Teil einer größeren Gruppierung fühlen können, hatte in der aufstrebenden antisemitischen Literatur somit seine klaren Vorläufer. Die Ambivalenzen der Zivilgesellschaft zeigen sich somit auch in ihrer direkten Verbindung zur Medienentwicklung in unmittelbarer Weise.

PRESSE ALS KONSUMGUT

Die deutsche Pressegeschichtsschreibung hat Zeitungen lange Zeit in erster Linie unter politischen Gesichtspunkten untersucht. Vor allem für das 19. Jahrhundert gerät erst langsam in den Blick, in welchem Maße Zeitungen und Zeitschriften als Konsumartikel des Alltags eine zentrale Rolle für die Leser spielten. Der Zeitungsleser war daher sogar in doppelter Hinsicht Konsument. Zum einen »konsumierte« er als Käufer und Leser den redaktionellen Inhalt. Zum anderen wurde er in den Anzeigen auf einer anderen Ebene als Konsument angesprochen – als Käufer von Waschmittel ebenso wie als Käufer von anderem Lese- und Unterhaltungsstoff. Die Presse als Konsumartikel zu betrachten, bedeutet weder eine Konzentration auf bestimmte, vornehmlich unterhaltende Zeitungstypen, noch ein Ignorieren der politischen Funktion der Zeitung. Vielmehr wird damit der Tatsache Rechnung getragen, dass Zeitungen immer auch einen Verkaufsaspekt hatten und vor allem ihr dauerhafter Erfolg gerade davon abhing, dass der Inhalt in seiner politischen wie in seiner unterhaltenden Dimension auf die Publikumsbedürfnisse zugeschnitten war. Politik und Unterhaltung sind in diesem Sinne nicht per se als Gegensätze konzipiert. Zum einen hatte Politik, die direkte Teilhabe daran ebenso wie deren Beobachtung, in einem ganz ursprünglichen Sinne immer auch eine unterhaltende Dimension: Sie bot gerade dann, wenn es die Möglichkeit gab, direkt oder indirekt Einfluss darauf zu nehmen, jede Menge Stoff zur »Unterhaltung«. Umgekehrt besaßen die im engeren Sinne unterhaltenden Teile der Zeitung gleich in mehrfacher Hinsicht ihre politischen Aspekte[10]. Der Zeitungs- und Zeitschriftenmarkt profitierte im 19. und an der Schwelle zum 20. Jahrhundert von dem durch Industrialisierung, Alphabetisierung und Urbanisierung rasant wachsenden Lesepublikum, musste sich aber auch darauf einstellen, dass sich dieses Publikum zunächst langsam, dann aber immer schneller veränderte und ausdifferenzierte. Forschungen zu diesen Prozessen liegen für die deutsche Presselandschaft erst in wenigen Ansätzen vor. Daher lassen sich hier nur einige grobe Tendenzen aufzeigen.

In seiner Epoche machenden Darstellung vom »Strukturwandel der Öffentlichkeit« hat Jürgen Habermas der Vorstellung, dass die Kommerzialisierung der Presse deren Funktion als Trägerin der bürgerlichen Öffentlichkeit ruiniert habe, einen immer noch

---

[10] Für die französische Presse dazu: Anne-Claude AMBROISE-RENDU, Petits récits des désordres ordinaires. Les faits divers dans la presse française des débuts de la IIIe République à la Grande Guerre, Paris 2004. Für die deutsche Presse gibt es bislang nichts Vergleichbares.

nachwirkenden Einfluss gegeben[11]. In großen Gesamtdarstellungen des deutschen Kaiserreichs wie etwa der von Hans-Ulrich Wehler erscheint das Entstehen einer billigeren Massenpresse immer genau in dieser Perspektive[12]. Diese sogenannte »Kommerzialisierung« erfasst jedoch zunächst nur eine Entwicklung, in der Zeitungen und Zeitschriften mit unterschiedlichen Mitteln versuchten, in einem wachsenden und diversifizierten Markt ihre Käufer zu finden. So lassen sich für Deutschland, ebenso Frankreich, aber auch für England und die USA zwischen den 1830er Jahren und den 1880er und 1890er Jahren mehrere Expansions- und Kommerzialisierungsschübe in der Presse konstatieren. Was die 1830er Jahre angeht, ist dies unter den Zensurbedingungen für Deutschland zunächst erstaunlich. Doch abgesehen von der beschriebenen »Druckkesselsituation« richteten sich die Zeitungen und Zeitschriften in den Zensurverhältnissen ein und versuchten ihr Publikum zu vergrößern bzw. umgekehrt von dem offenbar wachsenden Lesebedürfnis zu profitieren. Der Aufschwung der Tageszeitungen blieb jedoch zunächst noch auf einem niedrigen Niveau. Zwar lässt sich in den 1830er Jahren neben einer Reihe von Neugründungen beobachten, dass die Redaktionen einen ersten »Professionalisierungsschub« erlebten. Dies verweist allerdings darauf, dass die Tagezeitungen mehr und mehr begannen, hauptberufliche Redakteure einzustellen und nicht mehr nur von dem Drucker oder einem nebenberuflich arbeitenden Lehrer oder Pfarrer zusammengestellt wurden. Die Auflagen der Zeitungen stiegen zunächst nur sehr langsam.

Als interessanter erweist sich eine Neuentwicklung auf dem Zeitschriftenmarkt. 1833 entstand nach dem direkten Vorbild des englischen Penny-Magazins das »Pfennig-Magazin«. Interessant ist dies deshalb, weil hier zum einen die für die deutsche Presselandschaft des 19. Jahrhunderts besonders kennzeichnende Phase der erfolgreichen Familienzeitschriften eröffnet wurde. Zum anderen kommt darin gerade bei einem dem äußeren Anschein nach ›kommerziellen‹ Versuch einer Zeitschriftengründung eine spezifische, für das 19. Jahrhundert charakteristische Publikumsorientierung zum Ausdruck[13]. Der Gründer des Penny-Magazins Charles Knight hatte in England eine Society for the Diffusion of Useful Knowledge ins Leben gerufen, als deren Organ das Penny-Magazin fungierte. Ganz in diesem Sinne präsentierte der Herausgeber und Hauptredakteur Johann Jacob Weber das »Pfennig-Magazin« als Organ der Gesellschaft zur Verbreitung gemeinnütziger Kenntnisse. Dies ist insofern wichtig, als es einen Hinweis gibt, dass sich diese Blätter nicht ohne weiteres in die Kategorie der ersten kommerzialisierten Massenblätter einordnen lassen, wie sie zum Teil gesehen werden. Bestimmte Kennzeichen davon trug ohne Zweifel auch das »Pfennig-Magazin«: Es war

---

[11] Jürgen HABERMAS, Strukturwandel der Öffentlichkeit. Untersuchungen zu einer Kategorie der bürgerlichen Gesellschaft, Frankfurt a.M. 1990 (Erstauflage: Neuwied 1962).
[12] Hans-Ulrich WEHLER, Deutsche Gesellschaftsgeschichte 1849–1914, München 1995, S. 1242f.
[13] Zum Pfennig-Magazin vgl. Hartwig GEBHARDT, Die Pfennig-Magazine und ihre Bilder. Zur Geschichte und Funktion eines illustrierten Massenmediums in der ersten Hälfte des 19. Jahrhunderts, in: Rolf Wilhelm BREDERICH (Hg.), Moderne Bildmedien, Göttingen 1989, S. 19–41; Ludwig SALOMON, Geschichte des deutschen Zeitungswesens von den ersten Anfängen bis zur Wiederaufrichtung des Deutschen Reiches, Bd. 3, Oldenburg, Leipzig 1906, ND: Aalen 1973, S. 530–532.

billig und richtete sich »an jeden«, wie die Leser in der ersten Ausgabe angesprochen wurden. Ebenso hatte dies eine der ersten amerikanischen Massenzeitungen, die 1833 gegründete »New York Sun«, mit dem Slogan »The sun shines for all« in ihrer ersten Ausgabe formuliert. Zudem arbeitete das »Pfennig-Magazin« mit neuen Stilelementen, insbesondere mit Bildern, so dass das Blatt in der deutschen Pressegeschichtsschreibung vielfach auch als »erste Illustrierte« auftaucht. Der Erfolg des in Leipzig erschienenen Blattes stellte sich dann auch sehr schnell ein und es soll eine Auflage von 60 000 oder gar 100 000 Exemplaren erreicht haben. Nur zum Vergleich: die berühmte »Augsburger Allgemeine Zeitung« erreichte Anfang der 30er Jahre noch keine 10 000 Exemplare, die Berliner »Vossische Zeitung« dürfte mit 20 000 Exemplaren die auflagenstärkste Tageszeitung im Vormärz gewesen sein. Auch wenn die Angaben nicht mehr gesichert nachprüfbar sind, übertraf das »Pfennig-Magazin« alle anderen Zeitungen sehr deutlich.

Unter inhaltlichen Gesichtspunkten gerät das oberflächliche Bild von einer »kommerziellen Massenzeitung« jedoch schnell ins Wanken. So heißt es in dem Programm, mit dem sich das Blatt in der ersten Ausgabe seinen Lesern vorstellte:

An Jeden
Kenntnisse und das Bewußtseyn, in allen Lagen des Lebens unsere Pflicht erfüllt zu haben, sind die einzigen Reichthümer, welche das Schicksal uns auf keine Weise, in keiner Lage des Lebens zu rauben vermag; sie sind der wahrste Trost im Unglücke, die schönste Freude unseres Alters, der reinste Genuß nach mühevoller Arbeit, nach des Tages Last und Hitze.

Gerade weil man vorsichtig damit sein muss, heutige Vorstellungen von modernen Massenzeitungen auf das frühe 19. Jahrhundert zu übertragen, ist offensichtlich, dass man hier von etwaigen Sensationskonzeptionen unendlich weit entfernt ist.

Im weiteren Verlauf dieses ersten Artikels ist noch viel von Pflichten gegenüber sich selbst und gegenüber anderen, von Tugendhaftigkeit und vom Anspruch der Zeitschrift die Rede, die es sich zur Aufgabe gemacht hatte, nützliche Kenntnisse zu verbreiten, denn diese seien, so wörtlich

das schönste Geschenk, das man seinem Jahrhunderte machen kann. [...] Unser Streben soll dahin gehen, aus allen diesen Regionen, aus allen diesen Zweigen das Nützlichste und Neueste auszulesen und es auf eine möglichst gefällige Weise, welche Verstand und Phantasie zugleich angenehm beschäftigt, dem freundlichen Leser vorzuführen[14].

Dieser Hinweis auf »das Neueste« ist gewissermaßen das einzige Zugeständnis an den Aktualitätsgedanken einer Zeitung. Interessant auch das kurze Eingehen auf die verwendeten Bilder:

Zu besserem Verständnisse werden wir überall, wo es nöthig ist, erklärende, sauber gearbeitete Abbildungen hinzufügen, und uns überhaupt bemühen, auf die äußere Gestalt unserer Zeitschrift eben so viel Sorgfalt, wie auf den Inhalt derselben zu verwenden.

Auch die Bilder sollten also in erster Linie didaktische Zwecke erfüllen.

[14] Das Pfennig-Magazin Nr. 1, 4.5.1833.

Trotz mancher eindeutig moderner, in die Zukunft weisender Elemente ist das Programm noch ganz im Geist der Volksaufklärung des 18. Jahrhunderts gehalten, wie man es insbesondere in den sogenannten »Moralischen Wochenschriften« findet[15]. Ähnlich wie dort war die Verbreitung »nützlicher Wahrheiten« ein zentrales Ziel des »Pfennig-Magazin«. Das Blatt wechselte bald in den Besitz des Leipziger Großverlegers Brockhaus, der den Untertitel dann in »Zeitschrift für Belehrung und Unterhaltung« änderte. In dieser Formulierung, die sich dann bei einer ganzen Reihe von Zeitschriften wiederfindet, spiegelt sich in gleicher Weise die für diese Epoche charakteristische Konzeption von Unterhaltung und von Publikumsorientierung. In der Pressegeschichtsschreibung wird häufig sehr fein zwischen Illustrierten Zeitungen, Familienzeitschriften und den sogenannten Bilderbögen unterschieden[16]. Letztlich basierten all diese Medien, die vor allem zwischen den 1830er und 1880er Jahren für eine kommerziell erfolgreiche Unterhaltung standen, auf einem relativ ähnlichen Konzept. Alle arbeiteten, wenn auch in unterschiedlicher Gewichtung, mit Bildern. Alle orientierten sich im Wesentlichen an einem kleinbürgerlichen und nicht zuletzt kleinstädtischen Publikum, das die Neuigkeiten der Welt eher aus einer Beobachter- als aus einer Teilnehmerposition betrachtete. Die sich verändernde, sich durch Eisenbahnen und Telegraphen beschleunigende und näher zusammenrückende Welt mit der Entdeckung neuer Naturphänomene, neuer exotischer Menschen und ihrer Gewohnheiten fand hier durchaus ihren Platz. Die Wahrnehmerposition blieb jedoch die der kleinbürgerlichen Idylle, deren Werte in dieser Art der sehr erfolgreichen Unterhaltungsmedien immer wieder reproduziert wurden. In den Familienzeitschriften setzte sich dieses Konzept weiter durch und prägte über weite Strecken des 19. Jahrhunderts den Stil familiärer Unterhaltung. In einer Mischung aus Fortsetzungsromanen, Kurzgeschichten, Anekdoten, Gedichten, Reiseberichten, populärwissenschaftlichen Artikeln, Auseinandersetzungen mit praktischen Fragen des alltäglichen Lebens wie mit sozialen und wirtschaftlichen Problemen boten diese Zeitschriften ein breites Spektrum an belehrender Unterhaltung »für die ganze Familie«[17]. Auch wenn sich diese Zeitschriften zunächst als »politikfern« definierten, übten sie so einen ganz erheblichen Einfluss auf das sich herausbildende bürgerliche Selbstverständnis aus. Nachdem dieses zunächst mit einer gewissen Abgrenzung ›nach oben‹ verbunden war, erfolgte mit dem Aufstieg der Arbeiterklasse und der sozialdemokratischen Partei im letzten Drittel des 19. Jahrhunderts eine immer klarere Grenzziehung ›nach unten‹. Familienzeitschriften wie die »Gartenlaube«, »Daheim«, »Über Land und Meer«, »Westermanns Monatshefte« und

---

[15] Vgl. dazu: Wolfgang MARTENS, Die Botschaft der Tugend. Die Aufklärung im Spiegel der deutschen moralischen Wochenschriften, Stuttgart 1968.
[16] Stefan BRAKENSIEK (Hg.), Neuruppiner Bilderbogen. Alltag, Klatsch und Weltgeschehen – ein Massenmedium des 19. Jahrhunderts, Bielefeld 1993.
[17] Zu den Familien- und Unterhaltungszeitschriften insgesamt vgl. Andreas GRAF, Susanne PELLATZ, Familien- und Unterhaltungszeitschriften, in: Georg JÄGER (Hg.), Geschichte des deutschen Buchhandels im 19. und 20. Jahrhundert. Das Kaiserreich 1871–1918, Bd. 2, Frankfurt a.M. 2003, S. 409–522. Bei Weitem am besten untersucht ist »Die Gartenlaube«. Vgl. hier insbes.: Kirsten BELGUM, Popularizing the Nation, Audience, Representation, and Production of Identity in »Die Gartenlaube«, 1853–1900, Lincoln, London 1998.

andere mehr standen zunehmend für einen bestimmten Lebensstil, für bestimmte Formen der Unterhaltung und des Konsums, die sich zwar durchaus auch an »die kleinen Leute« wandten, jedoch eine klare Grenze zu jeder Form des Sozialismus oder revolutionärer Veränderungen zogen.

Für die Entwicklung der deutschen Mediengesellschaft und Mediengeschichte im 19. Jahrhundert ist es nicht ohne Bedeutung, den gestaffelten Erfolg der Zeitschriften und der Tageszeitungen kurz genauer zu betrachten. So profitierten zunächst die Familienzeitschriften von der allgemeinen Expansion der Presselandschaft deutlich mehr als die Tagespresse. Der Auflagen-Erfolg des »Pfennig-Magazins« ist schon genannt worden. Die 1853 gegründete »Gartenlaube« erreichte 1867 eine Auflage von 100 000 Exemplaren und konnte diese bis zur Mitte der 1870er Jahre weiter auf über 380 000 Exemplare steigern. Damit lag sie weit vor allen deutschen Tageszeitungen, von denen nur ganz wenige bis zur Jahrhundertwende in die Nähe der Schwelle von 100 000 Exemplaren kamen oder diese gar überschritten. Dieser Erfolg der Familienzeitschriften hing zunächst ohne Zweifel damit zusammen, dass die Pressebeschränkungen die Entwicklung der politischen Tagespresse stark behinderten. Gleichzeitig erreichten die Zeitschriften mit ihrem Entwurf einer in sich ruhenden, eher nach innen gekehrten, an einer bürgerlichen Idylle orientierten Gesellschaft, die gleichwohl an Neuem und Fremdem interessiert war, ein enorm breites Publikum.

Wenn diese Zeitschriften in den 1880er Jahren ihren Zenit überschritten, hing dies zunächst damit zusammen, dass die rechtlichen Beschränkungen für die politischen Tageszeitungen weggefallen waren und diese sich von daher ungehinderter entwickeln konnten. Damit hing aber auch zusammen, dass die Tageszeitungen zunehmend zu einem Kommunikationsmittel im lokalen, städtischen Raum wurden und damit neue Leserbedürfnisse befriedigten und gleichzeitig weckten. Die lokal orientierte, städtische Tageszeitung konnte sich in den letzten beiden Jahrzehnten fest in den Lesegewohnheiten eines Publikums etablieren, das das städtische Leben mehr und mehr über die Zeitung wahrnahm. Eine wichtige Rolle spielte in Deutschland die Entstehung der sogenannten Generalanzeiger, die sich ganz gezielt auf den lokalen Lesemarkt konzentrierten. So hatte in Berlin zwar die altehrwürdige »Vossische Zeitung« immer auch schon Lokalnachrichten gebracht, doch bestanden diese lange Zeit nur aus einer Zusammenstellung oft beliebiger Meldungen, die man von der Polizei bekam, ohne sie selbst weiter zu verfolgen. Der 1833 gegründete »Berliner Lokal-Anzeiger«, der als Prototyp dieser neuen Zeitungsgattung gelten kann, entwarf und bediente dagegen ganz gezielt einen städtischen Kommunikationsraum. Zudem entstanden selbst in kleineren und mittleren Städten mehrere Tageszeitungen, die sich zum Teil heftig befehdeten und so gerade der lokalpolitischen Auseinandersetzung ihren unterhaltenden Aspekt beifügten. Selbst Städte mittlerer Größe von deutlich unter 100 000 Einwohnern hatten um die Jahrhundertwende nicht selten drei, vier oder gar fünf Tageszeitungen, die untereinander eine permanente öffentliche Auseinandersetzung pflegten und so eine Art mediales Stadtgespräch führten.

Das Lesepublikum verfolgte die Lektüre damit nicht mehr nur aus einer Position, des im Sessel zurückgelehnten Betrachters, sondern aus der eines direkt Betroffenen und am lokalen Geschehen potenziell Beteiligten. Dies konnte das Theater ebenso betreffen wie die Entscheidung über die Verbesserung der städtischen Kanalisation oder auch die Jagd nach einem Verbrecher. Zwar behandelten die Zeitungen selbstverständlich weiterhin die große nationale und internationale Politik. Doch die oft unzusammenhängenden Nachrichten, die die Zeitungen ihren Lesern lange Zeit noch häufig präsentiert hatten, verschwanden nach und nach zugunsten einer Berichterstattung, die den Leser als potenziell Betroffenen entwarf. Diese Modellierung des Lesers als Angehöriger einer Nation und als Bewohner einer bestimmten Stadt stellte damit die Verbindung zwischen den Ereignissen und dem Leser her. Als Teil einer sich wandelnden Gesellschaft sollte er über die tägliche Zeitungslektüre an diesen Wandlungen teilhaben, um das Verlangen nach Fortsetzung zu generieren. Lange war der Fortsetzungsroman das wichtigste Mittel gewesen, dieses Verlangen zu erzeugen. Mehr und mehr schafften es die Redaktionen jedoch mit einer kontinuierlichen Berichterstattung, mit der Umwandlung von einfachen Ereignissen in zusammenhängende Geschichten, ihre Leser zu begierigen Konsumenten zu machen. Die Frage, inwieweit hier der in den Familienzeitschriften sehr deutliche pädagogische Anspruch zugunsten einer Orientierung an tatsächlichen oder vermeintlichen Leserbedürfnissen aufgegeben wurde, muss dabei angesichts des Forschungsstandes noch offen bleiben. Vieles spricht dafür, dass sich die enge Verbindung von Belehrung und Unterhaltung in ihrer alten Form ein Stück weit auflöste, ohne ganz zu verschwinden. Das Wechselspiel zwischen dem Eingehen auf die Bedürfnisse der jeweils spezifischen Leserschaft und der Schaffung eines festen, dauerhaft an eine bestimmte Zeitung gebundenen Publikums wurde zur großen Herausforderung der entstehenden Massenpresse.

Fasst man abschließend noch einmal die wichtigsten Elemente der Entwicklung zusammen, ist gerade im Vergleich mit einer Reihe anderer europäischer Länder die lange Phase der staatlichen Restriktionen zu nennen, die das Verhältnis von Presse und Gesellschaft weit über die Behinderung der Presse hinaus tief geprägt hat. Diese Phase hat zum einen zu einer unterschwelligen Politisierung geführt, das heißt zu der lange Zeit übermächtigen Idee, dass Pressefreiheit und Fortschritt gewissermaßen zu Synonymen wurden. Sie hat zum anderen aber auch die Anpassung an diese Verhältnisse nach sich gezogen. Der große Erfolg der vielen, sich »unpolitisch« gebenden Unterhaltungs- und Familienzeitschriften ist in diesen Kontext einzuordnen. Sie erlebten unter den Bedingungen der Zensur und der rechtlichen Beschränkungen ihren großen Aufschwung und popularisierten die Vorstellung eines harmonisch-bürgerlichen Familien- und Gesellschaftsideals im Schoße der sich politisch, kulturell und gesellschaftlich konstituierenden Nation. Zudem lässt sich gerade für das 19. Jahrhundert die gesellschaftliche Selbstorganisation von einer kommunikativ-medialen Formierung der Gesellschaft nicht trennen. Beides war gänzlich miteinander verwoben, die Prozesse getrennt kaum denkbar. Die Leser- und Verkaufsorientierung, die Entwicklung der Presse als Konsumgut schließlich wandelten sich, indem die enge Verbindung von Belehrung und Unterhaltung, wie sie in den Familienzeitungen lange zu finden war, zunehmend aufgelöst wurde. Darüber, wie dieses in den parteipolitisch eindeutig positionierten Tageszeitungen konzipiert war, weiß man hingegen noch vergleichsweise wenig. Zur Frage, in welchem Maße hier Unterhaltung und Politik verwoben waren, ist noch wenig bekannt. Bei den sozialdemokratischen Zeitungen ist der Zusammenhang unübersehbar. Das Übermaß an politischer Pädagogik war ein Thema, das die SPD-Presse permanent begleitete. Im Umkehrschluss spricht so insgesamt einiges dafür, dass sich insbesondere die parteipolitisch weniger klar positionierte Presse stärker an den tatsächlichen oder vermeintlichen Bedürfnissen des Publikums orientierte oder zu orientieren vorgab. Wie bei anderen Konsumgütern auch war gerade das gelungene Wechselspiel zwischen der Befriedigung und der Schaffung von Bedürfnissen und Gewohnheiten die Grundlage für den Aufschwung der Presse. Im ausgehenden 19. Jahrhundert gelang das nicht nur der deutschen Presse auf besonders eindrucksvolle Weise. Der Prozess der Medialisierung, die zunehmende Durchdringung von Medien und Gesellschaft, wurde auf diese Weise irreversibel.

CHRISTIAN DELPORTE

La société médiatique du XIXe siècle vue du XXe siècle

J'avoue avoir été un peu troublé par le sujet que les organisateurs du colloque m'ont demandé de traiter – je le dis évidemment avec une pointe de malice –, et ce pour deux raisons qui me permettent d'entrer immédiatement dans le vif du sujet.

D'abord, mais ce n'est pas le plus important, l'histoire des médias se satisfait mal des cloisonnements académiques, ceux qui, traditionnellement, distinguent »dix-neuviémistes« et »vingtiémistes«, abusivement fondés sur les ruptures, là où, souvent, dominent les continuités historiques. Je veux bien, pour satisfaire à l'exercice, revêtir l'habit du spécialiste du XXe siècle, mais cette opposition pose, en matière de médias, davantage de problèmes qu'elle n'en résout.

Ensuite, un tel sujet suppose que, au-delà des nuances à apporter, le XIXe siècle comporte, en matière médiatique, une unité telle qu'on puisse l'observer comme une période particulière, c'est-à-dire distincte de celle qui l'a précédée et de celle qui l'a suivie. La question des bornes chronologiques pour caractériser le XIXe siècle médiatique français fait débat chez les historiens. On peut légitimement s'interroger sur l'amont: que faire, ainsi, de l'héritage des Lumières et, plus encore, de la Révolution française? Le XIXe siècle médiatique commence-t-il dans les années 1770–1780, quand s'affirme l'espace public, quand se fait jour une opinion publique susceptible de critiquer ou de contrôler les actes du pouvoir monarchique? Doit-on plutôt le faire débuter en 1789, lorsque la question de la liberté d'expression s'installe au cœur du débat public? Ou, alors, faut-il porter le regard au temps de la monarchie de Juillet[1], voire du Second Empire, quitte à le prolonger jusqu'à l'aube des années 1930, comme préconisent les historiens culturalistes? Car l'autre grande question est celle de l'aval: le Second Empire[2]? l'instauration de la IIIe République et l'explosion de la presse qui suit la loi de 1881[3]? la Belle Époque et son foisonnement médiatique[4]? la Grande Guerre et le point ultime de la conquête du public par la presse[5]? la fin des années 1920 et le basculement vers une culture audiovisuelle[6]? voire la veille de la Seconde Guerre mondiale[7]?

---

[1] Cf. Marie-Ève THÉRENTY, Alain VAILLANT, 1836, l'an I de l'ère médiatique. Étude littéraire et historique du journal »La Presse«, d'Émile de Girardin.
[2] Cf. Marc MARTIN, Médias et journalistes de la République, Paris 1997.
[3] Cf. Claude BELLANGER et al. (dir.), Histoire générale de la presse française, vol. 3: De 1871 à 1914, Paris 1972; Agnès CHAUVEAU, Philippe TÉTART, Introduction à l'histoire des médias en France, de 1881 à nos jours, Paris 1999.
[4] Cf. Laurent MARTIN, La presse écrite en France au XXe siècle, Paris 2006.
[5] Fabrice d'ALMEIDA, Christian DELPORTE, Histoire des médias en France, de la Grande Guerre à nos jours, Paris 1999.
[6] Cf. Dominique KALIFA, La culture de masse en France, vol. 1: 1860–1930, Paris, 2001.
[7] Cf. Christophe CHARLE, Le siècle de la presse, 1830–1939, Paris 2004.

Tout cela n'est pas simple. Mais le débat sur les bornes souligne d'abord la difficulté à concilier les »entrées«, les clés de compréhension pour saisir la nature, le rôle, l'importance des médias et les pratiques sociales qui en découlent. La question médiatique relève, en effet, de tous les grands champs historiques: histoire politique, histoire économique, histoire sociale, histoire culturelle. Les questionnements eux-mêmes ne se recoupent pas nécessairement. Longtemps, l'histoire politique a fixé les scansions de l'histoire médiatique; désormais, l'histoire culturelle a pris le pas sur la précédente pour proposer sa propre périodisation. Mais, derrière la périodisation même émerge l'interprétation globale. Ce jeu de balancier – il me semble – brouille, plus qu'il n'éclaire, la place des médias dans la société. Une approche trop politique a tendance à restreindre l'objet, à privilégier les projets au détriment des pratiques. Une approche trop culturaliste tend mécaniquement à gommer les particularités, voire les particularismes nationaux, qui permettent de saisir pourquoi, aujourd'hui encore, les médias français ne sont pas exactement identiques aux médias allemands, par exemple.

Si j'insiste sur ces aspects, c'est évidemment parce qu'ils orientent le regard sur les héritages du XIXe siècle, l'angle que je privilégierai ici, en évitant de m'enfermer dans une chronologie trop rigide. »Globalisant« par nature, mon propos n'évitera l'écueil du schématisme. Laissant de côté bien des éléments de contexte, il privilégiera, plus que le fonctionnement même de la société médiatique, les conditions qui le commandent.

Qu'est-ce que l'information? Les débats qui agitent la presse du XXe siècle autour de cette notion plongent leurs racines dans un large XIXe siècle marqué par l'affirmation d'un espace public libéral. Au fond, les questions qui se posent aujourd'hui dans la société française trouvent leur origine au siècle dernier, et notamment celle-ci, fondamentale: l'information est-elle un produit de consommation comme un autre? Ce qui m'amène à avancer deux mots clés, sur lesquels je vais fonder mon intervention, qui, à différents degrés, caractérisent le XIXe siècle et résonnent au cœur du XXe siècle: »éducation« et »marché«.

LA MISSION ÉDUCATIVE DE LA PRESSE

Du point de vue politique, on admet généralement que la question centrale du XIXe siècle est celle de la liberté d'expression, réprimée, contestée, conquise. C'est vrai, mais à condition de la lier à celle, tout aussi fondamentale, de la fonction sociale de la presse; autrement dit: à quoi la liberté de la presse doit-elle servir?

Depuis la Révolution française, et durant la plus grande partie du XIXe siècle, la conception de la presse est dominée par la notion large d'éducation et d'édification du plus grand nombre par les élites: élites sociales éclairées, riches du savoir universel, détentrices des visions d'avenir, ou élites conscientes, mues par la critique sociale et proposant une solution alternative à la société libérale. Libéraux et marxistes se rejoignent cependant. Pour les premiers, la presse est une œuvre civilisatrice, un outil de connaissance, de moralisation, d'émancipation, un instrument destiné à modeler l'opinion publique, c'est-à-dire à faire partager par le plus grand nombre les idées justes des élites. Pour les seconds, la presse est un moyen de prise de conscience collective des antagonismes sociaux, qui doit aboutir au renversement des élites sociales, et donc à la révolution. La presse doit »former et fortifier l'opinion«, écrit Benjamin Constant dans »La Minerve française«, en avril 1819. Elle est, pour Jules Guesde, une arme de combat (et donc de propagande) destinée à faire pénétrer les idées communistes dans les masses pour, finalement, les faire agir. Certes, la notion d'opinion s'oppose à la notion de classes et de masses; certes, l'acceptation ou le consensus s'opposent au refus, à l'action, à la révolution. Mais dans les deux cas, l'information ne saurait se satisfaire du »fait brut« – de la religion du »fait« –, quelle qu'en soit la catégorie, politique ou non. Le journaliste n'est donc pas un médiateur parmi d'autres, mais un missionnaire, un guide, un éducateur. Et c'est bien dans ce cadre que s'inscrit le projet de »presse à bon marché«. »La presse, écrit Girardin en 1836[8], est, après l'instruction primaire, le moyen le plus actif de moralisation populaire«. Et les fondateurs du »Siècle« notent, lors de leur assemblée générale, en 1840:

Cette œuvre à laquelle nous nous sommes unis, c'est d'éducation morale et politique du peuple, son apprentissage de la liberté. Pour y réussir, il s'adressera à toutes les bourses, pour rendre notre auditoire le plus nombreux possible.

Pour les libéraux, mais aussi pour les marxistes, l'information relève d'un schéma vertical, où le journaliste parle et le lecteur écoute, le premier s'exprimant pour le plus grand bien du second. J'ajoute que le rôle »formateur« de la presse est un point de vue partagé par les catholiques, et qui justifie l'émergence de ce que ces derniers appellent la »bonne presse«, dont »La Croix«, quotidien lancé en 1883, est le plus digne représentant.

Ce projet libéral trouve son aboutissement avec la République et la loi sur la liberté de la presse de 1881. Le triomphe de la République et du suffrage universel imposent de donner au citoyen, hissé au rang d'acteur et de décideur politique, des chances égales dans l'ascension sociale, mais aussi dans l'accès à l'information, pour que le vote ne soit pas, comme on le dit alors, la »dictature des imbéciles«; une information destinée à hausser les capacités d'analyse du citoyen, mais aussi à fédérer l'opinion autour d'un projet commun. Du coup, la presse apparaît, avec l'instruction généralisée, comme l'un des deux grands piliers de l'édification du peuple. Le journaliste, comme l'instituteur, reçoit une ›mission‹ de salut public. La presse, et plus généralement les médias, remplissent, en effet, une véritable ›mission‹ d'instruction civique, qui s'inscrit dans un programme idéologique fort. Les républicains ne doutent pas de leur réussite, ce qui explique le statut très libéral de la loi, sur le plan politique, mais aussi sur le plan économique. Les républicains sont majoritaires dans la presse, et la presse garantira l'achèvement de la conquête de l'opinion.

Cette conception de la presse comporte des effets multiples. Elle explique, par exemple, le poids et le statut des journaux dits »d'opinion« ou, comme on les nomme souvent au début de la IIIe République, les journaux »doctrinaux«, ce dernier mot ne

---

[8] Dans le prospectus de lancement de son nouveau quotidien.

comportant pas, comme à notre époque, pressée par les souvenirs douloureux des totalitarismes, une connotation dépréciative. Elle justifie aussi la présence dans des associations communes[9], qui naissent dans les années 1880 et dessinent les contours d'une identité professionnelle, des patrons de presse et de leurs employés, les journalistes, unis par un idéal partagé, par une même mission[10]. Elle éclaire sur les jugements de valeur qui distinguent la »presse de qualité« de celle qui ne l'est pas. Elle fixe les domaines et les genres nobles du journalisme (dont le commentaire politique, l'éditorial, en est aujourd'hui l'héritier) comme les modèles d'écriture. Bref, elle établit une hiérarchie à laquelle se réfèrent les hommes du XXe siècle.

Pourtant, au moment même où la loi grave implicitement dans le marbre les repères idéalisés de la mission d'information, ceux-ci s'effacent ou se transforment. Derrière les critiques qui fusent, au tournant du siècle, contre la »nouvelle presse« s'expriment l'échec et l'amertume des élites. Le triomphe de la presse quotidienne à grand tirage bouleverse les équilibres et marginalise déjà les journaux d'opinion, dont la »crise de langueur« ne trouve pas ses origines dans les années 1950, comme on l'écrit souvent, mais déjà dans les années 1880–1890.

Les attaques se portent alors sur l'espace grandissant du roman-feuilleton, du fait divers, du sang ou du crime à la une[11]. On s'en prend à l'immoralité des journaux, aux facilités indignes du divertissement, à la dégradation de l'écriture et, finalement, à l'»américanisation« de la presse, perçue, en quelque sorte, comme le passage de la vulgarisation à la vulgarité. »Le journalisme abaisse tout, déforme tout, les hommes et les idées«, s'indigne Mirbeau dans »La France«, en 1885.

Sous prétexte de progrès, poursuit-il, et par une fausse, une maladroite application des procédés de vulgarisation rapide, il a pris au journalisme américain ce que celui-ci avait de plus mauvais, ayant soin de laisser de côté ce qu'il pouvait contenir de bon[12].

Mais, derrière ce procès s'exprime surtout la crainte d'une société où les élites autoproclamées sont en train de perdre la main. Alfred Fouillée, l'un des plus virulents procureurs de la presse »nouvelle« écrit ainsi, en 1900, dans »La France du point de vue moral«: »Le problème qui se pose à notre démocratie est […] la reconquête de la presse par l'élite intellectuelle et morale«. Pourtant, quand on y regarde de plus près, la

---

[9] Cf. MARTIN, Médias et journalistes de la République (voir n. 2).
[10] Cf. Christian DELPORTE, Les journalistes en France (1880–1950). Naissance et construction d'une profession, Paris 1999.
[11] Cf. Lise DUMASY (dir.), La querelle du roman-feuilleton. Littérature, presse et politique, un débat précurseur, 1836–1848, Grenoble 1999; Dominique KALIFA, L'encre et le sang. Récits de crimes et société à la Belle Époque, Paris 1995; Anne-Claude AMBROISE-RENDU, Petits récits des désordres ordinaires. Les faits divers dans la presse française des débuts de la IIIe République à la Grande Guerre, Paris 2004; Marine MSILI, Le fait divers en République. Histoire sociale de 1870 à nos jours, Paris 2000.
[12] Cf. Christian DELPORTE, L'américanisation de la presse? Éclairages sur un débat français et européen (années 1880–années 1930), dans: Jean-Yves MOLLIER, Jean-François SIRINELLI, François VALLOTTON (dir.), Culture de masse et culture médiatique en Europe et dans les Amériques, 1860–1940, Paris 2006, p. 209–222.

nouvelle hiérarchie des genres journalistiques qui prend corps sous l'effet de la »révolution de l'information«, avec notamment l'apport du reportage, doit plus à la continuité ou à l'adaptation qu'à la rupture. L'art du récit du reporter se confond ainsi avec le vieil idéal d'écriture, et sa démarche même reste fidèle à l'idéal de mission confié au journaliste. Un bon reportage est un reportage édifiant. Le grand reporter, tout particulièrement, ne renonce jamais, dans ses articles, à vulgariser la connaissance; mais il fait davantage: fort des principes moraux qui fondent, plus qu'une fonction, une profession, il rapporte la »vérité« qui édifie l'opinion. D'une manière générale, du reste, et contrairement à ce que prétendent alors ses détracteurs, la presse »nouvelle«, loin de se situer dans la transgression, conforte le modèle social dominant et les valeurs sur lesquelles il repose, comme le confirment les études du discours sur le fait divers[13].

Le XXe siècle hérite donc d'une conception de la presse qui s'explique par les conditions dans lesquelles s'est forgé l'espace public français, à savoir le lien organique liant l'information au pouvoir, la place de l'État dans le dispositif, le rôle particulier qu'y joue le modèle politique libéral, inspirateur de la République naissante. Il est d'ailleurs frappant de constater combien la mythologie de l'histoire de la presse au XIXe siècle (le récit héroïque de la conquête de la liberté) pèse sur les regards et les comportements des hommes de presse du XXe siècle; une mythologie qui domine toute la première moitié du siècle, jusqu'à ce qu'elle soit remplacée par une autre, celle de l'âge d'or de la Libération, refondatrice d'un modèle éducatif de l'information, porteur de valeurs morales professionnelles revivifiées.

LES »LOIS DU MARCHÉ«

Pourtant, l'héritage du XIXe siècle ne se limite pas au legs idéologique. Ce que les hommes de presse comprennent mal ou partiellement – pas tous, néanmoins –, c'est que le libéralisme politique suppose un libéralisme économique qui en brouille les repères. C'est là qu'intervient l'autre mot clé: le »marché«. Le XIXe siècle, en effet, est l'âge où s'affirme la consommation médiatique, où la presse est saisie par les lois du marché, jusqu'à paradoxalement placer en contradiction l'idéal du libéralisme politique et les logiques du libéralisme économique. Le lectorat des journaux n'est pas seulement un matériau modelable aux idées du temps; c'est aussi, et surtout, un marché où l'offre médiatique s'adapte à la demande sociale. On découvre alors peu à peu une règle commune à toute industrie culturelle: il n'y a pas de produit sans consommateur; il n'y a pas de journal sans lecteurs; la viabilité d'un journal dépend de sa capacité à répondre aux attentes, aux motivations, aux représentations du lecteur dans toute sa complexité sociale.

L'histoire des transformations de la presse au XIXe siècle, au fond, est l'histoire de l'élargissement toujours amplifié du lectorat, qui va à la rencontre de journaux répondant à ses aspirations et s'adaptant à son imaginaire; l'histoire de l'élargissement, mais aussi de la fidélisation. Car la conquête du lectorat populaire par la grande presse

[13] Cf. AMBROISE-RENDU, Les faits divers (voir n. 11).

quotidienne ne s'explique pas seulement par des formats ou des contenus, mais aussi par une adaptation aux moyens et aux comportements des publics visés. J'évoque ici, bien sûr, la »révolution« des quotidiens à »un sou« vendus au numéro – qui s'engage avec l'apparition du »Petit Journal« en 1863[14] –, la rupture avec la vieille pratique de l'abonnement (bien plus précoce en France qu'en Allemagne, du reste), mais aussi la fixation des points de vente, élément indispensable pour fidéliser la clientèle.

La prise de conscience de l'existence d'un marché intervient au moment de la monarchie de Juillet, avec »La Presse« et »Le Siècle«[15]. Mais la difficulté de ces deux quotidiens à élargir le cercle de leur lectorat, à conquérir la frange des couches populaires cultivées, les marges de l'audience occasionnelle, souligne, selon moi, les limites de ce marché. En 1838, »Le Siècle« tire à 16 000 exemplaires environ, »La Presse« à 13 000, à peine plus que »Le Journal des débats« (10 000)[16]. Dans les années 1840, la totalité du tirage de la presse quotidienne n'excède pas 100 000 à 150 000 exemplaires. En 1845, »Le Siècle« en est à 35 000 exemplaires, »La Presse« à 22 000[17]. Et l'écart avec la presse traditionnelle des élites pour les élites n'est pas considérable. La presse à »bon marché« joue sur les deux tableaux. Elle choisit un marché qu'elle surestime. Elle s'adapte, certes, aux attentes supposées de celui-ci, mais reste fondamentalement fidèle au modèle libéral de l'information.

L'échec des journaux de 1848 me semble également illustrer l'étroitesse du marché auquel ils s'adressent[18]. Ces journaux de propagande parlent au peuple et, par conséquent, pratiquent des tarifs de prix bas. Mais, à la fois, ils se montrent incapables de se faire entendre des couches populaires, et leur lectorat reste faible, alors que moins de la moitié des Français savent lire. Certes, les classes populaires parisiennes se sont familiarisées avec la lecture, mais les foules urbaines de province, et plus encore les populations rurales, restent à l'écart de l'alphabétisation. L'étape du »Petit Journal«, en 1863, est évidemment capitale. Toutefois, il est un peu l'arbre qui cache la forêt. Une fois la liberté acquise, d'autres titres tentent d'en adapter les recettes. Mais il faut attendre la fin des années 1880 et le début des années 1890 pour que des quotidiens comme »Le Petit Parisien«, »Le Matin« ou »Le Journal« trouvent enfin leur public.

En 1869, »Le Petit Journal« est le seul quotidien à plus de 100 000 exemplaires[19]. En 1880, on en compte cinq[20], mais »Le Petit Journal« est unique en son genre, les autres restant des quotidiens politiques (comme »La Petite République« ou »La Lanterne«) ou des quotidiens des élites (comme »Le Figaro«). Près de trente ans plus tard, en 1908, on est passé à sept quotidiens de plus de 100 000 exemplaires. Mais la diffé-

---

[14] Cf. Marc MARTIN, La réussite du »Petit Journal« ou les débuts du quotidien populaire, Bulletin du Centre d'histoire de la France contemporaine 3 (1982), p. 11–36.
[15] Cf. VAILLANT, THÉRENTY (dir.), 1836 (voir n. 1).
[16] Cf. Pierre ALBERT, Gilles FEYEL, Jean-François PICARD, Documents pour l'histoire de la presse nationale aux XIXe et XXe siècles, Paris 1976.
[17] »Le Constitutionnel« est alors tiré à 23 000 exemplaires.
[18] Cf. Anne-Claude AMBROISE-RENDU, Les journaux du printemps 1848: une révolution médiatique en trompe-l'œil, dans: Revue d'histoire du XIXe siècle 19 (1999), p. 35–64.
[19] 154 000 en octobre 1864; 259 000 en décembre 1865; 340 000 en novembre 1869.
[20] Août 1880: »Le Petit Journal«, 583 000 exemplaires; »La Petite République«, 196 000; »La Lanterne«, 150 000; »Le Petit Moniteur« et »Le Figaro« sont aux environs de 100 000 exemplaires.

rence, cette fois, c'est que les quatre premiers sont des quotidiens à un sou, dont le plus faible, »Le Matin«, tire à 620 000 exemplaires, c'est-à-dire quatre fois plus que celui qui le suit, représentant de la presse traditionnelle des élites, »L'Écho de Paris«. C'est pourquoi la vraie conquête du public populaire par le quotidien – je dis bien le »quotidien« et non le »journal«, qui, sous diverses formes, le touche depuis longtemps – se situe des années 1880 à la Belle Époque. C'est là véritablement que s'affirme pour la presse l'âge de la consommation de masse.

Évoquer les années 1880 nous renvoie, une fois de plus, vers la République et la loi sur la liberté de la presse. Pourtant, ici, le facteur est au moins aussi social que politique. On peut, du reste, rapprocher cette époque d'une autre, celle de la Révolution française. On dit, et on a raison de l'affirmer, que 1789 est marqué par une explosion des journaux. Mais la liberté conquise aurait été de moindre effet pour la presse sans la préexistence d'un lectorat et d'habitudes de lecture, autrement dit sans la réactivité ou la réceptivité de couches instruites[21]. En 1789, l'offre médiatique répond à une demande sociale; au début de la IIIe République, il en va de même. La liberté est, certes, un levier important du développement de la presse. Mais tout aussi capital est le marché potentiel formé en amont à la lecture (y compris de la »petite presse«), grâce aux lois scolaires, de Guizot (1833) à Duruy (1867), de telle sorte que, sous le Second Empire, la quasi-totalité des communes dispose d'une école et que l'analphabétisme, en 1880, est tombé à 17 % de la population. Dans ces conditions, le marché ne demande qu'à être libéré: c'est ce qui se passe en 1789 comme en 1881, dans des proportions évidemment inégales[22].

»LE LECTEUR A TOUJOURS RAISON«

Certes, les quotidiens de masse puisent leur succès dans l'adaptation aux attentes d'un lectorat populaire. Et on en voit le signe dans l'essor de genres particuliers, comme le fait divers et le récit aux ressorts émotionnels, ou dans le primat donné aux nouvelles sensationnelles, etc. Mais, à mon avis, on néglige beaucoup trop la nature même de l'information, c'est-à-dire le lien entretenu par le lecteur avec l'information lue dans le journal. Et, à cet égard, je prendrai deux exemples aux fortes résonances contemporaines.

Le premier tient à l'écriture de presse elle-même. »Faites simple, faites court, faites accessible«, recommande-t-on aux journalistes, aujourd'hui. Or, c'est bien là un des secrets de quotidiens comme »Le Petit Journal«. Très caractéristique à cet égard, une pétition se distingue, signée par 43 ouvriers fondeurs en 1868, adressée aux députés, et qui s'oppose au projet de soumettre la presse à un sou au droit de timbre, pour rééquilibrer la concurrence avec les quotidiens politiques. Des ouvriers »instruits« défendent

---

[21] Cf. Gilles FEYEL, L'annonce et la nouvelle. La presse d'information en France sous l'Ancien Régime, 1630–1788, Oxford 1999.
[22] En Allemagne, l'alphabétisation est plus précoce qu'en France. Mais les journaux, dans les années 1880–1890, restent réservés aux élites, pour l'essentiel, et continuent à être distribués par abonnement. Vissés par le pouvoir, ils demeurent très »idéologiques«, et finalement peu ouverts sur le marché.

»Le Petit Journal«. Ils expliquent qu'ils en apprécient les genres (les romans, les fictions), mais aussi la façon d'écrire. En gros, disent-ils, »Le Petit Journal« parle comme nous, pour nous, contrairement aux journaux politiques, qui, eux, usent de »mots inconnus à chaque ligne«[23]. Un »journaliste du peuple« comme Jules Vallès a bien compris l'engouement populaire pour un tel quotidien. Et loin de s'offusquer et de rejoindre la meute méprisante des élites bourgeoises ou ouvrières, il écrit dans »Le Figaro«, dès le 21 janvier 1866, à propos de la presse d'opinion:

Elle n'a pas voulu, l'orgueilleuse, quitter la toge et le manteau pour prendre cette allure légère et vive qui plaît à un peuple las des tirades et que les grands mots et les longues tartines n'ont pas sauvé de la misère et ont mené quelques fois à l'abattoir. Tous [...], nous devons compter avec l'esprit populaire du temps et nous rappeler que nous parlons à une société nouvelle, à laquelle il faut un art nouveau.

L'adaptation que Vallès appelle de ses vœux correspond à une lecture finalement juste d'une société des années 1860 en pleine mutation. Au-delà, c'est un appel à l'adaptation permanente de la presse aux mutations de la société que le XXe siècle, lui, finit par admettre, pour ne pas perdre le contact avec le lecteur.

Le second exemple se situe sur un autre plan. L'expansion des grands quotidiens populaires, et particulièrement d'un journal comme »Le Petit Parisien«, bientôt le premier quotidien au monde par le tirage[24], tient d'abord à leur capacité de conquérir le public de province. La constitution d'un réseau de diffusion est évidemment fondamentale, et par ailleurs bien connue. Toutefois, il me semble important de souligner que le quotidien parisien a su concilier, grâce à l'essor des agences, la nouvelle nationale ou internationale la plus »fraîche«, si j'ose dire, et l'information de proximité de qualité, grâce à son réseau de correspondants locaux. Cette loi de la proximité est inchangée de nos jours. Dans une information mondialisée, elle a même tendance à se renforcer. Le lecteur est d'abord intéressé par l'information qui le touche directement: ce qui se passe dans son immeuble, son quartier, son village compte toujours plus que ce qui se déroule à l'autre bout du monde, sauf si l'événement peut avoir pour lui des conséquences concrètes. C'est sur ce fondement que, à partir des années 1880–1890, les quotidiens de province commencent leur expansion[25]. Grâce à leurs éditions départementales et à leur réseau serré de correspondants, ils finissent, au début du XXe siècle, par damer le pion à la presse parisienne. Cette recette de la proximité guide encore la réussite des médias aujourd'hui et explique, en partie au moins, la relative résistance des quotidiens régionaux au déclin de la presse quotidienne. Bref, l'héritage direct du journal tel qu'il a pu se transformer au XIXe siècle est une conception de l'information qui ouvre deux fenêtres à son lecteur: l'une sur le monde, l'autre sur son jardin.

[23] Cf. Élisabeth CAZENAVE, Fonctions identitaire et émancipatrice de la presse des classes populaires au XIXe siècle, dans: Roger BAUTIER, Élisabeth CAZENAVE, Michael PALMER (dir.), La presse selon le XIXe siècle, universités de Paris III et Paris XIII 1997, p. 27–37.
[24] Cf. Francine AMAURY, Histoire du plus grand quotidien de la IIIe République: »Le Petit Parisien«, 1876–1944, Paris 1972.
[25] Cf. Marc MARTIN, La presse régionale. Des affiches aux grands quotidiens, Paris 2002.

UN PUBLIC? DES PUBLICS!

Il y aurait encore beaucoup à dire sur les héritages du XIXe siècle. Je n'insisterai pas sur les transformations du journalisme et l'émergence de la profession de journaliste sur lesquelles je me suis déjà abondamment exprimé[26]. Je voudrais juste, pour finir, évoquer brièvement quelques points caractéristiques de la plongée de la société médiatique du XIXe siècle dans le siècle suivant.

Il conviendrait ainsi d'insister sur l'élargissement des outils médiatiques, et singulièrement les supports visuels, comme la photographie, le cinématographe, bien sûr, mais aussi l'affiche publicitaire, dont je rappellerai le statut et la légitimité que lui accordent les Expositions universelles de Paris en 1889 et en 1900, comme signe fort de la modernité française. À travers la diversité des messages, codifiés par les mots et les images, se dégagent des valeurs soigneusement pensées en fonction des groupes sociaux ciblés par la publicité[27]. La prise en compte de la diversité des publics, en effet, est une donnée essentielle du développement médiatique, dès lors aussi que l'espace de communication repose sur un maillage serré, qu'il couvre le territoire, la ville, le quartier, dès lors que l'achat du journal en des lieux rigoureusement fixés (le kiosque, la bibliothèque de gare[28], notamment) relève du réflexe quotidien, bref, dès lors que s'est installée une habitude sociale.

Cette prise en compte de la diversité des attentes selon la situation sociale – clé de compréhension de l'offre médiatique du XXe siècle – joue sur la verticalité des groupes sociaux (élites et masses), mais aussi sur l'horizontalité d'un même groupe social (les hommes, les femmes, les enfants). Il suffit de voir les contenus des suppléments illustrés des grands quotidiens de la fin du XIXe siècle, qui, au fil des pages, s'adressent aux différentes composantes du foyer: le chef de famille, l'épouse, la mère, la ménagère, les enfants aussi. Le plus caractéristique, à cet égard, est l'essor de la presse hebdomadaire spécialisée, comme le montre le cas de la presse féminine, avec, à côté des journaux s'adressant traditionnellement aux femmes de la bonne société, la percée du »Petit Écho de la mode«, visant les ménagères des catégories moyennes et adaptant son prix et ses contenus à leurs attentes. Rappelons que l'hebdomadaire, lancé en 1878, voit son tirage tripler entre 1885 et 1900, passant de 100 000 à 300 000 exemplaires.

La question de l'image, suggérée à propos de la publicité, mériterait aussi d'amples développements. Un exemple intéressant, à cet égard, est la transformation du marché de la vieille imagerie d'Épinal, qui sauve provisoirement son existence en s'adaptant aux nouvelles conditions de la société médiatique. D'abord, l'imagerie Pellerin, dans

---

[26] Cf. DELPORTE, Les journalistes en France (voir n. 10).
[27] Cf. notamment: Réjane BARGIEL-HARRY, Christophe ZAGRODZKI, Le livre de l'affiche, Paris 1985; Alain WEILL, L'affiche dans le monde, Paris 1991 (rééd.); Christian DELPORTE, De Bibendum à Culture pub, dans: Jean-Pierre RIOUX, Jean-François SIRINELLI (dir.), La culture de masse en France de la Belle Époque à nos jours, Paris 2002, p. 410–434.
[28] Cf. Karine TAVEAUX-GRANDPIERRE, De la diffusion de la presse parisienne quotidienne en France: Hachette et les quotidiens à grand tirage, 1870–1914, thèse de doctorat en information et communication, université de Paris III 1999; Gilles FEYEL (dir.), La distribution et la diffusion de la presse, du XVIIIe siècle au IIIe millénaire, Paris 2002.

les années 1890, prend acte de l'inadaptation du colportage par rapport au marché. Le colporteur se transforme peu à peu en représentant de commerce auprès des grands magasins (La Belle Jardinière, Aux Trois Quartiers...) et des grandes entreprises (alimentation, confiserie, pharmacie, habillement...), et la part des libraires dans le chiffre d'affaires augmente lentement à partir des années 1880 (39% en 1883; 45% au début du XXe siècle). Et puis, Pellerin réduit la gamme de sa production, d'abord en transformant l'image, naguère dominée par les thèmes religieux, en supports publicitaires, ensuite en ciblant la clientèle des enfants appartenant aux groupes sociaux aisés et citadins, comme l'indiquent les planches d'historiettes ou les jeux à découper[29].

L'image, support essentiel dans le mouvement de démocratisation médiatique du XXe siècle, reste encore à la fin du XIXe siècle un objet de luxe, comme l'indique le cas de la photographie. Les magazines illustrés, de »L'Illustration« à »Fémina«, ne s'adressent pas au plus grand nombre. À une certaine conception du rôle de la photographie considérée comme un art (»L'Illustration« ne l'adopte que dans les années 1890[30]) s'ajoute le coût de reproduction, qui pèse sur le prix de vente et restreint, *de facto*, la clientèle. Les tentatives pour imposer des quotidiens illustrés sur le modèle américain, dans les années 1880–1890 (avec »La Journée«, »L'Actualité«, »Le Quotidien illustré«, etc.), échouent. Ces échecs commerciaux s'expliquent par de multiples facteurs, techniques, économiques, financiers, mais aussi par un certain regard social (bref, un »état« du marché). Les quotidiens illustrés sont faits pour »les gens qui ne savent pas lire« pensent les élites, qui se détournent de journaux pourtant conçus pour elles. Il faut attendre 1912 et »Le Miroir«, et plus encore l'après-guerre, pour que, à l'imitation du cinéma, devenu un art et un moyen d'information populaires, la photographie, désormais facile à reproduire pour un coût réduit, garantisse la réussite de la grande presse populaire.

On le voit, la société médiatique qui caractérise le XXe siècle trouve largement ses racines dans le siècle précédent. À bien des égards, du reste, les mutations technologiques, économiques, culturelles qui affectent le système médiatique depuis vingt ou trente ans sont assez comparables à celles qui s'opérèrent à la fin du XIXe siècle. La fin d'un monde pour la venue d'un monde nouveau inquiète ou enthousiasme, en tout cas suscite débat sur le sens et les effets de la rupture, nourrit des interrogations et des inquiétudes. Les hommes de presse de la fin du XIXe siècle sentaient bien un mouvement qu'ils ne pouvaient arrêter, sans pouvoir en saisir toutes les dimensions. Aujourd'hui, les tensions perceptibles dans le monde médiatique provoquent de lourdes interrogations sur l'avenir: que va devenir la presse écrite? Quel avenir pour la »presse de qualité«? Que restera-t-il du pluralisme des quotidiens? Quelle place pour le journaliste-médiateur? Faut-il encadrer la concentration médiatique?, etc. Autant de questions qui renvoient à la situation du XIXe siècle, au temps où le rôle sacré de la presse semblait submergé par les logiques du marché, où la transformation des outils paraissait

---

[29] Cf. Annie DELPORTE, L'imagerie d'Épinal, mémoire de DEA, université de Lille III 1994.
[30] Cf. Anne-Claude AMBROISE-RENDU, Du dessin de presse à la photographie (1878–1914): histoire d'une mutation technique et culturelle, dans: Revue d'histoire moderne et contemporaine 39 (1992), p. 6–28.

emporter les valeurs de la presse, soumise à une dégradation mortelle«[31]. À l'époque, la prise en compte du marché avait permis la démocratisation de la lecture, tout en suscitant, en filigrane, une question non résolue de nos jours: la démocratisation médiatique sans contrôle sert-elle, oui ou non, la démocratie?

---

[31] Maret, en 1891, évoquait ainsi les transformations du »quatrième pouvoir«, en introduction de l'Annuaire de la presse: »Plus vite, toujours plus vite. Ce fut dans les journaux une lutte de rapidité, comme aux courses. Le public ne voulut plus attendre pour être informé de tout, des petites choses plus que des grandes«. Et de préciser: »Le bulletin bibliographique et l'interview remplacèrent l'étude littéraire. Au théâtre, plus de feuilleton, on voulut savoir dès le lendemain ce qui s'était passé [...], de là des comptes rendus improvisés, sans méthode, sans esthétisme, au hasard de la fourchette«.

II.

Presse als Medium gesellschaftlicher Selbstorganisation

Le rôle de la presse dans l'évolution sociétale

THORSTEN GUDEWITZ

Die Nation vermitteln – Die Schillerfeiern von 1859 und die mediale Konstituierung des nationalen Festraums

Ein gutes halbes Jahr nach dem »größten Fest, das in Deutschland jemals zu Ehren eines Dichters gefeiert wurde« (Rainer Noltenius), resümierte Bernhard Endrulat in dem Erinnerungsband »Das Schillerfest in Hamburg am 11., 12. und 13. November 1859« über die Aufgabe der Presse:

> Von allen deutschen Blättern hat – so weit unsere Beobachtung reichte – vielleicht nur ein einziges die Aufgabe der Tagespresse in den dem Feste vorangegangenen Wochen als eine sehr hohe aufgefasst und sie in diesem Sinne zu lösen getrachtet. Es war das die Berliner ›Volkszeitung‹, das kleine, aber tüchtige und einflussreiche Organ der Demokratie in Preußen. Dieses Blatt wurde nicht müde, seinen Lesern in Leitartikeln, die mit der Wärme innerster Überzeugung geschrieben waren, die Bedeutung des herannahenden Festes von allen dabei einzunehmenden Standpunkten aus vorzuführen, durch Mitteilungen über die an den verschiedensten Orten aufgetauchten Fest-Pläne und die in Angriff genommenen Fest-Anstalten zum Wetteifer anzuspornen, und so die Stimmung allmählich derjenigen Höhe zuzuführen, die der Würde des Tages entsprach[1].

Endrulat benennt hier explizit drei Aufgaben, die von den Printmedien hinsichtlich der Schillerfeier zu erfüllen seien:
1. die Bereitstellung eines Deutungsangebots für die gegenwärtige Relevanz der Feier und ihres Anlasses,
2. die Vernetzung der Festorte durch eine wechselseitige Berichterstattung von Festaktivitäten andernorts,
3. die emotionale Hinführung der Leser zu einer angemessenen, würdevollen Stimmung.

Eine hier ungenannte, für die lokale Festorganisation aber nicht minder relevante Aufgabe erlaube ich mir hinzuzufügen:
4. die praktische organisatorische Bewältigung der Schillerfeiern als (vor allem in den großen Städten) ein gesellschaftliches Großereignis mit zum Teil mehreren tausenden Teilnehmern.

Zur Mitte des 19. Jahrhunderts haben sich mit dem öffentlichen Fest und der Presse zwei Medien bürgerlicher Selbstorganisation gefunden. Sie sind in den Feiern anlässlich des 100. Geburtstages Friedrich Schillers bereits vielfach miteinander verflochten und ermöglichten in dieser Konstellation letztlich erst die Wahrnehmung der Schillerfeier als ein deutsches Nationalfest. Auch Bernhard Endrulats zeitgenössische Kommentierung richtet den Blick auf einen in der Festforschung bislang zwar als wesentlich erkannten, soweit ich sehe aber nicht direkt in den Fokus genommenen Aspekt:

---

[1] Bernhard ENDRULAT, Das Schillerfest in Hamburg am 11., 12. und 13. November 1859, Hamburg 1860, S. 39.

Die Rolle der Medien im deutschen Nationalfest des 19. Jahrhunderts. Die Ausweitung des Festraumes in den seit 1814 in Deutschland inszenierten Nationalfesten aber ist ohne mediale Flankierung nicht vorstellbar. Umso erstaunlicher ist es, dass die Verbindung von Presse und öffentlichem Fest von der deutschen Festforschung bislang vor allem vor dem Hintergrund der Zensurproblematik untersucht wurde, nicht jedoch in ihrer raumüberwindenden und kommunikativ-vernetzenden Funktion, die überregionale Kommunikation mit breiter Partizipation erst möglich machte[2]. Zwar wird für die deutschen Nationalfeste zumindest bis zur Reichsgründung die Existenz einer trotz Zensurmaßnahmen umfassenden begleitenden Presseberichterstattung nachgewiesen, jedoch konnte bislang weder theoretisch noch empirisch befriedigend gezeigt werden, wie sich die nationsweite Öffentlichkeit konkret konstituierte und auf welchen kommunikativen und medialen Grundlagen die Dislokation der lokalen Feiern und des darin praktizierten kommunikativen Handelns erfolgte. Stattdessen konzentrieren sich die Ansätze vorrangig auf Rituale, Inszenierungsmerkmale und Identitätsbildungsprozesse auf der Ebene der jeweils lokalen Ereignisse.

Fest und Feier sind ebenso Medien bürgerlicher Selbstorganisation wie Zeitungen und Zeitschriften. Beide dienten auf unterschiedlichen Ebenen der Herstellung von Öffentlichkeiten, der – mehr oder weniger offenen und direkten – Artikulation politischer Forderungen, der Zirkulation identitärer, erinnerungskulturell aufgeladener Narrative und nicht zuletzt der Vernetzung städtischer Gesellschaften durch eine aufmerksame Beobachtung und Berichterstattung, zunehmend auch unter Beanspruchung eigener Korrespondenten. Bereits die Gründungsgeschichte des deutschen Nationalfests ist eng mit den Printmedien verknüpft: Schon das erste deutsche Nationalfest, das am 18. Oktober 1814 anlässlich des einjährigen Jahrestages des Sieges über Napoleon – ähnlich wie die Schillerfeiern 45 Jahre später – dezentral ausgerichtet wurde, wurde publizistisch durch verschiedene Schriften von Apologeten der deutschen Nationalbe-

---

[2] Vgl. Michael MAURER (Hg.), Das Fest. Beiträge zu seiner Theorie und Systematik, Köln u.a. 2004; Dieter DÜDING, Peter FRIEDEMANN, Paul MÜNCH (Hg.), Öffentliche Festkultur. Politische Feste in Deutschland von der Aufklärung bis zum Ersten Weltkrieg, Reinbek bei Hamburg 1988; Manfred HETTLING, Paul NOLTE (Hg.), Bürgerliche Feste. Symbolische Formen politischen Handelns im 19. Jahrhundert, Göttingen 1993; Uwe SCHULTZ (Hg.), Das Fest. Eine Kulturgeschichte von der Antike bis zur Gegenwart, München 1988; Walter HAUG, Rainer WARNING (Hg.), Das Fest, München 1989 (Poetik und Hermeneutik, 14); Elfie MIKLAUTZ, Feste: Szenarien der Konstruktion kollektiver Identität, in: Josef KOPPERSCHMIDT, Helmut SCHANZE (Hg.), Fest und Festrhetorik. Zur Theorie, Geschichte und Praxis der Epideiktik, München 1999, S. 193–206; Konrad EHLICH, Politisches Feiern als kommunikatives Handeln, in: Helmut GUGGENBERGER, Wolfgang HOLZINGER (Hg.), Neues Europa – Alte Nationalismen. Kollektive Identitäten im Spannungsfeld von Integration und Ausschließung, Klagenfurt 1993, S. 117–144 sowie die zahlreichen Arbeiten zu Fest, kollektiver Identität und Gedächtnis von Jan und Aleida Assmann. Für einen kommunikationsorientierten Zugriff vgl. David WALDSTREICHER, In the Midst of Perpetual Fetes. The Making of American Nationalism 1776–1820, Chapel Hill 1997. Den Zusammenhang von Presse und Medien im deutschen Nationsbildungsprozess untersucht auch Kirsten BELGUM, Popularizing the Nation. Audience, Representation and the Production of Identity in »Die Gartenlaube« 1853–1900, Chapel Hill 1998.

wegung wie Ernst Moritz Arndt oder Friedrich Ludwig Jahn vorbereitet[3]. In den öffentlichen bürgerlichen Festen des 19. Jahrhunderts fanden Fest und Presse dann zunehmend zusammen, dienten Printmedien auf verschiedenen Ebenen der diskursiven Vorbereitung, Organisation und Durchführung der deutschen Nationalfeiern. Die Frage nach der Medialität der deutschen Nationalfeste könnte hier ansetzen und in einer mediengeschichtlichen Erweiterung akteursbezogen die konkrete Mediennutzung im gesellschaftlichen Zusammenhang untersuchen. Die Mediennutzung im Fest, das Fest in den Medien und die Rückwirkung der Medienpräsenz des Festes und seiner Vorbereitung auf die konkrete Handlungsebene der Akteure bieten auch eine Zugriffsmöglichkeit auf die funktionale Verknüpfung und wechselseitige Durchdringung von Encounter-, Versammlungs- und massenmedialer Öffentlichkeit[4]. Die monothematische Ausrichtung der Festkommunikation erleichtert dabei die Beobachtung des wechselseitigen Transfers von Kommunikationsinhalten zwischen den sektoralen und der massenmedialen Öffentlichkeit. Schließlich öffnet die Untersuchung der zeitgenössischen Mediennutzung und ihrer Funktion für kollektive Identitätsbildungsprozesse den Blick auf soziale und räumliche Integrationswirkungen infolge der Ausweitung der Kommunikationsbeziehungen im 19. Jahrhundert. Ausgehend von den Akteuren und ihrem kommunikativen Handeln in der Feier und in Aneignung und Nutzung vorhandener Kommunikationsmittel wird die Blickrichtung umgekehrt und soziales Handeln als Grundlage für Identitätsbildungsprozesse, Vergemeinschaftung und Vergesellschaftung im Fest und durch die Medien betrachtet. Nationsbildung wird so als bottom-up-Prozess verstanden, der die Akteure als handelnde Subjekte stärker hervorhebt.

Am Beispiel der Schillerfeiern von 1859 werde ich nachfolgend gezielt nach der Rolle der Medien, hier besonders der Presse, in der Organisation und Durchführung der Feiern fragen. Ziel dieser Betrachtungen ist es, die mediale Durchdringung der deutschen Gesellschaft in der Mitte des 19. Jahrhunderts anhand der engen Verflechtung und wechselseitigen Beeinflussung von Presse und Nationalfest beispielhaft zu veranschaulichen und dabei die aktive Mediennutzung der Akteure in den Mittelpunkt der Betrachtung zu stellen. Ich beginne dabei mit den praktisch-organisatorischen Aspekten, werde anschließend die selektiv-nationalisierende Darstellung Friedrich Schillers und seiner Werke in der Presse behandeln und abschließend die Vernetzung der Festorte durch die Presse als wesentlichen Beitrag der Printmedien zur kommunikativen Nationsbildung in weitgehender Unabhängigkeit von spezifischen Produktionsbedingungen und Zensurmaßnahmen deuten[5].

---

[3] Dieter DÜDING, Das deutsche Nationalfest von 1814. Matrix der deutschen Nationalfeste im 19. Jahrhundert, in: DÜDING, FRIEDEMANN, MÜNCH (Hg.), Öffentliche Festkultur (wie Anm. 2), S. 67–88.
[4] Jörg REQUATE, Öffentlichkeit und Medien als Gegenstände historischer Analyse, in: Geschichte und Gesellschaft 25 (1999), S. 5–32.
[5] Die hier vorgestellten Befunde basieren auf den Ergebnissen meiner Magisterarbeit zur »Repräsentation bürgerlicher Nationsvorstellungen in den Schillerfeiern von 1859 in Hamburg und Wien«, Universität Hamburg, Historisches Seminar 2005 und der laufenden Arbeit an meinem Dissertationsprojekt »Zur medialen Distribution des Nationalen. Die Schillerfeiern von 1859 in

DIE SCHILLERFEIERN VON 1859

Der hundertste Geburtstag Friedrich Schillers wurde in hunderten Städten des deutschsprachigen Raums mit zum Teil mehrtägigen Festprogrammen, mit Festumzügen, Bällen, Banketten, Schulfeiern und Festaufführungen in den Theatern gefeiert[6]. In unzähligen Festreden wurden Friedrich Schiller und sein Werk in ihrer Bedeutung für die deutsche Nation gewürdigt, wurde vor allem Attinghausens Forderung nach Einigkeit im Wilhelm Tell oder – wo möglich – die Forderung des Marquis von Posa nach Gedankenfreiheit bemüht und als Referenz auf politische Forderungen des liberalen und demokratischen Bürgertums als Träger der Feiern herangezogen. Nach einem Jahrzehnt der Restauration im Gefolge der Revolution von 1848 trat in den Schillerfeiern das liberal und demokratisch gesinnte Bürgertum erstmals wieder selbstbewusst in die Öffentlichkeit. Gefeiert wurde nicht nur in den deutschen Städten, auch im europäischen Ausland und in Nordamerika fanden von deutschen Exilanten und Emigranten organisierte Schillerfeiern statt, die in den deutschen Staaten durchaus wahrgenommen und auch positiv kommentiert wurden.

Die politische Konstellation begünstigte die Ausrichtung öffentlicher Feste: Der politische Machtwechsel in Preußen weckte Ende der fünfziger Jahre Hoffnungen auf eine »Neue Ära«, während andererseits die Niederlage Österreichs in der italienischen Frage das Ende der neoabsolutistischen Regierung in Wien besiegelte und eine vorsichtige Öffnung in Richtung auf das liberale und demokratische Bürgertum und dessen politische Wünsche herbeiführte. Dennoch mussten die Festorganisatoren vielerorts mit Widerstand und Eingriffen örtlicher Behörden und Regierungen rechnen. Zensurmaßnahmen gehörten trotz gewisser Lockerungen zu den Hindernissen, mit denen die städtischen Festkomitees zu rechnen hatten, wenn nicht gleich das Festkomi-

---

Europa und Nordamerika«, das im Rahmen des Graduiertenkollegs »Transnationale Medienereignisse von der Frühen Neuzeit bis zur Gegenwart« an der Justus-Liebig-Universität in Gießen realisiert wird.

[6] Vgl. Rainer NOLTENIUS, Dichterfeiern in Deutschland. Rezeptionsgeschichte als Sozialgeschichte am Beispiel der Schiller- und Freiligrath-Feiern, München 1984. Dessen zentrale Thesen finden sich auch in: DERS., Schiller als Führer und Heiland. Das Schillerfest von 1859 als nationaler Traum von der Geburt des zweiten Deutschen Kaiserreichs, in: Dieter DÜDING, Peter FRIEDEMANN, Paul MÜNCH (Hg.), Öffentliche Festkultur (wie Anm. 2), S. 237–258; des Weiteren: Barbara DRUCKER, Ein deutscher Messias, in: Jahrbuch der deutschen Schillerstiftung 48 (2004), S. 167–184; Juliane MIKOLETZKY, Bürgerliche Schillerrezeption im Wandel. Österreichische Schillerfeiern 1859–1905, in: Hanns HAASE, Hannes STECKL (Hg.), Bürgerliche Selbstdarstellung. Städtebau, Architektur, Denkmäler, Wien u.a. 1995, S. 165–183; Karl OBERMANN, Die deutsche Einheitsbewegung und die Schillerfeier 1859, in: ZfG 3 (1959), S. 705–734; Hermann RÖSCH, Die Londoner Schillerfeier 1859, in: Klassik, modern/ZfdPh-Sonderheft 115 (1996), S. 94–111; Angelika SALMEN, Bürgerliche Identität und Abgrenzung. Die Schillerfeiern von 1859 und 1905, in: Werner FREITAG (Hg.), Vergnügen und Inszenierung, Halle 2004 (Forschungen zur hallischen Stadtgeschichte, 4), S. 129–139; Gerhard SCHMID, Die Gedenkjahre 1859 und 1905 als Brennpunkte bürgerlicher Schiller-Verehrung in Deutschland, in: Walter DIETZE, Werner SCHUBERT (Hg.), Impulse. Aufsätze, Quellen, Berichte zur deutschen Klassik und Romantik, Bd. 9, Berlin 1986, S. 90–114 und weitere Aufsätze und Magisterarbeiten zu regionalen Schillerfeiern.

tee selbst unter enger Überwachung stand, indem ihm Mitglieder staatlicher Institutionen angehörten.

Die Schillerfeiern wurden dezentral von städtischen Festkomitees ausgerichtet, eine zentrale Festorganisation gab es nicht. Zwar hatte die Deutsche Schillerstiftung im Oktober 1859 zur Begründung eines Schillerfonds zur Unterstützung ökonomisch in Not geratener Schriftsteller und Schriftstellerinnen aufgerufen und eine festliche Begehung des Jahrestages angeregt, konkrete Planungen für Schillerfeiern gab es jedoch vielerorts schon in den Wochen und Monaten zuvor.

DIE PRESSE ALS ORGANISATIONSINSTRUMENT

Die Schillerfeiern fanden vor allem in größeren Städten unter großer Beteiligung statt und erreichten örtlich Teilnehmerzahlen im fünfstelligen Bereich. Doch selbst die Zahl der aktiv an einem gesellschaftlichen Großereignis dieser Art beteiligten Personen ging in die Hunderte. Es mag daher nicht verwundern, dass die Festorganisation zu einem großen Teil über die Presse erfolgte. Die Bekanntgabe der von den Festkomitees ausgehandelten Festorganisation wurde so einem breiteren lokalen Publikum zur praktischen Orientierung kundgetan und stellte auf diese Weise Informationen für den Festablauf vor allem für die im öffentlichen Raum der städtischen Straßen und Plätze lokalisierten Ereignisse wie Umzüge, Illuminationen, Versammlungen usw. bereit.

Über Zeitungsannoncen wurde zu Beginn der Planungstätigkeiten die Existenz eines Festkomitees angezeigt, die namentliche Nennung der Mitglieder und die Bekanntgabe der Tagungsorte erlaubte dem interessierten Leser, sich an einzelne Personen mit Ideen und Kritik zu wenden oder sich dem Komitee anzuschließen. Anfragen an die örtlichen Behörden, Polizeiverordnungen zu Straßensperrungen oder die Bekanntgabe festgelegter Zugangswege zu den Festorten fanden hier ebenfalls ihren Platz.

In Hamburg veröffentlichte das Festkomitee nach seiner Konstituierung einen Aufruf zur finanziellen und ideellen Beteiligung an der bevorstehenden Feier und nutzte die (sympathisierenden) örtlichen Zeitungen fortan für alle anfallenden Bekanntmachungen. Der »Hamburgische Correspondent« verzichtete dabei auf die Insertionskosten und verlangte lediglich eine Erstattung der Inseratensteuer[7]. In Wien wurden regelmäßig eingehende Spendenbeträge für die Schillerstiftung veröffentlicht – mit namentlicher Nennung der Spender. Sicher für den einen oder anderen ein gesellschaftlicher Anreiz, nicht nachzustehen, sich in die Reihe der Wohltäter einzureihen und einen angemessenen Betrag beizusteuern.

Neben den Bekanntmachungen der Schillerkomitees zum Festablauf oder behördlichen Anordnungen zum Festgeschehen finden sich in den Anzeigenteilen der Zeitungen auch zahlreiche kommerzielle Angebote. Bälle und Festbankette wurden hier angekündigt, aber auch Varieté-Veranstaltungen und Sonderprogramme der nicht direkt in das offizielle Festprogramm eingebundenen Theater. Porträt-Lithographien, Publikationen von Schiller-Biographien und Sonderausgaben seiner Werke wurden

[7] ENDRULAT, Schillerfest in Hamburg (wie Anm. 1), S. 40.

beworben, außerdem Schiller-Champagner, Schiller-Lampenschirme und zahlreiche andere Kuriositäten. Diese ökonomischen Aspekte der Schillerfeier, die im Anzeigenwesen ihren bevorzugten medialen Platz erhielten, fanden in der Regel in der offiziellen Memorialliteratur zu den Schillerfeiern keinen Platz. Eine Ausnahme bildet hier der Altonaer Dichter Johann Peter Lyser, der in einer im Selbstverlag herausgegebenen Gegen-Erinnerungsschrift die materialistischen Entgleisungen beklagte, die seiner Ansicht nach allerorten das hohe Anliegen der Feier beschädigten[8]. Doch es waren nicht nur Händler und Handwerker, die versuchten, ihr Geschäft mit der Feier zu machen. Auch Privatleute bedienten sich der Möglichkeiten der Presse, um in der Feier das eine oder andere Geschäft abzuschließen. So wurden Balkone und Fenster entlang der Festzugsrouten zur Miete angeboten. Auch ganz lebenspraktische Probleme wurden über die Presse kommuniziert: Dazu gehörten die Anzeige von gefundenen Gegenständen, kriminalistische Randerscheinungen, etwa Taschendiebstahl, oder gesellschaftlicher Klatsch am Rande der Feierlichkeiten: Die »Ost-Deutsche-Post« aus Wien vermeldete beispielsweise besonders viele und kostspielige Einkäufe in den Modemagazinen Wiens für das bevorstehende Festbankett mit Anwesenheit der kaiserlichen Familie und weiterer hochrangiger Adliger der Donaumonarchie[9].

Der bewusst manipulative Einsatz der Presse für die Festorganisation lässt sich am Beispiel der Londoner Schillerfeier zeigen[10]. Der Initiator der Feier, der Journalist Heinrich Beta, wollte Gottfried Kinkel als Integrationsfigur gewinnen, um die stark fragmentierte und zerstrittene deutsche Kolonie in London zur Schillerfeier zusammenzubringen und ein sichtbares Zeichen der Einigkeit zu setzen. Beta organisierte ein vereintes Geburtstagsständchen der Londoner Gesangsvereine zu Kinkels Geburtstag und lancierte anschließend Presseberichte, die das Ereignis als Zeichen für die Einigung der Deutschen in London heraushoben, die sich in der Schillerfeier vollenden werde. Kinkel ließ sich letztlich überzeugen, die Festrede für die Londoner Schillerfeier im Kristallpalast zu verfassen.

Die bislang weitgehend unbeachtete Kommerzialisierung der Feste weist auf die umfassende gesellschaftliche Durchdringung des Ereignisses und zugleich eine ganz selbstverständliche Inanspruchnahme vorhandener Kommunikationsmittel zur Organisation komplexer gesellschaftlicher Ereignisse. In den Zeitungen findet die Versammlungsöffentlichkeit der Festkomitees ebenso ihren Platz wie Encounter-Öffentlichkeiten mit ihren spontanen, den Begebenheiten der Feier entspringenden (hier vorrangig kommerziellen) Kommunikationsbedürfnissen. Auf einer organisatorisch-praktischen Ebene finden diese Öffentlichkeiten in der Presse zusammen. Das Fest als Medium bürgerlicher Selbstorganisation verbindet sich mit der Presse, die den Raum für die notwendigen und gewollten Kommunikationsmöglichkeiten bereitstellt. Durch die nicht zentral gesteuerte Nutzung des Anzeigenteils durch kommerzielle oder private Anbieter und die Berichterstattung über die Festvorbereitung und Durchführung vor

---

[8] Johann Peter LYSER, Die Schiller-Tage, November 11.–13. 1859 in Hamburg-Altona. Gedenkblätter für spätere Tage, Hamburg 1859.
[9] Ost-Deutsche Post, 12.11.1859.
[10] Vgl. RÖSCH, Londoner Schillerfeier (wie Anm. 6), S. 100.

Ort sowie durch die Bekanntmachung organisatorisch relevanter Daten und Informationen wird die Presse zum Kommunikationsinstrument der Festorganisatoren wie des Festpublikums zugleich.

DER FESTANLASS: FRIEDRICH SCHILLER

Neben festorganisatorischen Fragen rückt die Kommentierung des Festanlasses, die Deutung Friedrich Schillers und seines Werkes, zunehmend in den Mittelpunkt der Berichterstattung. Sie steht zu Beginn der Festveranstaltungen schließlich ganz im Vordergrund. Biographische Skizzen über das Leben des Dichters zeigen seinen Vorbildcharakter für alle (männlichen) Altersgruppen, wobei auch seine Rolle als Dichter für die Frauen betont wird. Schiller wurde zum Dichter der Nation stilisiert, sein Werk fast immer verkürzt dargestellt als früher Ausdruck von Forderungen nach bürgerlichen Freiheitsrechten und dem Wunsch nach nationaler deutscher Einheit. Immer wieder genannte Schiller-Slogans waren dann auch das tausendfach wiederholte »Seid einig! Einig! Einig!« aus Wilhelm Tell, das den »Kladderadatsch« zu seiner berühmten Karikatur zur Schillerfeier anregte[11]. Ein zweiter oft bemühter Satz war die Forderung des Marquis von Posa nach Gedankenfreiheit, die dort, wo sie deklariert wurde, für begeisterte Reaktionen im Publikum sorgte. Besonders bei den Feiern der Exilanten im europäischen Ausland fand diese Forderung Anklang. In Paris etwa wollte bei dieser Stelle »der Jubel kein Ende nehmen«[12].

Ich will hier nicht näher auf die selektive und erheblich verkürzte Rezeption Friedrich Schillers und seiner Werke durch die Festgesellschaften der Feiern von 1859 eingehen. Für meine Fragestellung nach der Rolle der Presse im Nationalfest bleibt an dieser Stelle vorrangig festzuhalten, dass mittels der Presseberichterstattung Sinnstiftungs- und Deutungsangebote bereitgestellt und distribuiert wurden, in denen Friedrich Schiller als ein gemeinsamer Fokus sozialen Handelns erschien. Der Bezugspunkt festlichen Handelns stand zwar schon vor der erinnerungskulturellen Kommentierung durch die Presse fest, die Distribution dieses Deutungsangebots an eine breitere Öffentlichkeit erfolgte jedoch erst hier. Auf der Angebotsseite wurde somit bereits vor Beginn der einzelnen Feste ein Deutungsangebot für die bevorstehenden Festhandlungen bereitgestellt, auf das die Leser bei Bedarf zurückgreifen konnten, um ihrem eigenen Festhandeln und der eigenen erinnerungskulturellen Einbindung in die lokale Festgemeinschaft Sinn zu verleihen. Da die wohlwollend berichtenden Journalisten oft in einer gewissen Nähe zu den Organisatoren der Feiern standen (oder sogar Mitglieder der Festkomitees waren), lässt sich an dieser Stelle eine inhaltliche Verknüpfung von Versammlungsöffentlichkeit und massenmedialer Öffentlichkeit konstatieren, in der die Deutungsangebote oftmals durchaus im Sinne der Festorganisatoren standen. Neben die organisatorisch-praktische Unterstützungsfunktion der Presse bei der Organisation und Durchführung des gesellschaftlichen Großereignisses tritt an

---

[11] Vgl. Kladderadatsch Nr. 53, 13.11.1859, S. 212.
[12] Die Schillerfeier der Alten und Neuen Welt, Leipzig 1860, S. 73f.

dieser Stelle also die Bereitstellung von erinnerungskulturell aufgeladenen Deutungsangeboten für den Gegenstand der Feier. Friedrich Schiller wird hier als bedeutungsvoll für die Zukunft der politischen und gesellschaftlichen Organisiertheit Deutschlands dargestellt, die Forderung nach Einigkeit unterstreicht die handlungspraktische Bedeutung dieser Forderungen für jeden Feiernden. Diese Gemeinschaft der Feiernden als eine nationale Festgemeinschaft soll nun abschließend in den Blick genommen werden.

KONSTITUIERUNG DES NATIONALEN FESTRAUMS

Emotional-sinnlicher Effekt, nationalintegrative Wirkung und eine Popularisierung kulturnationalen Ideenguts wurden nach Dieter Düding in allen von der bürgerlich getragenen deutschen Nationalbewegung im 19. Jahrhundert veranstalteten Nationalfesten angestrebt. Vorbild und Matrix hierfür war das Nationalfest vom 18. Oktober 1814, das anlässlich des ersten Jahrestags des Sieges über Napoleon in der Schlacht von Leipzig stattfand. Viele Gestaltungselemente dieser ersten deutschen Nationalfeier, die bei den Beteiligten einen tiefen Eindruck hinterlassen hatte, fanden in nachfolgenden Festen erneut Verwendung. Besonderes Merkmal des 18. Oktober war die »Feuernacht«: Auf Bergen oder hoch liegenden Punkten und Gebäuden wurden Feuer entzündet, die auf größere Entfernungen sichtbar waren und eine optische Vernetzung der dezentralen lokalen Feste bildeten. Das Feuer-Element hatte eine starke emotionale Wirkung und sorgte für eine besondere Ergriffenheit der Festgemeinde, die sicherlich dazu beitrug, dass das Fest von 1814 zum Archetypus, zur Matrix für alle von der Nationalbewegung ausgerichteten Nationalfeste des 19. Jahrhunderts werden konnte[13].

Symptomatisch für die Nationalfeste des 19. Jahrhunderts ist die in diesem Fest erstmals angelegte kommunikative Verknüpfung von lokalem und nationalem (Fest-)Raum. Die publizistische Vorbereitung ermöglichte einen in weiten Teilen synchronen Festablauf in den zahlreichen Festorten, ohne dass dafür eine zentrale Organisation benötigt wurde. Das sich aus lokalen Traditionen speisende Festgeschehen wurde in einen nationalen Bedeutungszusammenhang gerückt, die im Fest auszudrückende nationale Gemeinsamkeit als Sinn des festlichen Handelns definiert. Die im Erfahrungsraum der Akteure sich abspielende konkrete Handlung des Feierns wurde somit abstrahiert und bekam eine zusätzliche, im transzendenten nationalen Raum liegende Bedeutung. In einem zweiten Schritt wurden die lokalen Erfahrungsräume der Feiernden durch die nächtlichen Feuer in den nationalen Raum gleichsam eingewoben, das lokale Handeln als überlokal eingebettetes Handeln erlebbar. Die Nation bewegte sich aus der Imagination heraus und wurde – vor aller Augen – sichtbar. Die vorhergehende nationaltranszendente Sinngebung des lokalen Handelns findet so im konkreten Erfahrungsraum der Feiernden ihre Entsprechung und wird bestätigt, die Abstraktion »Nation« konkretisiert. Dabei bleibt die Interpretation des Gemeinsamkeitssymbols offen, was sich in den unterschiedlichen Deutungen der Brände als Freuden-, Verbrüderungs-

---

[13] Vgl. DÜDING, Nationalfest von 1814 (wie Anm. 3).

oder Dankesfeuer zeigt. Diese kommunikative Verknüpfung von lokalem und nationalem Raum, die Konkretisierung des Abstrakten bei gleichzeitiger Abstraktion des Konkreten, ist ein Element aller deutschen Nationalfeiern des 19. Jahrhunderts – zumindest bis zur Gründung des Kaiserreichs 1870/71[14]. Dabei wurde der Bezug der Vernetzung zunehmend ins Symbolische verlegt, übernahmen der schwarz-rotgoldene Dreifarb, die Hymne »Was ist des Deutschen Vaterland« von Ernst Moritz Arndt und andere Symbole der Nationalbewegung die verbindende Rolle, die in der Feuernacht von 1814 die einzelnen Signalfeuer übernommen hatten. Die Vernetzung erfolgte zunehmend auch über das sich ausbreitende Pressewesen, dem somit eine zentrale Stellung bei der Konstituierung überregionaler Kommunikationsräume zukam.

Handelt es sich beim Fest um verdichtete lokale Kommunikation, so verweist die Berichterstattung über Aktivitäten an anderen Orten auf einen überlokalen Zusammenhang, der die Eingebundenheit der Rezipienten in einen umfassenderen Kommunikations- und Identitätsraum vermittelt. Das eigene Handeln im Rahmen der Festvorbereitung und -durchführung gewinnt auf diese Weise an interpretatorischer Tiefe und wird mit zusätzlichem Sinn angereichert. Die örtliche Festgemeinschaft wird zur partikularen Festgemeinschaft, die gemeinsam mit vielen anderen partikularen Festgemeinschaften als gemeinsam handelnde Festgesellschaft imaginiert wird. Vor allem bei den dezentralen Nationalfeiern konstituierte sich der nationale Festraum medial – eine symbolisch-repräsentative Zusammenkunft der Nation durch die Entsendung von Delegierten erfolgte hier gerade nicht. Die lokalen face-to-face-Festgemeinschaften erfahren durch die Presseberichterstattung von der eigentlichen, nationalen Festgemeinschaft, der sie qua eigenem Handeln beitraten. Das Wissen um die Gleichzeitigkeit und das Ausmaß des nationalen Handelns wurde dabei ausschließlich medial vermittelt. Ohne die Berichte über mehr oder weniger entfernte Aktivitäten bliebe beides rein vorgestellt. Die Berichterstattung verbürgt die reale Existenz des nationalen Handelns und repräsentiert damit die lebendige Existenz der Nation. Die kommunikative Dislokation des lokalen Versammlungsraumes der »Feier« durch den Einsatz von Medien ist mit der Wahrnehmung eines Festes oder einer Vielzahl von Festen als Nationalfeier notwendig verbunden. Insofern sind Nationalfeiern grundsätzlich als Medienereignisse identifizierbar.

Auch die Schillerfeiern von 1859 wären ohne mediale Vernetzung als Nationalfest nicht denkbar gewesen. In gegenseitiger Beobachtung und Konkurrenz wurden die Festvorbereitungen anderer Städte schon im Vorfeld zur Kenntnis genommen, in Wien beispielsweise wurde das Verbot des öffentlichen Fackelzuges in Berlin zum Anlass für Reflektionen über die dortige politische Lage[15]. Die Wiener Zeitungen berichteten darüber hinaus regelmäßig über Festvorbereitungen in Prag, Stuttgart, Paris, London und Hamburg. In Hamburg fanden unter anderem die Aktivitäten in Berlin und Wien

---

[14] Hierbei scheint es sich um eine Konstante zu handeln, die den Funktionswandel des Nationalfestes vom bürgerlich-dynastischen Solidaritätsfest zum antifürstlichen Oppositionsfest überdauerte.
[15] Wiener Morgenpost Nr. 294, 25.10.1859; Nr. 297, 28.10.1859; Nr. 305, 5.11.1859.

Berücksichtigung, ebenso die Feier der deutschen Exilanten in London. Der Berichtsraum des »Hamburgischen Correspondenten« umfasste allein in der Festwoche 32 Städte in ganz Europa.

Über das Berliner Fackelzugverbot berichtete wiederum auch die »London Times« mehrfach und kommentierte die daraus erwachsenden Implikationen für die Feier in Wien. In ihrer Ausgabe vom 1. November 1859 wurde die in London sehr positiv aufgenommene großzügige Unterstützung der Wiener Feier durch Kaiser Franz Joseph in einen Zusammenhang mit den Berliner Vorkommnissen gestellt:

> The foregoing Imperial ordinance, which has produced an extremely good impression here, is not without political importance. In the first place, it shows that Austria wishes to identify herself with Germany; and, secondly, it gives a lesson to the Berlin authorities, who have behaved somewhat illiberally to the Prussian branch of the Schiller Association. There is to be no torch procession in the Prussian capital and great is the indignation of the Berlinese to find that they have less personal liberty than the inhabitants of the Austrian capital[16].

Es gibt unzählige weitere Beispiele der wechselseitigen Berichterstattung der Festorte untereinander. Die Bemühungen andernorts wurden aufmerksam registriert und erlaubten eine Einordnung des eigenen Handelns in den übergeordneten Bedeutungszusammenhang. Zudem zeigten sie eine im Handeln vermeintlich vereinte Nation: Waren nicht ganz offenbar alle Deutschen in ihren Festbemühungen vereint? Zeigte sich nicht in diesem Fest die Einigkeit zumindest im Andenken an den verstorbenen Dichter, der als idealer Vertreter der eigenen Nation inszeniert wurde? Diese Einigkeit war ausschließlich medial erfahrbar. Die Presse erst ermöglichte die mediale Vernetzung der einzelnen Festorte, führte die handelnde Nation für ihre Rezipienten erst vor Augen[17]. Zensur war in diesem Zusammenhang ein zu vernachlässigender Faktor. Für die performative und kommunikative Nationsbildung war letztlich nur entscheidend, dass etwas stattfand, und vor allem, dass darüber berichtet wurde.

---

[16] The Times, 1.11.1859.
[17] Die mediale Vermittlung der Nation ist dabei nicht auf Printmedien beschränkt. Panoramen (vgl. den Beitrag von Frank Becker), visuelle Medien wie beispielsweise Nebelbilder (vgl. den Beitrag von Ludwig Vogl-Bienek), Bilder, Lieder, *tableaux vivants* usw. dienten auf unterschiedlichen Niveaus der medial-performativen Nationsbildung.

ALICE PRIMI

La presse, un lieu de »citoyenneté« pour les femmes? (France et Allemagne, 1848–1870)

Pour une femme du XIXe siècle, écrire dans la presse pour partager ses idées sur des sujets autres que la mode du jour ou l'éducation des enfants constitue un acte de transgression et de protestation, à la fois contre les normes genrées qui définissent la »féminité« et contre les lois et les mœurs qui régissent la presse. Les femmes sont donc peu nombreuses, et surtout peu visibles, dans la presse d'opinion, et il n'est pas étonnant que ce soit au cours de bouleversements révolutionnaires – dès 1830 en France, à partir de 1848 en Allemagne également – qu'elles apparaissent davantage au grand jour dans ce domaine, y compris en tant que fondatrices et rédactrices de journaux politiques. Si minoritaire soit-elle, leur présence est riche d'enseignement sur le rôle que la presse a pu jouer pour des individus ou bien des groupes qui, à l'instar des femmes, désiraient participer aux évolutions de leur temps et à l'apprentissage de la démocratie, alors qu'ils étaient exclus de la vie politique. J'examinerai ainsi dans quelles conditions l'écriture journalistique a pu être, pour certaines femmes, un moyen d'exister et d'agir en tant que »citoyennes«, un terme qu'elles utilisent assez fréquemment pour se désigner, y compris hors des périodes révolutionnaires: elles proclament ainsi leur appartenance à la communauté politique et nationale, malgré leur privation des droits civils et civiques qui définissent le citoyen masculin.[1]

1848, »révolution de la communication«[1] et moment de libération, engendra toute une floraison de journaux de femmes, un phénomène à présent bien connu[2]. Sans revenir dans le détail sur cette période, il importe surtout de retenir que, par leurs articles et leurs journaux, Allemandes et Françaises veulent avant tout faire admettre leur participation à la nation en devenir, les unes intervenant dans la perspective de l'État-nation en voie de fondation, les autres se prononçant sur la définition et le fonctionnement de la nation républicaine. Les femmes qui s'engagent ainsi publiquement en 1848 ne s'isolent donc pas dans des préoccupations qui seraient spécifiquement »féminines«: elles sont au contraire immergées dans les bouleversements du moment, tout en essayant de faire valoir un point de vue lié à leur statut et à leur expérience. De même, tout au long des décennies suivantes, elles entendent bien prouver, par leurs écrits journalistiques, qu'elles sont »de leur siècle«, contrairement aux représentations atemporelles et cycliques de la catégorie du »féminin« à laquelle elles sont assignées. Je m'intéresserai ici surtout à ce qui se passe dans les années 1860, période où, après la

---

[1] Wolfram SIEMANN, Revolution und Kommunikation, dans: Christof DIPPER, Ulrich SPECK (dir.), 1848. Revolution in Deutschland, Francfort/M. 1998, p. 301.
[2] Voir par exemple Michèle RIOT-SARCEY, La démocratie à l'épreuve des femmes, Paris 1994; Ulla WISCHERMANN, Frauenpublizistik und Journalismus. Vom Vormärz bis zur Revolution 1848, Weinheim 1998.

phase réactionnaire des années 1850, la presse joue de nouveau un rôle politique croissant, y compris pour les femmes qui souhaitent participer à la vie publique[3].

Rappelons tout d'abord que la presse d'opinion reste durant tout le siècle un bastion masculin. Selon les représentations dominantes, ce sont les hommes qui sont les résidents »naturels« de cette sphère publique symbolisée par la presse, puisque ce sont eux les citoyens (réels ou potentiels); ce sont aussi principalement eux qui, en tant qu'héritiers, spéculateurs, hommes d'affaires, possèdent et manipulent les capitaux indispensables à toute entreprise journalistique. Par ailleurs, alors que la plupart des journalistes sont au moins titulaires du baccalauréat, voire d'un diplôme de lettres ou de droit, les femmes n'ont au mieux que des brevets d'institutrice à faire valoir auprès des rédacteurs qui pourraient les recruter. Enfin, comme l'a montré Marie-Ève Thérenty pour la presse de la monarchie de Juillet[4], les quotidiens comme les revues imposent une très nette sexuation de l'écriture, conforme à la codification des attributs »féminins« et »masculins«: lorsque des femmes parviennent à placer des textes, elles n'accèdent ni aux mêmes pages ni aux mêmes rubriques que les hommes. Privées de la citoyenneté, cantonnées à la famille et aux registres de la futilité et du sentiment, les femmes ne sont pas censées s'intéresser à la politique, ni avoir la capacité d'en parler.

Ce manque de crédibilité a pu, en certaines circonstances, représenter un certain atout, fut-il temporaire: si deux des derniers périodiques français et allemands à avoir résisté à la réaction post-quarante-huitarde, »L'Almanach des femmes«, de Jeanne Deroin, et »Die Frauen-Zeitung«, de Louise Otto[5], sont dus à des femmes, c'est peut-être parce que leurs rédactrices n'ont d'abord pas été prises au sérieux et ont bénéficié ainsi d'une forme d'indifférence de la part des autorités. Toutefois, elles ont vite démontré la force de leurs convictions démocratiques et en ont payé le prix: Jeanne Deroin a dû s'exiler à Londres au cours de l'année 1852, tandis que le parlement saxon a cherché à faire taire Louise Otto par une loi sur mesure. Surnommée Lex Otto, cette loi de 1851 stipule que seules des »personnes masculines« en possession des droits civiques peuvent être responsables d'un journal. D'une manière générale, la reprise en main de la presse après les révolutions de 1848–1849 s'accompagne de mesures qui, au moins indirectement, renforcent l'exclusion des femmes du journalisme d'opinion. En France ainsi, le décret du 17 février 1852 n'accorde qu'aux Français majeurs jouissant de leurs droits politiques l'autorisation de publier un périodique traitant de matières politiques ou d'économie sociale. La loi fédérale appliquée dans la confédération germanique à partir de juillet 1854 contient une clause identique. Plus tard, la loi française votée en mars 1868 pour libéraliser la presse aggrave (du moins en théorie) la situation des femmes: la publication d'un article signé par une personne privée de ses

---

[3] Je n'irai pas ici plus loin que l'année 1870, qui marque un tournant commun à l'histoire française et à l'histoire allemande. Le féminisme organisé se développant après cette date, plusieurs études ont déjà exploré l'utilisation de la presse dans ce cadre, ainsi que le parcours des premières femmes reconnues comme journalistes.

[4] Marie-Ève THÉRENTY, Femme, pensée et journaliste sous la monarchie de Juillet, dans: Lieux littéraires 7–8 (2005), p. 93–112.

[5] Alice PRIMI, Die Frauen-Zeitung et l'Almanach des Femmes, dernières tribunes des femmes de 1848, dans: Revue d'histoire moderne et contemporaine 52/1 (2005), p. 129–146.

droits civils et politiques est dorénavant punie d'une amende. Il s'agit là plus probablement d'un oubli que d'une intention: le législateur ne s'est tout simplement pas soucié de la possible activité journalistique des femmes. Celles-ci sont donc contraintes à des stratégies de contournement afin d'utiliser la presse pour exprimer un engagement politique. Certaines dirigent un journal par l'intermédiaire d'un homme de paille, comme le fait Louise Otto après la loi de 1851. Beaucoup écrivent sous le couvert d'un pseudonyme masculin ou de façon anonyme, suivant la démarche exposée ici par Louise Otto:

> J'étais suffisamment familière avec toute la littérature contemporaine, et en particulier avec la presse d'opinion, pour savoir que cette dernière [...] était uniquement dirigée par des hommes. Bien sûr, on trouvait des nouvelles, des poèmes écrits par des femmes, mais ne livrer que cela ne suffisait pas à mon aspiration; on trouvait aussi des journaux dirigés par une rédaction féminine, mais ils restaient étrangers aux véritables intérêts du jour. Or c'étaient ceux-ci seuls qui me poussaient irrésistiblement à prendre la plume. Le fait d'être seule me faisait peur – je l'avoue. Si l'on voit un nom de femme au bas d'un article consacré à un quelconque événement politique, on ne lira pas l'article; un auteur trouve-t-il son livre analysé par une femme, il écartera la critique avec mépris; lit-on des propositions littéraires, sociales ou politiques émanant d'une femme, on les ridiculisera et on les vilipendera – c'est ce que je me dis mille fois. Et pourtant, je ne pus faire autrement que de prendre la parole pour débattre précisément de ces sujets pour lesquels les autres femmes ne s'enthousiasmaient pas, ou dont les hommes ne leur avaient encore jamais permis de parler. Il ne me restait alors qu'une solution: je dus choisir un nom d'homme[6].

Lorsque certaines parviennent à s'imposer en assumant leur identité ou tout du moins leur sexe, à quel statut peuvent-elles prétendre? Leur activité journalistique leur procure-t-elle une identité professionnelle, une reconnaissance publique? Il est d'autant plus difficile de répondre à cette question qu'elle se pose aussi pour nombre d hommes au même moment, en l'absence de toute définition corporatiste. Pour toute la période 1848–1870, je n'ai rencontré qu'une seule femme qui se qualifiait elle-même de »journaliste«: il s'agit de Jeanne Deroin, rédactrice en 1848 de la »Voix des femmes« puis de »La Politique des femmes«, fondatrice de »L'Opinion des femmes« (1849) puis de »L'Almanach des femmes« (1852–1854)[7]. Il semble qu'elle ait saisi là l'occasion de revendiquer publiquement une identité professionnelle »masculine«, pour témoigner de sa lutte pour l'égalité des sexes. Les femmes s'affichent plus fréquemment comme »collaboratrices« de tel journal ou bien »rédacteurs« ou »rédactrices« en chef lorsqu'elles dirigent leur propre périodique. En recherchant les caractéristiques qui pouvaient éventuellement définir les femmes »journalistes«[8], j'ai considéré comme telles celles qui se sont servies fréquemment ou régulièrement de la presse pour exprimer leur engagement sur des sujets d'intérêt général. Après avoir opéré une sélection selon

---

[6] Louise OTTO, Erklärung und Geständnis, dans: Der Wandelstern 34 (1845), p. 716. L'essentiel des articles qu'elle a publiés entre 1843 et 1845 sont soit anonymes soit signés Otto Stern.

[7] Lors de son procès pour activité socialiste en novembre 1850, Jeanne Deroin donne comme profession »institutrice et journaliste« (La Gazette des tribunaux, 13.11.1850).

[8] Dans le cadre de ma thèse: Être fille de son siècle. L'engagement politique des femmes dans l'espace public en France et en Allemagne de 1848 à 1870, thèse d'histoire dirigée par Michèle Riot-Sarcey, université Paris VIII 2006, à paraître.

les types d'écriture et d'intervention, j'ai constitué un corpus de seize femmes (cinq Allemandes[9] et onze Françaises[10]) qui publient des articles et/ou dirigent leur propre journal au cours de la période 1848–1870. Globalement issues des mêmes cercles que la plupart des hommes journalistes, à savoir les milieux à la fois aisés et cultivés, presque toutes ces femmes vivent seules, étant soit veuves, soit célibataires, soit séparées de leur mari. La vie conjugale selon les pratiques et les conditions légales du XIXe siècle rend en effet très difficile aux épouses de préserver une autonomie indispensable à tout engagement public dans une perspective politique. Pour achever ce très vague portrait de groupe, ajoutons que la plupart de ces femmes pourraient être désignées comme »bourgeoises« par leur mode de vie et leurs fréquentations, mais sont pourtant en contradiction flagrante avec les normes de cette classe, qui reposent sur une stricte séparation des rôles genrés et réservent aux hommes l'activité professionnelle et l'implication citoyenne.

Dans plusieurs cas, et peut-être en réaction à la relative marginalité qui est la leur, ces femmes »journalistes« manifestent un fort attachement à l'identité et aux relations procurées par le métier des lettres. Les exemples d'Eugénie Niboyet et d'Olympe Audouard, qui consacrent toutes deux beaucoup de temps et d'énergie à la création et à la rédaction de journaux, permettent de voir comment des femmes tentent d'utiliser ce moyen pour s'immiscer dans les affaires de la cité, soit en se conformant soit en se confrontant aux interdits.

Eugénie Niboyet, qui s'est engagée dans les années 1830 aux côtés des saint-simoniens puis des fouriéristes, fonde son premier journal en 1834. Plusieurs autres suivent, dont le plus connu est »La Voix des femmes, journal socialiste et politique«, en 1848. En délicatesse avec les autorités depuis ses activités quarante-huitardes, elle parvient néanmoins à fonder sous le Second Empire »Le Journal pour toutes«, qui paraît d'octobre 1864 à décembre 1867. Contrairement à ses anciens compagnons saint-simoniens et fouriéristes qui peuvent se targuer de leurs réalisations techniques, financières, artistiques au profit de leurs contemporains[11], Eugénie Niboyet n'a eu, parce que femme, que sa plume pour tenter de prolonger son engagement, et la presse est finalement le seul domaine de la »modernité« auquel elle puisse accéder. Or, participer aux progrès de son siècle est sa grande vocation. Très proche des idées d'un Jules Simon ou d'un Victor Duruy, elle a comme particularité de »féminiser« le discours de ces personnalités libérales qui, d'ordinaire, s'adressent aux pères et aux maris: elle s'exprime »en tant que femme«, pour parler en priorité à ses »sœurs« de la bourgeoisie, afin qu'elles servent »l'intérêt général« en secondant les efforts »progressistes« des hommes de leur classe. Depuis la disparition de l'»Almanach«, de Jeanne Deroin, »Le Journal pour toutes« est le premier journal français qui s'adresse aux femmes afin de discuter de leur statut et de les intéresser à des questions de société déterminantes pour l'avenir. Il se présente comme une voix destinée à éveiller les consciences et

---

[9] Louise Otto, Fanny Lewald, Rosalie Schönwasser, Jenny Hirsch, Malwida von Meysenbug.
[10] Jenny P. d'Héricourt, Eugénie Niboyet, André Léo, Amélie Bosquet, Eugénie Poujade, Adèle Caldelar, Marie Chenu, Julie Daubié, Olympe Audouard, Paule Mink, Clémence Royer.
[11] Elle leur rend ainsi hommage dans le numéro 58 du 2.12.1865.

comme le promoteur d'une instruction plus développée, au service d'une régénération morale et sociale indispensable au bon fonctionnement de la Cité. Reprenant le modèle de l'instruction populaire organisée pour les hommes des classes ouvrières, le journal propose de nombreux articles de vulgarisation, destinés à donner aux femmes des classes moyennes quelques clés du monde contemporain et des outils pour une relative émancipation (dirigée vers le bien commun). Une série d'articles sur le Code civil, qui perdure de 1864 à 1867, doit ainsi permettre aux lectrices de prendre conscience de leur statut et de leurs droits, et les encourage à se saisir d'une certaine autonomie, voire à protester pour transformer la loi. Beaucoup d'articles sont aussi censés sensibiliser les femmes aux innovations scientifiques et techniques: des aérostats à l'éclairage à gaz, des voyages d'exploration à l'invention de nouveaux tissus, toutes sortes de découvertes et faits divers sont proposés à la curiosité des lectrices afin de les rallier au mouvement du siècle. Enfin, la rédactrice en chef met en valeur sa propre implication pour l'intérêt général et appelle ses lectrices à en faire autant[12], en envoyant des articles, en soutenant financièrement le journal, en fondant leur propre association[13]. Eugénie Niboyet tente ainsi de rallier les femmes à une conception »féminine« de la citoyenneté, en leur ouvrant le monde »masculin« du *progrès* sans pour autant leur faire quitter le *foyer*. Peu soucieuse en effet de refuser ou de transformer les normes genrées[14], elle multiplie les gages d'allégeance à l'ordre établi et au régime impérial, et respecte scrupuleusement les contraintes d'un périodique non cautionné. Toutefois, le journal effleure quand même à deux reprises le sujet du droit de vote des femmes[15], et Eugénie Niboyet finit par regretter ouvertement de ne pouvoir diriger un journal politique[16]. La seule manière dont elle peut espérer participer à la formation de l'opinion publique est de mettre sa plume au service d'une influence morale, et d'appeler ses lectrices à s'organiser autour d'elle.

L'exemple d'Olympe Audouard témoigne encore plus directement de la tentation d'utiliser la presse pour partager des positions politiques et de la profonde frustration engendrée par les obstacles opposés aux femmes. Cette femme de lettres arrive à Paris à vingt-sept ans avec l'ambition de diriger une revue. Séparée de son mari, elle dispose de certaines ressources financières et d'un bon réseau de relations dans les milieux

---

[12] Cette utilisation d'un journal pour interpeller et mobiliser des femmes est alors tout à fait incongrue, les autres journaux »féminins« de l'époque étant des entreprises à but lucratif, au contenu extrêmement neutre, préoccupés seulement d'attirer un lectorat perçu comme passif. Cette démarche volontariste d'Eugénie Niboyet a dû contribuer à l'avis négatif du comité des souscriptions du ministère de l'Instruction publique, qui déclare que le journal »ne répond nullement à l'idée que l'on peut se faire d'un journal destiné à instruire ou à distraire les femmes sérieuses« (Archives nationales, F/18/395, Dossier du journal, 1865).

[13] Celle-ci, la Société mutuelle de protection pour les femmes, voit le jour en octobre 1865, soutenue (de loin) par Émile Ollivier, Jules Favre, Jules Simon, Émile de Girardin, Charles Lemonnier.

[14] »Aux hommes la politique, les lois, la défense du pays, les hasards de la navigation [...]. Aux femmes le sacerdoce de la morale, le culte de la famille, le maintien du devoir, l'égalité par le mérite« (Eugénie NIBOYET, Aux femmes, dans: Le Journal pour toutes n 65, 24.3.1865).

[15] Voir les numéros du 19.8.1865 et du 13.6.1866.

[16] Voir le numéro du 14.9.1867.

littéraires et politiques. Lorsqu'elle crée »Le Papillon« en 1861, elle commence par rassurer aussi bien son lectorat que les autorités:

Une femme faire un journal! N'est-ce point là une prétention tant soit peu ridicule? et nos amis ne vont-ils pas s'imaginer déjà nous voir une tache d'encre au bout des doigts? Que notre titre nous défende et les rassure! Notre journal s'appelle »Le Papillon«. C'est assez dire que nous ne sommes point pédante et que nous aspirons avant tout à être chose légère, ailée, voltigeante... effleurant, n'appuyant pas[17].

Cette mise au point rappelle qu'une femme risque d'être traitée de bas-bleu si elle prétend faire un journal s'éloignant un tant soit peu des revues de mode ou d'éducation. En réalité, Olympe Audouard exprime de plus en plus ouvertement ses opinions, faisant par exemple l'éloge de Victor Hugo et déplorant la mise à l'index de Marie Pape-Carpantier. Franchissant peu à peu les limites du journal non cautionné, elle avoue son attirance pour ce fruit défendu qu'est, pour elle, la politique. Elle reçoit ainsi plusieurs avertissements pour avoir évoqué la guerre civile américaine, l'ouverture des Chambres, la Pologne et le Mexique... et finalement les élections de 1863; elle cesse alors la publication du »Papillon«. Lorsqu'elle fonde en 1867 la »Revue cosmopolite«, elle annonce d'emblée qu'elle ne s'occupera »ni de modes ni de futilités« dans cet hebdomadaire: »je ne suis qu'une femme et malgré cela je trouve que les dentelles et les rubans ne sont que d'un intérêt secondaire«[18]. Cherchant à pouvoir aborder des questions politiques, elle demande l'autorisation de payer le cautionnement qui le lui permettrait. Suite au refus du ministère, qui invoque le décret de 1852, elle publie sous forme de brochure une lettre ouverte aux députés. Elle y déplore la situation des femmes dans le journalisme et réagit au nouveau projet de loi sur la presse, qui aura pour conséquence de renforcer leur exclusion[19]. S'indignant de ce qu'une Française »ne saurait donc signer un article dans un journal [...] sans se voir condamnée à une amende de 1000 à 5000 francs«[20], elle profite de sa harangue pour dénoncer d'une manière générale les pressions et la censure auxquelles se livre le gouvernement auprès des journalistes et pour réclamer »le droit commun, l'égalité devant la loi«[21], jusque dans l'exercice des droits civiques. Une autre journaliste, Julie Daubié, réagit de même au vote de la loi en 1868, en glissant du thème de la presse à la question des droits civils et politiques des femmes[22]: si »tout Français« est libre de fonder un journal et d'écrire un article, de quel droit exclure les femmes de la communauté des Français? Les femmes actives dans le monde de la presse doivent-elle rentrer dans l'illégalité, compter sur l'interprétation bienveillante de la loi, ou renoncer à l'un des seuls moyens d'engagement public dont elles disposent? La présence bien réelle

---

[17] Olympe AUDOUARD, À nos lecteurs, dans: Le Papillon n 1, 10.1.1861.
[18] ID., À nos lecteurs, dans: Revue cosmopolite n 1, 17.1.1867.
[19] ID., Lettre aux députés. Paris 1867. Olympe Audouard cesse alors la publication de sa revue; elle ne reprendra ses activités journalistiques qu'après la loi sur la presse de 1881.
[20] Ibid., p. 10.
[21] Ibid., p. 15.
[22] Voir les lettres de Julie Daubié au ministre de l'Intérieur publiées par »L'Opinion nationale«, 21.8.1868 et »Le Journal des femmes«, 5.6.1867.

des femmes dans la presse, en contradiction avec leur statut symbolique et légal censé les exclure de la sphère publique, pose effectivement le problème de leur accès à la citoyenneté.

De tels exemples sont caractéristiques de la situation française. Comme cela apparaît plus haut à propos du corpus de femmes journalistes, les Allemandes sont alors beaucoup moins impliquées que les Françaises dans la presse d'opinion. Elles sont encore plus rares en tant que fondatrices et rédactrices en chef de journaux. Ce décalage confirme, selon moi, l'importance de la transgression que constitue pour une femme le fait d'écrire ailleurs que dans la presse qualifiée de »féminine«: en ces temps de construction nationale, un tel acte s'avère encore plus difficile pour les Allemandes que pour les Françaises. Les Allemandes subissent en effet une contrainte spécifique, qui vient s'ajouter à l'injonction de se montrer »féminines« pour être respectables: il s'agit pour elles de se comporter en »vraies femmes Allemandes« si elles veulent espérer compter dans les transformations sociales et politiques de leurs temps[23]. Or, être une »véritable Allemande«, digne de sa nation, signifie se distinguer autant que possible du stéréotype de la Française, bien connue depuis la Révolution française pour sa désastreuse passion politique: l'intervention des Allemandes dans la presse pour y exprimer un engagement »citoyen« s'en trouve considérablement limitée.

Malgré toutes les difficultés précédemment évoquées, des femmes politiquement engagées parviennent à utiliser leur journal ou celui des autres pour intervenir auprès de l'opinion publique. Certaines le font en respectant les formes d'écriture admises pour leur sexe, telle Marie-Louise Gagneur, qui déploie son anticléricalisme et son républicanisme dans des feuilletons romanesques publiés par »Le Siècle«[24]. De même, Fanny Lewald ne publie que sous forme de lettres ouvertes, en apparence destinées aux femmes, mais y glisse des considérations parfois très radicales sur les nécessaires réformes de la société allemande[25]. D'autres s'aventurent plus près des registres destinés aux hommes: si elles restent écartées de la politique nationale, elles peuvent parfois disposer d'une certaine liberté en tant que correspondantes régionales ou bien en charge de l'étranger[26]. Par ailleurs, quelques journaux démocrates et socialistes accueillent les rares articles d'analyse politique signés par des femmes ouvertement militantes: en Allemagne, »Deutsches Wochenblatt« publie ainsi divers articles dans

---

[23] Voir Alice PRIMI, Construction nationale et construction des identités de genre en Allemagne (1848–1870), dans: Tr@jectoires 1 (2007), p. 35–47 (http://www.ciera.fr/ciera/IMG/pdf/35_47_Primi.pdf, consulté le 23.6.2009).
[24] Ses romans »La Croisade noire« (1865) et »Le Calvaire des femmes« (1867) sont d'abord parus dans »Le Siècle«, respectivement en 1864 et en 1866.
[25] Par exemple Fanny LEWALD, Für die Gewerbthätigkeit der Frauen, dans: Westerman's Jahrbuch der Illustrirten Deutschen Monatshefte 26 (1869), p. 435–444 et p. 548–556; EAD., Die Frauen und das allgemeine Wahlrecht, dans: Westerman's Jahrbuch 28 (1870), p. 97–103; EAD., Briefe aus der Heimat, dans: Kölnische Zeitung, 7.3. et 29.8.1870.
[26] Ainsi, en 1866, Rosalie Schönwasser assure une correspondance épisodique depuis sa ville de Düsseldorf pour le journal »Deutsches Wochenblatt«; en 1867, André Léo est chargée d'une série d'articles sur les États-Unis dans »La Situation«; Paule Mink commente la diplomatie de l'Europe orientale d'octobre 1869 à juin 1870 dans »La Démocratie«.

lesquels Louise Otto fait part de ses convictions démocratiques[27]; en France, André Léo et Virginie Barbet débattent de leur interprétation du socialisme par journal interposé[28]; »Les États-Unis de l'Europe« et »La Démocratie« publient les réflexions d'André Léo et de Paule Mink sur la voie que doivent suivre les démocrates[29], et Paule Mink pourfend les catholiques réactionnaires dans »La Libre Pensée«[30], après s'être livrée à des harangues révolutionnaires dans son propre journal, »Les Mouches et les Araignées«[31]. Enfin, la majorité des femmes qui se tournent vers la presse pour exercer leur »citoyenneté« s'en sert pour faire circuler des manifestes et des pétitions sous diverses formes, afin de mobiliser l'opinion sur divers thèmes: de nouveaux droits pour les femmes, le soutien des femmes à tel homme politique en campagne électorale, les exhortations au pacifisme ou au contraire au patriotisme au moment de la guerre de 1870...

Je terminerai en évoquant l'utilisation de la presse par ce qu'on peut appeler les premières organisations »féministes«, même si ce terme est anachronique pour la période. À la fin des années 1860, quelques périodiques apparaissent, qui prônent un engagement public des femmes réellement collectif et organisé, dans la perspective d'une plus grande égalité des sexes, mais aussi d'une participation des femmes aux transformations politiques. Le premier est un bimensuel allemand, »Neue Bahnen«, fondé en 1866 à Leipzig par l'Association générale des femmes allemandes (Allgemeiner Deutscher Frauenverein). Dirigé par Louise Otto[32], mais sous la responsabilité officielle de l'un de ses proches[33] afin de se plier à la loi, il est essentiellement rédigé par des femmes et pour des femmes, selon le principe de *Selbsthilfe*, que les rédactrices revendiquent – sur le modèle des organisations ouvrières de l'époque[34]. Il rend compte des activités de l'association et publie divers types de textes consacrés au statut et aux revendications des femmes en Allemagne et de par le monde: il se donne ainsi pour tâche de réaliser une information »au féminin«, en proposant des articles censés

[27] Voir par exemple les numéros des 18.2., 11 3., 3.6. et 10.6.1866.
[28] André LÉO, Lettre de Paris, dans: L'Égalité, 13.3.1869 et Virginie BARBET, Correspondance de Lyon, dans: L'Égalité, 10.4.1869. Voir également les autres articles de Virginie Barbet dans »L'Égalité«.
[29] Voir par exemple André LÉO, Les principes et les moyens, dans: La Démocratie, 31.10.1869 et Paule MINK, La situation en Orient, dans: La Démocratie, 10.4.1870.
[30] ID., Les vertus catholiques, dans: La Libre Pensée 25 (1870).
[31] En déclarant deux hommes comme propriétaires et gérants, Paule Mink parvient à fonder un journal consacré à la lutte des classes; il n'a toutefois que deux numéros (17 et 24 décembre 1869). Voir Alain DALOTEL, Paule Mink, communarde et féministe, Paris [1981].
[32] En compagnie d'abord de Jenny Hirsch, puis d'Auguste Schmidt. Cette collégialité de la direction témoigne du désir de faire du journal un organe collectif, impliquant la responsabilité du plus grand nombre de femmes possible. Louise Otto joue cependant un rôle central; le titre du journal reprend d'ailleurs celui de l'un de ses romans.
[33] Robert Rössler, homme de lettres de Leipzig, ancien rédacteur du journal démocrate »Mitteldeutsche Zeitung«, et membre de l'ADF dès sa fondation. Il laisse cependant sa place à l'éditeur à partir de 1868.
[34] Depuis les expériences quarante-huitardes et avant la parution du mensuel »Der Frauen-Anwalt« à partir de 1870, »Neue Bahnen« est le seul journal allemand qui soit dirigé et rédigé par des femmes, à l'intention d'un lectorat féminin.

concerner avant tout les femmes, sur des thèmes et dans des registres de langage qui leur seraient particulièrement adaptés. »Neue Bahnen« se fixe aussi comme mission de susciter un sentiment d'appartenance nationale auprès des femmes de tous milieux: par le biais des correspondantes régionales[35], du courrier des lectrices et de diverses actions collectives, comme des pétitions, le journal tente d'organiser un réseau à l'échelle de toutes les contrées germanophones, d'encourager ses lectrices à œuvrer pour l'intérêt général, et joint ainsi sa voix au débat dominant sur l'identité et l'unité nationales.

En France, c'est l'hebdomadaire »Le Droit des femmes« qui porte la voix des premiers courants féministes de la fin du siècle. Il est dû à un homme, Léon Richer, un démocrate libre-penseur et franc-maçon qui cherche, un mois avant les élections législatives de 1869, à mobiliser les femmes en faveur des candidats démocrates. Ce faisant, il est le premier à réagir conséquemment au préjugé qui veut que les femmes pèsent sur la vie politique en influençant les hommes dans un sens conservateur et clérical. Prenant en compte ce rôle occulte que les femmes joueraient dans la cité, Léon Richer choisit de s'adresser à elles en tant que »citoyennes«, en leur proposant des analyses de l'actualité dans une optique républicaine et démocratique. Au-delà des échéances électorales, il se place dans la perspective d'une refondation sociale et tente d'y intégrer pleinement les femmes, en donnant une dimension politique à la notion d'émancipation. Pour ce faire, il s'entoure de nombreuses rédactrices politiquement engagées, qui vont prendre un poids croissant au fil des mois. Le journal publie bien sûr quantité de textes concernant la »question des femmes« et les revendications égalitaires, mais organise aussi des actions collectives. Les rédacteurs et rédactrices fondent ainsi une commission chargée de formuler un projet de loi concernant la réforme du Code civil en faveur des femmes; plus tard, le journal lance un questionnaire auprès de ses lectrices, afin d'enquêter sur le sort des femmes salariées; enfin le journal se met un temps au service de la Société pour la revendication des droits de la femme, fondée par l'écrivaine André Léo, puis est lui-même à l'initiative d'une formation concurrente, l'Association pour le droit des femmes.

À travers ces exemples rapidement esquissés, on se rend compte que des femmes particulièrement engagées et obstinées sont parvenues à se saisir de la presse pour se joindre à des débats de société et à des luttes politiques qui paraissent déterminants pour l'avenir. Elles ont tenté de s'approprier le journalisme – dans le sens large que le terme possède encore à cette époque – comme une expression politique, une manifestation citoyenne, la presse étant pratiquement le seul moyen et le seul lieu où elles puissent faire entendre publiquement leur parole en résonance avec l'actualité, dans le but d'influencer l'opinion. La combinaison presse et association a pu tout particulièrement représenter pour elles un espoir de s'imposer efficacement comme actrices du politique. Si elles ont ainsi pu donner une visibilité à leurs propres actions, il est toutefois impossible d'estimer l'impact réel des journaux rédigés par des femmes, qu'ils soient individuels ou collectifs: le plus souvent, on en ignore le tirage et le nombre

---

[35] Voir Susanne SCHÖTZ, Blicke in die Runde von Leipzig aus. Regionales und Internationales in den Neuen Bahnen, dans: Irina HUNDT, Ilse KISCHLAT (dir.), Topographie und Mobilität in der deutschen Frauenbewegung, Berlin 2003, p. 42–61.

d'abonnés, et la réception est difficile à évaluer en se fiant aux seuls courriers publiés comme étant ceux des lectrices et lecteurs. Jusqu'à la fin du XIXe siècle, voire au-delà, le milieu de la presse demeure de toute façon régi par des pratiques, des normes et des lois qui rendent impossible à des femmes toute réelle prise d'influence. Leurs tentatives pour réagir aux divers obstacles dressés devant elles sont néanmoins intéressantes à analyser afin de mesurer l'attrait irrésistible de la presse en tant que symbole de la modernité, du *progrès* et comme voie privilégiée d'accès à la cité. Leurs textes sont aussi des sources précieuses pour étudier certaines évolutions sociales et politiques, telles que l'alternance entre reculs et regains des normes traditionnelles, la lente et incertaine mise en place de principes démocratiques... De tels processus peuvent en effet se mesurer à l'aune de l'entrée progressive des femmes sur la scène publique, qui permet vers la fin du siècle l'émergence des premières journalistes réellement reconnues dans la profession – citons Séverine comme pionnière – et l'apparition des grands journaux féministes, comme »La Fronde«, de Marguerite Durand, ou »Die Gleichheit«, de Clara Zetkin.

III.

Die alltäglichen Sensationen – Le sensationnel au quotidien

ANNE-CLAUDE AMBROISE-RENDU

Les faits divers ou la naissance d'une instance médiatique de régulation du monde?

Un tel titre peut sembler paradoxal pour désigner un contenu de presse réputé avoir »pour effet de faire le vide politique, de dépolitiser et de réduire la vie du monde à l'anecdote et au ragot«[1]. C'est qu'il s'agit ici de nuancer certaines assertions rapides qui ne rendent pas suffisamment justice au rôle qu'ont joué les faits divers dans la construction d'une société médiatique, particulièrement dans l'espace culturel singulier qui est celui de la fin du XIXe siècle.

»Et pourquoi le public prend-il tant de plaisir à ces crimes?«, demande »La Petite Presse« du 31 décembre 1861, à propos des articles de faits divers, répondant avec aplomb: »Parce qu'il s'ennuie«[2] et confirmant la thèse d'une lecture strictement récréative. Que les faits divers, avec leur cortège de phénomènes, d'accidents incroyables, de meurtres et de suicides, bref, d'événements insignifiants et politiquement négligeables, constituent une lecture de divertissement au sens le plus strict du terme, personne ne songe à le nier. Que, même pendant le Second Empire, la presse apolitique ait contribué à tenir en lisière de l'engagement doctrinal une masse énorme de lecteurs qui trouvaient dans la lecture du fait divers une sorte d'opium, personne ne le conteste non plus. Pourtant il ne faut pas s'arrêter à ce constat qui concerne les thèmes d'une rubrique mais néglige la manière dont ces thèmes sont traités et la réception dont ils sont l'objet.

À bien des égards, les chroniques des faits divers, qui se développent et s'imposent dans la presse tout au long du XIXe siècle, usent du sensationnel pour, dans un contexte de démocratisation progressive des usages de l'imprimé, dire quelque chose de la manière dont va le monde, dont il devrait aller et donc tenir un discours à vocation normative et régulatrice.

Cette »pédagogie« s'articule autour de plusieurs axes: l'usage de la lecture, qui de lui-même est créateur, le transfert de l'individuel au collectif, l'investissement des faits divers par un discours explicitement politique, l'établissement de modèles de comportement et enfin l'apprentissage de formes nouvelles de protestation et de réclamation, autrement dit l'ébauche d'un dialogue entre l'opinion publique et les pouvoirs publics.

---

[1] Pierre BOURDIEU, Sur la télévision, Paris 1996, p. 57.
[2] Claude BELLANGER et al., Histoire générale de la presse française. De 1815 à 1871, vol. 2, Paris 1969, p. 330–331.

L'USAGE DE LA LECTURE

En faisant entrer progressivement le monde de l'écrit dans tous les foyers, en suscitant des occasions de parole et de discussion collective, la presse de fait divers pourrait bien avoir contribué à donner à ces lecteurs qu'elle était censée détourner de l'actualité politique l'habitude de réfléchir à la chose publique et d'en débattre, qui constitue le socle de toute pratique politique. Dans un siècle où l'alphabétisation n'est pas encore une bataille gagnée, l'acte de lecture n'est ni insignifiant ni sans conséquences. Que le goût des faits divers ait pu préparer les lecteurs du XIXe siècle à d'autres lectures et à d'autres contenus semble probable. Et le fait divers aurait ainsi joué son rôle dans le processus d'apprentissage de la démocratie.

LE TRANSFERT DE L'INDIVIDUEL AU COLLECTIF

Au surplus, les chemins de l'expression politique sont parfois plus tortueux ou subtils qu'il n'y paraît, et le fait divers entretient des rapports indirects mais réels avec des préoccupations d'ordre politique. En assurant le passage de l'obscur à la lumière, le fait divers investit l'espace domestique et privé et transporte les événements qui affectent les individus sur la place publique. Ce transfert ne vise pas seulement à assouvir le voyeurisme des lecteurs, il confère également une autre signification à ce qui était au départ du ressort de l'intime et du privé, il lui donne l'ampleur et la visibilité d'un événement qui pourrait bien, finalement, intéresser la collectivité. Ce déplacement de l'individuel au collectif, du singulier au général apparaît comme une des caractéristiques majeures du genre, mais aussi sans doute d'une large part de la culture médiatique qui se met en place au XIXe siècle. Et, s'il est vrai que le fait divers du XIXe siècle se refuse à penser le social, s'il répugne à occuper autrement que sous une forme moralisatrice les ramifications sociales de ce qu'il décrit, il fait néanmoins, et comme malgré lui, de toute chose une chose publique et donc potentiellement politique.

UN DISCOURS POLITIQUE

Par ailleurs, la fin du XIXe siècle montre avec éloquence qu'on peut donner à tout article une dimension politique, ce qu'indiquait déjà Arthur Meyer, directeur du »Gaulois«, en disant à l'un de ses jeunes rédacteurs: »Sachez, monsieur, qu'il y a une manière légitimiste de présenter les faits divers ou de parler du temps qu'il fait«[3]. La chronologie de l'apparition de certains thèmes de faits divers est parfois un décalque très fidèle des débats politiques. Dès 1825, par exemple, la rechristianisation des campagnes, entreprise avec l'arrivée au pouvoir de Charles X et des ultras, suscite dans les

---

[3] Cité par Pierre ALBERT, Histoire de la presse politique nationale au début de la Troisième République, Paris 1980, p. 515.

journaux locaux de nombreux récits narrant les exploits de curés fanatiques, voleurs, intolérants, brutaux, etc. Et, autour de 1880, la multiplication dans la presse catholique et monarchiste de récits racontant les punitions reçues par des auteurs de blasphèmes et de sacrilèges ou, à l'inverse, le déferlement dans la presse radicale ou simplement anticléricale d'affaires mettant en cause des »satyres en soutane«, tout ceci n'est évidemment pas étranger au vote, au cours de cette année-là, de la loi sur l'interdiction des congrégations. En 1910 encore, la mise en cause de l'armée lors de l'assassinat de Mme Gouin ou le crime de Liabeuf, qui est défendu par »La Guerre sociale«, de Gustave Hervé, comme un prolétaire révolutionnaire, ces grandes affaires criminelles resserrent les liens que le fait divers entretient avec le politique.

Et c'est bien cette nouveauté-là que produit ce dernier tiers du XIXe siècle en matière de faits divers: la possibilité offerte à d'autres matériaux médiatiques que l'événement politique d'investir le champ politique, d'acquérir une consistance délibérative et active au sein des us et coutumes de la démocratie. Le fait divers s'affirme ainsi comme une des manières réinventées par la presse au XIXe siècle de produire un sens politique à partir d'énoncés différents. Car il est aussi cela: un des espaces discursifs, qui fait, avec l'entrée dans l'ère démocratique, l'expérience d'un autre discours politique.

Un certain nombre de discussions publiques, directement engendrées par les récits de faits divers, ont à plusieurs reprises atteint la Chambre des députés et se sont concrétisées sur le plan législatif, comme en témoigne la loi de 1910 sur les bataillons disciplinaires de l'armée. La campagne abolitionniste sur la peine de mort, entre 1898 et 1907, les grands débats sur les crimes commis par les femmes et les enfants, les lois de protection de l'enfance de 1889 et 1898 sont autant de signes de l'importance d'une interaction entre les lecteurs, le contenu du fait divers et le personnel politique. Et dans l'espace public ainsi construit par les faits divers s'élabore une dimension proprement politique.

C'est bien pourquoi, au demeurant, l'irrigation politique des récits de faits divers révèle finalement tout aussi clairement que bien d'autres matières les partis pris intellectuels et idéologiques de chaque rédaction: le populisme du »Petit Journal«, bien sûr, mais aussi le socialisme de »L'Humanité«. Dans le quotidien de Jaurès, en effet, les faits divers apparaissent comme un moyen parmi d'autres – et peut-être un moyen particulièrement efficace – d'assurer la transmission d'un message politique, d'incarner et de personnifier la doctrine *via* des événements qui ont toutes les apparences de l'insignifiant. En donnant un corps aux conflits qui traversent la société, ils font, jour après jour, pour leurs lecteurs la démonstration que la justice est une justice de classe, la police une police de classe, les rapports sociaux des rapports de classes. À sa manière ambiguë, la chronique des faits divers de »L'Humanité« travaille, elle aussi, à »la réalisation de l'humanité«, cette humanité »compromise et comme brisée par l'antagonisme des classes, par l'inévitable lutte de l'oligarchie capitaliste et du prolétariat«[4]. On aurait donc tort de penser que la presse politique de la monarchie de Juillet puis des régimes ultérieurs a tout simplement abdiqué devant la séduction commerciale

---

[4] L'Humanité, 18.04.1904.

du fait divers: l'énoncé politique a su s'adapter aussi aux mutations induites par l'entrée dans »l'ère médiatique«.

FOURNIR DES MODÈLES DE COMPORTEMENT

L'analyse des faits divers permet de saisir les liens qui unissent ces faits de discours et les mécanismes de pouvoir, entendus non seulement comme mécanisme juridique (»ce qui dit la loi, ce qui interdit, ce qui dit non«[5]), mais aussi – et peut-être surtout – comme tactique ou comme stratégie, positive cette fois, visant à imposer une norme. Le recensement des écarts auquel se livre la chronique des faits divers ne cherche pas seulement à répondre au besoin de distraction ou même d'assouvissement des lecteurs, et il ne se contente pas non plus d'assumer une fonction cathartique. Tout se passe comme s'il s'efforçait aussi de proposer des solutions à ces écarts, pour y remédier. Et ces solutions passent en grande partie par la civilisation des mœurs, la discipline individuelle et collective, l'élévation du sens moral. C'est ainsi que la rubrique des faits divers justifie son existence.

Son entreprise pédagogique fonctionne sur deux plans distincts: explicitement, par l'admonestation et l'exhortation; implicitement, en dénonçant simplement les mauvais comportements par le rire, la fabrication de séries, l'indignation ou le blâme.

L'ADMONESTATION

Les reproches formulés par les rédacteurs de faits divers s'adressent évidemment en premier chef aux institutions publiques. Dès 1880, les quotidiens témoignent d'une sensibilité inédite aux accidents et aux dommages causés en ville par les transports en commun. Le transport des voyageurs apparaît comme une exigence publique, particulièrement en ces temps d'intensification du trafic urbain, qui fait dire au »Figaro«: »Puisque notre conseil municipal se prétend animé de tant de bonnes intentions, ne pourrait-il s'occuper un peu d'assurer la circulation des omnibus, c'est-à-dire le transport régulier des voyageurs?«[6]

Mais le récit d'accident de la circulation est aussi le moyen de soumettre le fonctionnement urbain à une pédagogie qui prend pour cible les passants. C'est dans cet esprit que »La Dépêche« signale, après l'accrochage d'un conscrit par un omnibus, que »les trottoirs ne sont pas faits pour les chiens«[7] et que »Le Figaro« admoneste les parents négligents: »Quand donc les parents cesseront-ils d'envoyer leurs enfants jouer dans les rues où le mouvement des voitures est incessant?«[8]

---

[5] Michel FOUCAULT, Dits et écrits, 1976–1988, vol. 2, Paris 2001, p. 228.
[6] Le Figaro, 17.07.1900.
[7] La Dépêche, 06.06.1890.
[8] Le Figaro, 07.01.1870.

L'exigence de régulation des flux et des usages de la rue s'exprime particulièrement dans »Le Figaro«, qui – outre ses appels à la vigilance: »Voilà des accidents qu'il serait bien facile d'éviter avec un peu de surveillance«[9] – rappelle aux conducteurs qu'il faut utiliser des lanternes[10], et aux charretiers qu'ils doivent se conformer aux règlements de police[11]. Une revendication est d'ailleurs commune à tous les titres: l'amélioration du service d'ordre en ce qui concerne la circulation.

Si l'accident n'a pas eu des conséquences trop fâcheuses, ce n'est ni la faute du conducteur de la voiture, ni celle de la police qui manifeste chaque jour une plus grande indulgence pour les extravagances des conducteurs de voitures attelées de chevaux ou automobiles[12].

»Le Figaro« se félicite vivement de la mise en place, en avril 1900, d'un nouveau service d'agents »contre les chauffards«[13] et publie, quelques mois plus tard, un résumé de l'ordonnance prise par le préfet Lépine sur la circulation des voitures dans Paris[14].

Au tournant du siècle, ces admonestations, ces appels à la vigilance sont monnaie courante dans les récits de faits divers, qui tentent ainsi d'instaurer un dialogue entre leurs lecteurs et leurs rédacteurs. Le journal se définit donc lui-même comme un instrument de contrôle et de régulation sociale en se faisant le porte voix de l'opinion publique.

L'EXHORTATION

Les thèmes qui donnent lieu à des exhortations sont plus souvent tragiques. Dès 1816, »La Feuille de Douai« estime que le récit de la mort subite d'un petit garçon de 4 ans qui était durement traité et insuffisamment surveillé »sera sans doute, pour les pères et les mères de famille et pour les personnes à qui l'on confie la précieuse éducation de l'enfance, une utile leçon«[15]. Et en 1854, »L'Indépendant«, le journal républicain de Douai, note: »Il est pénible d'avoir chaque jour à déplorer des accidents causés par l'incurie des mères de famille qui semblent affranchies de soins quand leurs enfants peuvent marcher«[16].

À la fin du siècle, les récits prennent une consistance plus sociologique. Comme tous les quotidiens populaires, »Le Petit Journal« met l'accent sur les accidents domestiques (qui constituent presque chaque année la première cause des accidents d'enfants): ces enfants laissés seuls dans des chambres où rodent des dangers multiples sont des

---

[9] Ibid., 21.01.1870.
[10] Ibid., 15.01.1870.
[11] Ibid., 26.11.1880.
[12] La Dépêche, 12.06.1898.
[13] Le Figaro, 24.04.1900.
[14] Ibid., 10.08.1900.
[15] La Feuille de Douai, 11.01.1816, cité par Roland ALLENDER, Les faits divers révélateurs d'une société provinciale. Douai au XIXe siècle, Saint-Cyr-sur-Loire 2004, p. 36.
[16] ALLENDER, Les faits divers (voir n. 15), p. 144.

enfants d'ouvriers, dont la mère est sortie travailler ou vaquer aux soins du ménage, et qui sont confiés soit à leurs frères et sœurs soit à eux-mêmes.

Une petite fille de 6 ans, laissée seule par ses parents – le père étant à l'atelier et la mère au lavoir – s'approcha d'un poêle allumé, qui enflamma ses vêtements [...]. Quand donc l'asile et la crèche seront-ils considérés comme obligatoires[17]?

Tous les journaux n'ont de cesse d'appeler les parents à davantage de vigilance et de soins:

Il y a tous les ans un nombre considérable de petits enfants qui périssent victimes de l'imprudence de leurs parents, dont le premier soin devrait être de ne jamais les laisser seuls que dans les cas d'absolue nécessité[18].

»Les mères sont impardonnables, qui, pouvant envoyer leurs enfants à l'école ou les mettre à l'asile pendant qu'elles travaillent, les laissent à la maison«[19]. Imprudence, négligence, l'accident, tel qu'il est représenté dans les médias au XIXe siècle, particulièrement dans le dernier tiers du siècle, n'est plus du ressort de la fatalité ou du destin, mais témoigne, au contraire, dans sa version médiatisée, d'un problème social. Le modèle familial bourgeois ne parvient pas à s'imposer au sein du milieu ouvrier. Les efforts conjoints de l'Église, de l'État et des sociétés de bienfaisance visent à imposer partout le modèle de la femme au foyer, sa présence supposant une répartition des tâches en fonction des sexes et une attention plus grande portée aux enfants[20]. Or, en milieu ouvrier, où dominent encore l'union libre et le travail féminin, l'adoption de ce partage ne peut qu'être imparfaite, ce dont témoigne éloquemment »Le Petit Journal«, qui propose, du reste, de créer une école normale des mères: »Tâchons que nos ouvrières sachent l'art d'élever leurs enfants au moins aussi bien qu'une fermière normande a appris l'art d'élever les poulets de sa basse-cour«[21].

CONTRE LA CONTAGION

Le discours normatif des faits divers fonctionne également de manière implicite, en présentant simplement les mauvais comportements comme des contre-exemples ou en soulignant leur caractère incongru ou anormal par le rire, l'élaboration de séries, l'expression de l'indignation et le blâme.

En 1835, »Le National« explique pourquoi il se croit tenu de relater deux suicides aux motifs incongrus: »Nous ne sommes pas dans l'habitude d'entretenir nos lecteurs des nombreux suicides qui se commettent dans le pays et le désolent depuis trop long-

---

[17] Le Figaro, 26.01.1870.
[18] La Dépêche, 09.01.1871.
[19] Le Petit Journal, 30.05.1880.
[20] Sur ce point, voir André BURGUIÈRE, Christiane KLAPISCH-ZUBER, Martine SEGALEN et al., Histoire de la famille. Le choc des modernités, vol. 2, Paris 1986, notamment p. 385–387.
[21] Le Petit Journal, 21.10.1880.

temps«. Le journal raconte alors le suicide d'un garçon de 16 ans »parce qu'il avait encouru une amende de 10 francs pour avoir manqué à un concert du jardin turc!«, et justifiant son introduction, le quotidien ajoute: »Si contre nos habitudes, nous le faisons – c'est dans l'espoir qu'il ne sera pas contagieux«[22].

LE RIRE

Le rire est un allié précieux dans cette entreprise de dénonciation, car rire d'un événement, ça n'est pas seulement le rendre plus plaisant ou récréatif, c'est aussi le tourner en ridicule en l'évaluant par rapport à une norme de manière implicite.

En 1870, on célèbre en province le mariage d'une rentière de 84 ans avec un officier de santé de 47 ans. La promise subit un examen médical qui permet de conclure que: »La jeune fiancée jouit de toutes ses facultés. Parbleu! elle ne tient pas à coiffer Sainte Catherine dans le Paradis. Le futur jouit aussi de toutes ses facultés«[23]. Le commentaire final signifie clairement que l'événement ne peut susciter qu'un seul type de réaction et d'interprétation. Ce récit, qui repose sur un fond de valeurs et de normes extrêmement précis, est un exemple éclairant de la dimension consensuelle de la chronique. Il offre d'une manière condensée l'événement et son interprétation, interprétation qui relève de présupposés et déploie donc entre le narrateur et le lecteur, comme le note Oswald Ducrot, »un monde de représentations considérées comme évidentes«[24].

Et, lorsque, en 1898, »La Dépêche« raconte comment deux cambrioleurs, entrés dans un appartement, ont pris la fuite en découvrant un pendu, le comble qui fait ici la saveur du récit et transforme le hasard en signe signifie assez clairement que »le crime ne paie pas« et que »tel est pris qui croyait prendre«. Les fauteurs de troubles sont non seulement empêchés de nuire, mais aussi ridiculisés et punis, puisque leur fuite désordonnée permet leur arrestation.

LA SÉRIE

Elle témoigne de l'attention particulière portée à un thème et appelle l'attention des lecteurs sur le sujet. En 1898, les enfants maltraités par leurs parents font l'objet de récits multipliés: une mère laisse mourir son enfant de six mois faute de soins[25]; un enfant martyr est découvert[26]; une petite fille de 10 ans séquestrée sort »du martyre de la vie par un autre martyre« en se suicidant[27]; un enfant est torturé[28]; un père tue sa

---

[22] Le National, 21.08.1835.
[23] Le Petit Journal, 16.01.1870.
[24] Oswald DUCROT, Présupposés et sous-entendus, dans: Langue française 4 (1969), p. 30–43.
[25] Le Petit Journal, 18.07.1898.
[26] Ibid., 05.08.1898.
[27] Ibid., 17.08.1898.
[28] Ibid., 23.08.1898, il s'agit du même enfant que celui qui est cité dans »La Dépêche«, mais l'article est situé en première page et occupe à lui tout seul une colonne.

fille[29]; une petite fille est frappée à coups de bâton[30]; une »mère criminelle« empoisonne ses enfants et se tue[31].

Les enfants martyrs sont donc présentés comme un phénomène du moment, moment qui voit le vote de la loi sur la répression des violences, voies de fait, actes de cruauté et attentats commis envers les enfants[32]:

La lugubre série des enfants torturés jusqu'à la mort croît d'une façon inquiétante. Chaque jour nous apporte maintenant de ces révélations monstrueuses et l'on frémit en pensant que pour un de ces crimes connus il en est beaucoup qui demeurent ignorés[33].

L'entrée en scène de la série permet de transformer un fait divers, c'est-à-dire un évènement isolé, insignifiant, singulier en phénomène qui concerne toute la collectivité et peut donc susciter une réaction collective. Mais l'indignation provoque le même type de transformation chimique du genre.

L'INDIGNATION.

Le spectacle de la souffrance, et particulièrement le spectacle public de la souffrance animale, devient progressivement intolérable dans la deuxième moitié du siècle. Après avoir été des »lieux communs« de la littérature pendant la monarchie de Juillet, la sensibilité zoophilique dont parle Maurice Agulhon et le spectacle public du martyre des chevaux malmenés par des charretier brutaux deviennent des lieux communs de la communication de masse dans la deuxième moitié du siècle et plus nettement encore autour de 1900[34]. À cette date, le cheval est devenu cet animal noble, aimé, familier que les feuilles populaires recommandent à l'attention de leurs lecteurs.

Un malheureux cheval étique a été trouvé mourant de faim sur la voie publique. La pauvre bête gisant sur le pavé est restée jusqu'à une heure de l'après-midi, recevant les soins de quelques personnes charitables qui lui donnaient à manger. Alors est arrivé [...] l'équarrisseur qui a abattu la malheureuse bête à grands coups de marteau, au milieu d'une foule douloureusement impressionnée. Cela s'est passé en plein Paris [...]. À New York, à Philadelphie, on a des chars construits tout exprès pour enlever promptement et sans les blesser les animaux tombés sur la voie publique. La municipalité parisienne ne pourrait-elle aviser aux moyens d'éviter le retour de pareils spectacles sur la voie publique[35].

---

[29] Le Petit Journal, 10.09. et 09.11.1898.
[30] Ibid., 22.10.1898.
[31] Ibid., 27.12.1898.
[32] Journal officiel, 21.04.1898.
[33] Le Petit Journal, 23.08.1898.
[34] Maurice AGULHON, Le Sang des bêtes. Histoire vagabonde, vol. 1, Paris 1988, p. 253.
[35] Le Figaro, 21.09.1880; Alain CORBIN a noté dans »Le Village des cannibales«, Paris 1990, p. 131: »l'abaissement des seuils de tolérance devant le spectacle de la douleur ou de l'épanchement de sang au XIXe siècle, qui explique qu'on interdise d'égorger et de faire couler le sang dans la rue, [que l'on] réglemente le transport des carcasses«.

Les charretiers brutaux conspués par des »passants indignés«[36] ne se comptent plus, et inlassablement les journaux réclament un peu d'égards pour les chevaux malmenés. Ici, comme souvent, l'indignation est l'expression d'un consensus solide sur un certain nombre de valeurs.

LE BLÂME

Évidemment, le plus clair de ces dénonciations passe par l'expression d'un blâme explicite adressé aux fauteurs de troubles. Prenons l'exemple des femmes criminelles, qui offrent aux journaux matière à rappeler la définition des rôles traditionnellement attribués à chaque sexe, définition devenue instable au cours des dernières décennies du siècle[37]. Les femmes coupables sont avant tout des femmes dévoyées par la modernité et par leur volonté d'émancipation. Ainsi de cette »mère indigne« qui maltraite ses deux filles et dont »Le Petit Journal« précise qu'elle est divorcée[38]. C'est pourquoi les femmes adultères, les maîtresses infidèles, les mauvaises mères, les femmes infanticides sont particulièrement maltraitées. »La Dépêche«, ordinairement assez nuancée, consacre en 1890 une demi-colonne à une affaire de triple infanticide, sans ménager son héroïne:

> Marie Béteille était une de ces créatures abjectes, vicieuses. [Veuve très tôt], elle se lança dès le commencement de son veuvage dans des habitudes de désordre et de débauche, et devint bientôt un objet de scandale pour tout le pays. [...] cette femme était bien décidément dévoyée et perdue. Elle acheva de rouler la pente du vice[39].

L'évaluation du crime féminin s'articule sur l'existence du sentiment dans les rapports de ce dernier avec la morale. La femme dévoyée est celle qui, en renonçant au sentiment conjugal ou maternel, devient immorale et perd son statut. On est fort loin ici du Lombroso de »La femme criminelle«, pour qui »la femme sent moins« que l'homme[40]. Pour la presse quotidienne, au contraire, la femme reste un être voué au sentiment et à l'affectivité, elle est celle qui sent ou qui doit sentir.

LE DIALOGUE ENTRE L'OPINION PUBLIQUE ET LES POUVOIRS PUBLICS

Enfin, il faut insister sur le fait que, dans le même temps, le lecteur de faits divers apprend, *via* sa chronique, à attendre des pouvoirs publics les aménagements nécessai-

---

[36] Le Petit Journal, 17.08.1898.
[37] Ann-Louise SHAPIRO, L'amour aux assises: la femme criminelle et le discours judiciaire à la fin du XIXe siècle, dans: Romantisme 68 (1990), p. 61–74.
[38] Le Petit Journal, 06.01.1910.
[39] La Dépêche, 16.06.1890.
[40] Cesare LOMBROSO, Enrico FERRI, La femme criminelle et la prostituée, Paris 1896, p. 63.

res à son confort ou à sa survie et à les leur demander. Les chroniques de faits divers réclament inlassablement depuis le début du siècle une meilleure police des routes pour éviter encombrements et accidents, une augmentation des effectifs des sergents de ville partout en nombre insuffisant pour garantir la sécurité des honnêtes gens, des sanctions contre les individus qui brutalisent les bêtes, les enfants, les femmes, les innocents et bien sûr contre tous les malfaiteurs, voleurs et meurtriers. En 1845, citant »La République«, »Le National« interroge: »On peut se demander à quoi sert la police en voyant qu'il ne se passe pas de jour qu'il n'y ait des agressions nocturnes, des vols, des assassinats«[41].

Les accidents de la circulation, qui deviennent un thème central des faits divers à partir de 1900, sont dénoncés comme autant d'indices d'une faillite du contrôle de l'espace public. Victime, en juillet 1900, d'un accident en plein Paris, Camille Pelletan souligne ironiquement cet aspect. En insistant sur la rareté des agents de ville chargés de régler la circulation, il dénonce l'inadaptation des procédures de contrôle des flux urbains aux nouvelles conditions du tournant du siècle.

On est étonné quand on voit l'aspect de certaines grandes artères et de certains carrefours de Paris que le massacre ne soit pas plus grand. Fiacres, omnibus, tramways tirés par les chevaux, tramways à vapeur, tramways électriques, teufs-teufs, bicyclettes se croisant, se pressant, parfois à toute vitesse, sans qu'en dehors de certains points privilégiés la police semble sérieusement s'en préoccuper. Tant pis pour les passants qui sont mis à mal[42]!

Le désarroi que révèlent ces lignes est celui d'un citadin qui voit sa ville, l'espace qu'il avait coutume de considérer comme le sien, colonisé par un monde bruyant et dangereux de véhicules. »Massacre«, le mot fait écho aux récits qui, jour après jour, font le recensement des victimes de la rue[43]. Il révèle les difficultés croissantes qu'éprouvent les piétons à flâner dans leur ville, dans des rues qui ne sont plus des lieux de vie mais des lieux de passage[44]. La ville »mécanique«, qui est en train de submerger la ville haussmannienne, terrifie: »Il est dit que pas un jour ne se passera sans que nous ayons à signaler quelque grave accident d'omnibus, de tramway ou de chemin de fer, la série est à la noire«[45].

C'est sans doute là que se situe la différence majeure entre le fait divers moderne, celui qui s'épanouit dans le dernier tiers du XIXe siècle, et le canard. Toujours réinsérable dans l'horizon de la collectivité – locale, nationale, ou internationale – le fait divers de cette fin de siècle donne à voir de l'ordinaire. Et cet ordinaire est interprétable, pensable dans le cadre de l'action des pouvoirs publics, de l'administration, de la police, de la Chambre des députés. Les accidents ordinaires dont nous parlent les faits

[41] Le National, 14.10.1845.
[42] La Dépêche, 29.07.1900.
[43] Alors même que la mortalité due aux écrasements par des voitures hippomobiles, des charrettes, des chevaux et des tramways est à peu près constante depuis 1865. Jean-Claude CHESNAIS, Les morts violentes en France, Paris 1976, p. 123, 128 et 322.
[44] Sur ce point, voir Christophe STUDENY, Le vertige de la vitesse: l'accélération de la France, vol. III, thèse de doctorat, université Paris I 1990.
[45] Le Figaro, 21.10.1900.

divers ne rompent pas seulement avec l'incongru de jadis, ils cessent d'être une insignifiante poussière pour constituer des agrégats toujours potentiellement significatifs. Ainsi s'élabore une société médiatique qui affiche son autonomie à l'égard des rumeurs fantaisistes et incontrôlées et des bruits qui courent... sans jamais arriver nulle part.

DU RÔLE DE L'OPINION PUBLIQUE

Les chroniques de faits divers sont caractérisées par une homogénéité de fond qui facilite l'élaboration d'une hégémonie discursive globale. En affirmant s'adresser à des lecteurs lucides, en prenant à partie les représentants du pouvoir et les institutions, elles se constituent comme éléments fondateurs d'une culture commune à tous dans laquelle chacun peut croire ressaisir les liens qui l'arriment à la communauté.

En outre, en évoquant incessamment les ruptures de l'ordre normal des choses, le récit de faits divers interroge cet ordre autant que le désordre. Le discours de la dénonciation qui fait partie intégrante de la plupart des récits de crimes et de nombre de récits d'accidents de la circulation – ou même de chemin de fer, dont je n'ai pas parlé – invite les lecteurs à partager l'indignation des chroniqueurs. Véritables observatoires de l'homme par l'homme, les récits de faits divers sont à la fois un appareil d'observation et un appareil de régulation et de contrôle social. En affectant de réconcilier l'opinion et la science, c'est-à-dire les effets de la persuasion et les conquêtes de l'intelligence, ils visent à normaliser les mœurs.

L'invocation répétée de l'opinion publique ancre les récits dans cette fonction interrogatrice, dénonciatrice, régulatrice et normative. Talisman – car elle n'est qu'un arrière-plan des récits, une sorte d'arlésienne, souvent évoquée et jamais aperçue – et référence du journaliste, l'opinion publique explique et justifie tous les efforts de la presse pour imposer des normes et toutes ses prises de position en faveur de la modification des comportements. La médiatisation fait-diversière s'érige en entreprise de moralisation et de normalisation: l'homme du XXe siècle doit renoncer à la brutalité de ses us et coutumes et à la tentation du larcin, apprendre à maîtriser ses pulsions et à policer ses actions. Telle est l'antienne que la chronique des faits divers murmure jour après jour aux lecteurs de la Belle Époque, à la veille de ce qui sera un des conflits les plus brutaux qu'ait connu l'humanité.

Ce faisant, en suscitant l'entrée des »gens« dans l'espace public, elle exprime aussi, même si c'est d'une manière dégradée, les aspirations réelles des lecteurs à un monde meilleur. Et c'est une des raisons qui a contribué à son succès et à sa postérité.

PHILIPP MÜLLER

»Éducateur« ou »mauvais garçon«?
Le capitaine de Köpenick et les bouleversements du paysage médiatique dans l'Allemagne de Guillaume II

L'histoire est vite racontée. Le 16 octobre 1906 au matin, quelque part dans les quartiers nord de Berlin, Wilhelm Voigt revêt un uniforme de capitaine. Ainsi déguisé, et en se réclamant des ordres de Sa Majesté, il prend le commandement d'un groupe de soldats. La petite troupe se rend en train de banlieue à Köpenick, faubourg de Berlin. Le »capitaine« y fait arrêter le maire et le trésorier, les fait incarcérer à la Neue Wache à Berlin et parvient ainsi à faire main basse sur l'argent conservé en régie à la mairie.

La farce de Köpenick n'est pas oubliée; jusqu'à nos jours, elle est restée partie intégrante de notre conscience historique. La commémoration du 100ᵉ anniversaire, le 16 octobre de l'année 2006, a encore permis de mesurer la faveur générale dont elle jouit. Mon propos n'est pas ici de raconter à nouveau l'événement en lui-même. Il s'agit bien plus de mener l'analyse des conditions qui transforment une procédure pénale en événement médiatique[1]. Au cœur de cette enquête sont donc les conditions historiques dans lesquelles a pris forme cette figure qui nous est aujourd'hui familière sous le nom de »capitaine de Köpenick«[2].

Déjà dix jours après ce fameux épisode, la police criminelle est en mesure de faire publier un portrait du coupable, emprisonné entre-temps. Bien que les documents photographiques soient encore peu utilisés dans les journaux quotidiens[3], la »Berliner Morgenzeitung« et le »Berliner Tageblatt« s'empressent de diffuser les clichés[4] (fig. 1).

---

[1] Rebekka HABERMAS, Von Anselm von Feuerbach zu Jack the Ripper. Recht und Kriminalität im 19. Jahrhundert. Ein Literaturbericht, dans: Rechtsgeschichte 3 (2003), p. 128–261, ici p. 149–150; Gerd SCHWERHOFF, Aktenkundig und gerichtnotorisch. Einführung in die Historische Kriminalitätsforschung, Tübingen 1999, p. 41–42.
[2] Voir pour une étude exhaustive Philipp MÜLLER, Auf der Suche nach dem Täter. Die öffentliche Dramatisierung von Verbrechen im Berlin des Kaiserreichs, Francfort/M. 2005.
[3] Sur le développement de l'usage de la photographie et son importance, voir Joëlle BEURIER, Violenza e fotografia di guerra nel primo conflitto mondiale: uno studio comparativo francotedesco attraverso due settimanali illustrati, dans: Memoria e Ricerca 20 (2005), p. 23–38; ID., Images et violences 1914–1918. Quand le miroir racontait la Grande Guerre, Paris 2007.
[4] Berliner Tageblatt n 546, 27.10.1906; Berliner Morgenzeitung n 252, 27.10.1906; voir aussi Landesarchiv Berlin, A. Pr. Br. Rep. 030-07 n 1091, Verbrecherphotographie, fol. 2.

Fig. 1: Berliner Morgenzeitung, Bildarchiv Preußischer Kulturbesitz.

La photographie, réalisée par le service d'investigation de la police, suit les règles du »bertillonage«[5]. Le directeur du service d'investigation de la police de Paris, Alphonse Bertillon, a en effet développé à partir de 1882 une méthode qui permet selon lui de reproduire exactement l'identité de chaque criminel. Celle-ci repose sur la combinaison de trois éléments dans la médiation des informations: la nomenclature des caractéristiques et des mensurations du corps du criminel, sa description par le texte, et la prise de clichés photographiques. Ces trois volets répondent à des normes précises, standardisées, qui donnent lieu à un apprentissage; pour Bertillon, cette triade est la condition d'une représentation rigoureuse de tout criminel[6]. Ces procédés cherchent en fait à fixer l'identité du criminel de deux manières: sémantiquement, en délimitant les termes de son identité, mais aussi physiquement, afin de pouvoir l'arrêter.

La reproduction de clichés faits par la police n'a alors rien d'inhabituel dans la presse berlinoise. Tous les jours, les journaux rapportent de manière plus ou moins exhaustive les enquêtes criminelles en cours – ce qui est rendu possible par une colla-

---

[5] Albrecht FUNK, Polizei und Rechtstaat. Die Entwicklung des staatlichen Gewaltmonopols in Preußen, 1848–1918, Francfort/M. 1986, p. 246; sur l'histoire de la police, voir aussi Alf LÜDTKE (dir.), Sicherheit und Wohlfahrt. Polizei, Gesellschaft und Herrschaft im 19. und 20. Jahrhundert, Francfort/M. 1992; Herbert REINKE (dir.), ›Nur für die Sicherheit da…? Zur Geschichte der Polizei im 19. und 20. Jahrhundert, Francfort/M. 1993.

[6] Susanne REGENER, Fotografische Erfassung. Zur Geschichte medialer Konstruktionen des Kriminellen, Munich 1999, p. 160, 164, 166.

boration suivie entre les rédactions de la presse locale et la police criminelle. La police n'a certes pas abandonné des pratiques profondément ancrées: subordonner la communication d'informations à l'attitude politique des journaux, en fonction de leur »loyauté« envers l'État. Néanmoins, ces habitudes cèdent la place à une politique plus pragmatique par rapport à la presse, du fait des tirages trop limités des journaux officiels; au moment dont nous parlons, la police criminelle de Berlin fait parvenir ses dépêches à tous les organes de presse d'une quelconque importance locale[7].

Dès le milieu des années 1880, c'est-à-dire avant l'explosion de la presse à grand tirage, la police a dû réagir à une évolution du journalisme qui s'enclenche à partir de la décennie 1870. L'unification de l'Empire allemand en 1871, la libéralisation de la presse à la suite de la loi de 1874, ainsi que les innovations dans la transmission des informations ont en effet suscité la naissance d'un nouveau journalisme. À Berlin, le »Berliner Tageblatt« témoigne de cette évolution: le traitement de l'information n'y procède pas d'une ligne politique univoque, mais de l'exposition et de l'analyse des faits locaux[8]. Ces nouveaux journaux mènent par ailleurs une politique de prix bas, qui met enfin des titres comme le »Berliner Lokal-Anzeiger« ou le »Berliner Morgenpost« à la portée des couches petites-bourgeoises et populaires de la population. Les journaux locaux se fixent aussi comme mission d'aller à la rencontre de ce que leurs lecteurs ont envie de lire, de capter leur attention et de susciter chez eux de nouveaux besoins. Entre autres, les offres de contrats d'assurance couplées aux formules d'abonnement offrent un exemple frappant de l'attention qu'affichent ces journaux pour le lecteur des grandes villes[9]. En un mot, le journal moderne destiné aux masses se pose sous l'Empire en institution publique, qui cherche à s'introduire subrepticement dans le quotidien des citadins des grandes villes.

La diffusion des journaux locaux et leurs liens étroits avec la population des villes est d'un grand intérêt pour la police. La police criminelle informe en fait l'espace public, en mots et en images, dans l'espoir de susciter l'attention et la compréhension du public pour son travail. Qu'il s'agisse des croquis pris sur le lieu du crime, des descriptions détaillées des personnes impliquées ou encore des pièces à conviction découvertes, les journaux apparaissent comme un moyen au service de la répression du crime dans les métropoles.

Dans le cas de l'affaire de Köpenick, la police met donc en œuvre des moyens déjà éprouvés. C'est ainsi que la police criminelle fait parvenir aux journaux l'une des rares traces laissées par le »capitaine«. Le reçu établi pour les fonds qu'il avait confisqués est en effet l'un des indices qui permettra peut-être de retrouver l'identité du malfaiteur. Et de fait, des indices nombreux et parfois décisifs sont fournis durant l'enquête

---

[7] Jörg REQUATE, Journalismus als Beruf. Entstehung und Entwicklung des Journalistenberufs im 19. Jahrhundert. Deutschland im internationalen Vergleich, Göttingen 1995 (Kritische Studien zur Geschichtswissenschaft, 109), p. 393.
[8] Ibid., p. 293, 383–384.
[9] Hartwig GEBHARDT, Halb kriminalistisch, halb erotisch. Presse für die niederen Instinkte. Annäherungen an ein unbekanntes Kapitel deutscher Mediengeschichte, dans: Wolfgang KASCHUBA, Kasper MAASE (dir.), Schund und Schönheit. Populäre Kultur um 1900, Cologne 2001, p. 184–217, ici p. 197–198.

par la population elle-même, qui contribue ainsi à reconstituer l'itinéraire de l'imposteur et à l'identifier[10].

Dans la poursuite du prétendu capitaine se superposent une énigme criminelle – la recherche de l'identité du coupable – et une provocation politique. L'imposteur n'a finalement pas seulement volé l'argent public de la ville de Köpenick. Il a aussi compris comment usurper l'autorité impériale grâce aux insignes de la puissance et aux couleurs de l'empereur[11]. Plus encore: l'utilisation frauduleuse de ces symboles démasque en réalité leur nature conventionnelle, les fait apparaître comme une simple apparence qui peut se passer d'un arrière-plan réel. De surcroît, ce *happening* criminel donnait à réfléchir sur la position sociale et politique de premier plan tenue par l'armée dans la société de l'Empire.

Par conséquent, la police n'est pas seulement à la recherche d'un escroc, mais aussi d'un usurpateur qui avait réussi à duper l'armée, la police et l'administration civile. Et la publication de la photographie de Wilhelm Voigt prise par la police ne dévoile pas seulement son identité – elle marque aussi la mise hors d'état de nuire d'un franc-tireur socialement dangereux, que la reproduction imprimée de son visage cherche à graver visuellement. Le message transmis par l'image fait écho aux titres des articles de première page:»Le capitaine de Köpenick est pris« (Der Hauptmann von Köpenick ist gefasst)[12].

L'arrestation, mais surtout son exposition publique, conduit à la »criminalisation« de celui qui a osé mettre à nu la position sacro-sainte de l'armée. Le faux capitaine a détourné les règles sociales en vigueur, tout comme son »spectacle« délictueux a contredit les règles sociales de la vraisemblance. Les faits et leur traitement par la presse mettent en relief une caractéristique du *fait divers*[13]. Les journaux de Berlin développent en effet une stratégie discursive qui permette d'appréhender par la langue ce que Roland Barthes appelle la »causalité déçue«[14]: ils recomposent l'intrigue dramatique des faits, tout en les accompagnant d'interprétations sociales et politiques qui nous paraissent aujourd'hui aller de soi. Informés des détails de l'action par la police,

---

[10] Sur la participation de la population à la chasse aux criminels, voir: Thomas LINDENBERGER, Politique de la rue et action de classe à Berlin avant la Première Guerre mondiale, dans: Genèses 12 (1993), p. 47–68; Alf LÜDTKE, Denunziationen – Politik aus Liebe?, dans: Michaela HOHKAMP, Claudia ULBRICH (dir.), Der Staatsbürger als Spitzel. Denunziation während des 18. und 19. Jahrhunderts aus europäischer Perspektive, Leipzig 2001, p. 397–407; Philipp MÜLLER, Suche nach dem Täter (voir n. 2), p. 230–253; ID., Öffentliche Ermittlungen und ihre Aneignungen im urbanen Raum. Verbrecherjagden im Berlin des Kaiserreichs, dans: Alexander GEPPERT, Uffa JENSEN, Jörn WEINHOLD (dir.), Ortsgespräche. Raum und Kommunikation im 19. und 20. Jahrhundert, Bielefeld 2005, p. 231–256.

[11] Hartmut JOHN, Das Reserveoffizierkorps im Deutschen Kaiserreich 1890–1914. Ein sozialgeschichtlicher Beitrag zur Untersuchung der gesellschaftlichen Militarisierung im Wilhelminischen Deutschland, Francfort/M. 1981, p. 280–282.

[12] Berliner Tageblatt n 546, 27.10.1906, p. 3; Berliner Morgenzeitung n 252, 27.10.1906, p. 1.

[13] En français dans le texte.

[14] Roland BARTHES, Structure du fait divers, dans: Éric MARTY (dir.), Œuvres complètes, vol. 1, Paris 1993, p. 1309–1317, ici p. 1314; voir aussi: Anne-Claude AMBROISE-RENDU, Petits récits des désordres ordinaires. Les faits divers dans la presse française des débuts de la IIIe République à la Grande Guerre, Paris 2004.

les journaux la dramatisent au sens le plus exact du mot: ils contribuent à sa surévaluation et donnent au fait divers les contours d'un archétype dramatique. Cinq jours durant, l'affaire fait les gros titres des principaux journaux de la capitale. Plus encore: le traitement de l'information par chaque rédaction donne leur forme aux événements, puisque les journalistes, d'une part, structurent le déroulement de l'affaire en termes dramatiques, et, d'autre part, étiquettent l'événement en utilisant les catégories de ce genre littéraire.

La dramatisation du fait divers va cependant à la rencontre du déroulement des faits. Il est simple en effet de traduire la série des actions successives et le ballet des lieux de l'enquête avec les mots du genre dramatique. La »Berliner Zeitung am Mittag« du 17 octobre titre ainsi »La tragicomédie bourgeoise de Köpenick« (Bürgerliche Tragikomödie von Köpenick), et découpe l'action en actes:

Le premier acte se joue à Berlin, le capitaine y prend le commandement de la troupe; le deuxième acte se joue à Köpenick: emprisonnement des dignitaires municipaux, scène déchirante entre le maire et sa femme, chœur à trois voix: les soldats, le peuple, la police de Köpenick. Au troisième acte, retour à Berlin, à la Neue Wache: livraison des prévenus, à nouveau chœur à trois voix: la garde de faction, l'escorte, le peuple. Le quatrième acte revient à Köpenick: retour des innocents emprisonnés [...][15].

Un second élément simplifie la »mise en drame« de l'information. Le capitaine de Köpenick se distingue des escrocs habituels par l'utilisation des symboles du pouvoir qu'il s'est appropriés. Si un grand nombre d'escrocs ont su transformer l'uniforme en gratifications financières, le capitaine de Köpenick va plus loin dans l'utilisation des symboles et des moyens du pouvoir: au départ, il utilise en effet l'uniforme pour s'assurer l'obéissance d'un groupe de soldats. Le commando occupe l'hôtel de ville de Köpenick et gagne le soutien de la police locale, qui règle normalement la circulation[16]. Finalement, ils arrêtent les fonctionnaires municipaux et les conduisent à la Neue Wache à Berlin afin de les mettre aux arrêts. Chaque étape illustre et intensifie à la fois la »prise de pouvoir« symbolique, mais aussi concrète, du capitaine. Bref, la disposition même de ses éléments met en exergue la nature dramatique de ce fait divers; au fil de son déroulement, chaque étape gagne en signification sociale et explique l'attention grandissante qui lui est donnée.

Comme dans de nombreuses autres affaires plus ou moins graves, les quotidiens ramènent les événements aux différents genres littéraires ou dramatiques: opérette, grotesque, comédie, burlesque ou satire sont utilisés comme des labels par les journalistes. L'étiquette »tragicomique« rencontre un succès particulier: les auteurs naturalistes comme Arthur Schnitzler, Henrik Ibsen et Gerhart Hauptmann ont en effet contribué dans les années précédentes au succès du genre, et l'adjectif est fréquent dans les

---

[15] Berliner Zeitung am Mittag n 244, 17.10.1906.
[16] Elaine G. SPENCER, Police Military Relations in Prussia, 1848–1914, dans: Journal of Social History 19 (1985), p. 305–317, ici p. 308–309; Herbert REINKE, Armed as if for a War. The State, the Military and the Professionalization of the Prussian Police in Imperial Germany, dans: Clive EMSLEY, Barbara WEINBERGER (dir.), Policing Western Europe 1850–1940. Politics, Professionalization and Public Order, New York 1991, p. 55–73, ici p. 55–56.

quotidiens pour qualifier telle ou telle dépêche. Dans le cas de la farce de Köpenick, cette étiquette met à disposition des lecteurs un *modus interpretandi* qui permet d'embrasser la multitude des dimensions et des interprétations possibles du fait divers. En premier lieu, l'histoire n'est finalement pas exempte de comique; elle recèle par ailleurs une dimension tragique évidente. L'effet comique réside dans le noyau de l'affaire: vêtu d'un uniforme, un civil parvient à exercer le pouvoir au nom de Sa Majesté. L'usurpation suppose par définition des rapports d'inégalité, qu'ils soient de rang ou de personne, et produit par conséquent un effet comique. Cependant l'aspect inquiétant, voire menaçant de l'événement est tout aussi présent. Indépendamment du positionnement politique des journaux, ceux-ci expriment la surprise, le choc et l'incrédulité face à la réussite de ce *coup d'État*[17] symbolique. L'événement se situe aux frontières de ce qui était socialement concevable, et reste de ce fait difficile à saisir. Dans le »Berliner Tageblatt«, Paul Blook imagine ainsi un coup d'État semblable aux couleurs social-démocrates, qui usurperait avec autant de succès le pouvoir de l'armée:

Ne serait-il pas pensable qu'un socialo [*Sozi*] génial, par exemple Bebel, ne surmonte sa répulsion pour l'uniforme, ne s'emballe dans une tenue de général, ne ramasse une poignée de soldats dans la rue et n'emmène le chancelier du Reich à la forteresse de Spandau sous bonne garde? ›Sur l'ordre de l'empereur!‹ Nul doute que Bülow[18] serait mort de peur[19]!

L'étiquette tragicomique fournit donc une forme intelligible à l'acte criminel, en restituant ses différentes significations, la manipulation comique de l'autorité de l'État et de l'administration, d'une part, et la portée tragique de l'exercice illégal du pouvoir au nom de l'empereur, de l'autre part[20]. Mais le label tragicomique se pose également en modèle interprétatif implicite dans le traitement de l'information. Les résultats de l'enquête policière sont présentés en fonction de ce modèle général, et les personnes impliquées dans les faits sont jugées en fonction du rôle qu'elles jouent dans la pièce. Alors que le maire, le Dr Langerhans, est critiqué pour sa mauvaise performance dans son rôle tragique, le faux capitaine rencontre l'éloge par la façon parfaite dont il s'est mis à la fois dans le rôle d'auteur, de metteur en scène et de protagoniste.

Avec l'incarcération de l'imposteur le 26 octobre 1906, le modèle tragicomique se retourne, avec la découverte de la véritable identité et de la vie du personnage. Afin de discréditer cet escroc si talentueux et admiré, la police diffuse intentionnellement de nombreux détails sur le passé criminel de Wilhelm Voigt. Celui-ci a en effet passé plus de vingt-sept années de sa vie en prison, pour des délits allant du vol répété[21] à la

---

[17] En français dans le texte
[18] Le prince Bernhard von Bülow, chancelier de 1901 à 1909.
[19] Berliner Tageblatt n 259, 17.10.1906.
[20] Faye RAN-MOSELEY, The Tragicomic Passion. A History and Analysis of Tragicomedy and Tragicomic Characterisation in Drama, Film, and Literature, New York 1994, p. 57–58.
[21] Alf LÜDTKE, The Role of State Violence in the Period of Transition to Industrial Capitalism: the Example of Prussia from 1815 to 1848, dans: Social History 4 (1979) 2, p. 175–221, p. 196–197; ID., Police and State in Prussia, 1815–1850, Cambridge 1989, p. 237; Rebekka

falsification de documents. En un mot, Wilhelm Voigt apparaissait comme un simple voyou[22].

La photographie du criminel publiée dans la presse est le reflet visuel de ce passé: conformément aux lois du genre, celle-ci produit par elle-même le stéréotype du criminel; celui dont l'image est reproduite en tant que »photo d'un criminel« le devient en effet par là même[23]. Le portrait de Wilhelm Voigt ne fait pas exception à la règle.

Cependant, le faciès photographié du criminel ne peut pas entrer en relation directe avec la narration de son arrestation. Le cliché évoque visuellement des stéréotypes sémantiques et vice versa. Les détails de la physiognomonie criminelle déferlent dans le traitement que la presse fait de l'affaire. Inversement, l'histoire offrait la possibilité d'un déchiffrement tragicomique du visage dévoilé par la photographie.

Les fonctionnaires de la police criminelle n'en finissent pas de rire, car ils ne peuvent pas s'expliquer comment une telle figure de triste sire n'a pas été dévoilée tout de suite. L'escroc qui a été arrêté a un visage tourmenté [...]. Tout aussi contournées sont ses mains calleuses et ses phalanges difformes. Le crâne est comme une sorte de plaque d'un seul tenant, depuis le front jusqu'à l'occiput, ornée seulement d'une couronne de cheveux rares. Son nez donne l'impression qu'il y manque une partie de la moitié droite, et les narines sont fortement remontées vers le haut. Et c'est par un tel monstre que les gens de Köpenick se sont laissé duper[24].

Le faciès pitoyable d'un vieil homme usé permet aux journalistes d'approfondir la narration tragicomique qu'ils font de ce qui s'est passé: le vrai visage de Wilhelm Voigt renforçait après coup l'impression de mascarade, ainsi que la menace représentée par un monstre.

L'emprisonnement conduit donc non seulement au développement des aspects comiques de l'affaire, mais aussi au déplacement de la dimension tragique: à partir de son arrestation, c'est Wilhelm Voigt lui-même qui commence à personnifier le tragique dans le traitement de l'affaire, en tant qu'»être humain lésé par la nature«.

Le concept criminologique d'»être humain lésé« (*verhinderter Mensch*) n'est que trop simple à employer dans l'affaire de Köpenick[25]. Dans l'esquisse qu'ils font de la vie d'un homme dont le destin a été bloqué par les données de son milieu, les quotidiens s'appuient sur les matériaux fournis par la police.

Avant son forfait, Voigt a fait l'objet d'un contrôle policier étroit, en tant qu'ancien détenu. Alors qu'il avait réussi à se »réinsérer« comme cordonnier après sa libération et pourvoyait ainsi de manière honnête à ses besoins, la police a vu en lui l'archétype du malfaiteur, du repris de justice, qu'il faut surveiller tant il constitue un danger pour

HABERMAS, Eigentum vor Gericht. Die Entstehung des modernen Rechtsstaates aus dem Diebstahl?, dans: Werkstatt Geschichte 42 (2006), p. 25–43.
[22] Landesarchiv Berlin, A Pr. Br. Rep. 030-07, n 1091, Vorstrafenregister, 11.12.1906, fol. 4.
[23] REGENER, Fotographische Erfassung (voir n. 6).
[24] Berliner Tageblatt n 546, 27.10.1906; Berliner Morgenzeitung n 252, 27.10.1906.
[25] Peter BECKER, Von der Biographie zur Genealogie. Zur Vorgeschichte der Kriminologie als Wissenschaft und diskursiver Praxis, dans: Hans Erich BÖDEKER, Peter REILL, Jürgen SCHLUMBOHM (dir.), Wissen als kulturelle Praxis, Göttingen 1999, p. 335–377, ici p. 371; Peter BECKER, Verderbnis und Entartung. Eine Geschichte der Kriminologie im 19. Jahrhundert als Diskurs und Praxis, Göttingen 2002.

la moralité et la sûreté publique. On lui avait donc ordonné d'abandonner sa place et son domicile. Cette contradiction entre la volonté sérieuse de travailler de la part de l'ancien détenu et l'attitude répressive de la police fait écho au débat alors en vigueur au sujet de la réforme du droit pénal. Voigt avait voulu mener une vie honnête et industrieuse, et dans ce contexte la décision de la police paraît arbitraire, à tel point qu'il apparaît plus comme une victime que comme un malfaiteur. Il est en quelque sorte un »coupable innocent« et personnifie ainsi le tragique.

Quoi qu'il en soit, la tentative de la police de rejeter le faux capitaine dans l'au-delà social et moral de la criminalité avait échoué. Une fois le faux capitaine démasqué, il avait certes été emprisonné. Mais rien ne permet d'affirmer que la mise au pilori du malfaiteur et les clichés qu'elle cherchait à véhiculer aient porté, ni qu'ils aient réussi à fixer le message social que voulait émettre la police. La politique de celle-ci vis-à-vis de la presse, inspirée par l'intérêt de l'État, atteint en effet ses limites dans cette affaire, et apparaît comme de plus en plus anachronique dans le contexte des bouleversements du paysage des médias à l'époque de l'Empire[26]. Désormais incorporée à une culture médiatique fondée sur le plaisir et le divertissement, la photographie du criminel publiée par la presse est d'abord un moment dans une histoire, dans une narration, ou encore une *story:* des années après l'affaire, il est encore courant chez les contemporains d'envoyer une carte postale à l'effigie du capitaine de Köpenick.

Les interprétations et la lecture des événements, ainsi que le sens qui leur a été conféré, s'éloignèrent donc des intentions originelles de la police, et le succès du label »tragicomique« s'imposa également par la suite. Lorsque Wilhelm Voigt dut comparaître devant le tribunal pour répondre de ses actes, il endossa volontiers le rôle que lui offrait la presse: la sympathie publique pour le drôle de capitaine ne se démentit pas, et l'»homme lésé« continua d'être vu comme une victime digne de pitié. Il parvint de son côté avec succès à se présenter comme un repris de justice malmené par les institutions et l'État[27]. Le tribunal lui accorda les circonstances atténuantes; en le condamnant à seulement quatre ans de prison, il ne suivit pas le procureur, qui en avait requis cinq[28]. Et Wilhelm Voigt fut finalement gracié dès 1908 par l'empereur[29].

---

[26] Le fait que le »Berliner Lokal-Anzeiger«, organe semi-officiel à fort tirage, ait eu la priorité dans la communication des dépêches et de la photographie le jour de l'arrestation montre encore la préférence de la police pour les journaux fidèles au gouvernement, y compris dans un cas sensible comme l'affaire de Köpenick, voir Berliner Lokal-Anzeiger n 546, 26.10.1906. Sur ce journal en général, voir Rudolf STÖBER, Der Prototyp der deutschen Massenpresse. Der *Berliner Lokal-Anzeiger* und sein Blattmacher Hugo von Kupffer, dans: Publizistik 39 (1994), p. 315–330.

[27] Sur les débats au tribunal, voir le compte rendu de la Frankfurter Zeitung n 332 édition du soir, 1.12.1906 et n 333 édition du matin, 2.12.1906.

[28] Landesarchiv Berlin, A. Pr. Br. Rep. 030-07, n 1091, Urteil 1.12.1906, fol. 222–223; sur les pratiques et la culture juridictionnelles de l'époque, voir Benjamin C. HETT, Death in the Tiergarten, and Other Stories. Murder and Criminal Justice in the Kaiser's Berlin, Cambridge (Mass.), Londres 2004, p. 182–183; sur la critique portée envers les interprétations de ce dernier sur le jugement, voir MÜLLER, Suche nach dem Täter (voir n. 2), p. 334–335.

[29] Martin KOHLRAUSCH, Der Monarch im Skandal. Die Logik der Massenmedien und die Transformationen der wilhelminischen Monarchie, Berlin 2005.

La chasse au malfaiteur n'avait cependant pas seulement conduit à suivre les traces d'une personnalité ou d'un destin criminel, car l'affaire avait aussi mis à nu les rapports sociaux et politiques en vigueur dans la société impériale. Dans les principaux journaux, l'accusation contre le coupable était vite passée au second plan, et l'Empire wilhelminien, ses représentants et ses administrations se retrouvèrent vite auprès des médias sur le banc des accusés.

Dans ces polémiques, il y a en fait peu d'éléments nouveaux. La confection de cette »Voigt story« reprend les ingrédients de débats bien connus sur la réforme du droit pénal, sur les modes criminologiques de l'époque, ou encore sur les tenants et les aboutissants du crime dans les grandes métropoles. Le débat politique emprunte quant à lui beaucoup aux critiques des libéraux et des sociaux-démocrates envers l'Empire. Bref, la »farce de Köpenick« n'avait rien d'exceptionnel en soi. Son originalité tient à l'assemblage de tout cela, à un moment donné, dans lequel un ensemble de pratiques et d'acteurs se rencontrent pour finir par conférer à l'affaire une valeur d'événement marquant – surtout grâce aux colonnes des journaux libéraux, comme le »Berliner Tageblatt« ou le »Berliner Morgenpost«.

Cette quête infatigable de l'»événement« caractérise au demeurant les médias tels qu'ils se forment à l'époque. Dans le traitement qu'ils font de celui-ci, les médias livrent une surface derrière laquelle se dissimulent la façon dont naît l'événement aussi bien que les soins que les médias eux-mêmes ont apportés à cette naissance, ou encore les paramètres de ces efforts. C'est pourtant à tous ces éléments que tient la manière de faire des médias: l'évidence de l'information qu'ils finissent par livrer est le résultat d'une recette complexe, qui se développe dans le temps. Le »capitaine de Köpenick« est une construction qui doit finalement beaucoup à un univers spécifique, celui de la société et des médias du Berlin wilhelminien.

L'immédiateté, l'évidence avec lesquelles nous percevons aujourd'hui l'affaire de Köpenick, de manière entièrement »dépénalisée« mais aussi surévaluée, procède d'un écho qui a beaucoup à voir avec les conditions spécifiques dans lesquelles l'affaire s'est déroulée. Les journaux ne sont d'ailleurs pas les seules forces médiatiques à avoir contribué à cette »cause célèbre«, il faut y ajouter le théâtre, la variété ou le cinéma, sans parler des cartes postales massivement diffusées ou de la simple rumeur publique[30].

Ce qui s'est passé alors dans ce faubourg de Berlin avait en effet une portée bien plus grande pour les contemporains que pour nous aujourd'hui, et rencontra de ce fait un écho et des commentaires qui dépassent la compréhension que nous avons nousmêmes du cas du capitaine de Köpenick. L'usurpation du pouvoir militaire, et par conséquent du pouvoir impérial, constituait une agression qui touchait profondément les contemporains et mettait en question une institution sociale qui imprégnait la société et la vie quotidienne. En octobre 1906, la polémique se centrait surtout sur la portée sociale de cette imposture, ainsi que sur la position des protagonistes. S'agissait-il d'un crime grave ou d'une pièce de théâtre divertissante? Le faux capitaine était-il un »éducateur« ou l'escroc professionnel Voigt un simple voyou[31]? Dans la photographie du

---

[30] MÜLLER, Suche nach dem Täter (voir n. 2), p. 216–228.
[31] Berliner Morgenzeitung n 283, 4.12.1906.

criminel, sa publication et sa reproduction, son interprétation sémantique ou encore son utilisation ultérieure se retrouve l'importance de ce débat pour la société d'alors. Pour la police, la photographie du criminel était un moyen médiatique chargé d'objectivité scientifique, qui visait à montrer Voigt tel que la police le »ressentait« visuellement: criminel et placé sous contrôle judiciaire. Le sens et la sensation produits par ce même média se décalèrent à mesure que se développait le traitement de l'affaire par la presse. L'intégration esthétique de l'illustration dans une *story* fit figurer celui qui y était représenté comme le double héros d'une relation tragicomique. Dans le débat public sur le faux capitaine apparaissent des catégories étrangères à la perception de la police, mais qui prenaient une importance croissante dans le paysage médiatique de Berlin: le loisir et le plaisir. Les interprétations qui s'imposèrent finalement dans l'espace public ne tenaient pas seulement à l'importance du tirage de chaque journal, mais bien à la façon dont ces journaux mirent l'affaire en intrigue. Aussi bien la version conservatrice que la version sociale-démocrate rencontrèrent peu de succès: présenter l'affaire respectivement comme un accident, une exception à la norme, ou alors comme un symbole des défauts de la société impériale. C'est finalement la narration fondée sur le concept tragicomique qui l'emporta, grâce à la mise en relation de la norme sociale, incarnée par l'armée, d'une part, et de la rupture avec cette norme, personnifiée par le capitaine, d'autre part; cette version permettait en effet d'entretenir la tension entre ces deux pôles, et par là même l'attention, mais aussi de combiner divertissement populaire et critique politique.

(Texte traduit de l'allemand par Nicolas Le Moigne)

IV.

Skandalisierung – Scandalisation

FRANK BÖSCH

Limites de »l'État autoritaire«
Médias, politique et scandales dans l'Empire

Il ne fait pas de doute que l'Empire allemand était une société autoritaire. Les innombrables modernisations, mises en évidence ces dernières années, y compris pour cette époque, ne parviennent guère à le masquer. Il ne semble malgré tout pas inopportun d'étudier plus attentivement l'image de »l'État autoritaire« et, en particulier, d'examiner ses transformations à l'époque wilhelminienne. Ce qui a jusqu'ici beaucoup été fait en s'intéressant à la culture des grandes villes et aux organisations de la société civile à la fin du XIXe siècle – en étudiant par exemple les unions, les associations et les partis[1]. C'est surtout l'introduction du suffrage universel pour les hommes qui a été considérée comme le point de départ des processus de politisation et de démocratisation[2]. On a cependant objecté, à juste titre, que même les organisations par milieux socioculturels qui avaient un grand nombre d'adhérents, celles de la social-démocratie et du catholicisme, ne concernaient qu'une assez faible partie de la société.

En revanche, le début de la médiatisation, qui remit souvent en question l'État autoritaire par des coups médiatiques, eut un assez grand retentissement dans la société. Car, on le sait, à la fin du XIXe siècle, on assista, en Allemagne aussi, à une véritable révolution médiatique. Il convient de rappeler, par exemple, l'instauration rapide de dépêches télégraphiques internationales, la formation d'une presse de parti ou de masse différenciée, avec des reportages de correspondants professionnels, ou l'apparition de magazines illustrés de photos ou de journaux satiriques à gros tirages[3]. À eux seuls, les tirages des journaux atteignaient 20 millions d'exemplaires. Toutes les études générales sur l'Empire mentionnent cette expansion des médias[4]. Mais en a-t-on vraiment tiré les conséquences pour interpréter la tectonique du pouvoir dans l'Empire?

On n'a guère jusqu'à présent intégré cette révolution des médias dans l'histoire générale de l'Empire afin d'en expliquer les processus sociaux et politiques. De même que les photographies, les journaux passèrent longtemps davantage pour des concep-

---

[1] Sur le débat, cf.: Thomas KÜHNE, Demokratisierung und Parlamentarisierung. Neue Forschungen zur politischen Entwicklungsfähigkeit Deutschlands vor dem Ersten Weltkrieg, dans: Geschichte und Gesellschaft 31 (2005), p. 293–316.
[2] Margaret Lavinia ANDERSON, Practicing Democracy. Elections and Political Culture in Imperial Germany, Princeton 2000.
[3] Comme premier aperçu, cf. Jürgen WILKE, Grundzüge der Medien- und Kommunikationsgeschichte. Von den Anfängen bis ins 20. Jahrhundert, Cologne 2000, p. 259–287.
[4] Cf. par exemple: Hans-Ulrich WEHLER, Deutsche Gesellschaftsgeschichte, vol. 3: Von der »Deutschen Doppelrevolution« bis zum Beginn des Ersten Weltkrieges, 1849–1914, Munich 1995, p. 1236–1249. Wehler souligne la »pluralité« de l'opinion publique d'alors (p. 1248), mais relègue cependant les médias dans une section isolée, en marge du chapitre sur la culture, tout à fait en fin d'ouvrage.

teurs de citations éloquentes. Il y a eu jusqu'ici étonnamment peu d'études, étayées par des sources, sur l'évolution des rapports entre la politique et les médias depuis la médiatisation, vers 1900, et sur les transformations qu'elle a entraînées dans la culture politique de l'Empire. Elles se sont jusqu'ici concentrées essentiellement sur trois axes de recherches. Le premier était l'étude de la répression et de l'orientation de la presse par l'État, c'est-à-dire notamment les mesures de censure et la répression des journalistes de même que les tentatives officieuses destinées à influencer la presse, comme les pratiquèrent Bismarck ou Otto Hammann, chef du service de presse au ministère des Affaires étrangères[5]. Le second était constitué de divers travaux portant sur la couverture d'événements politiques et de personnes du point de vue de la presse, soit en fonction de l'idéologie de quelques journaux, soit, comme cela se fait davantage aujourd'hui, en se fondant sur les débats de l'ensemble de la presse[6]. Concernant le troisième axe de recherches, sont apparues, ces dernières années, quelques études analysant, pour Berlin du moins, la manière dont les médias ont transformé la vie de la métropole, par exemple au moment de procès pour meurtre, de chasses aux criminels ou de nouvelles à sensation banales[7]. Ces travaux se sont davantage interrogés sur l'effet rétroactif du contenu des médias sur la société. Dominik Geppert a récemment montré que, même en politique étrangère, les médias essayèrent effectivement de jouer le rôle des diplomates[8].

Toutes ces études, qui constituent une importante base de travail, amènent à se demander dans quelle mesure la nouvelle opinion publique formée par les médias, qui était dotée d'une large assise et de réactions rapides, a contribué à remettre en question l'État autoritaire et à lui fixer des limites. En ce sens, il faut voir mon article comme un plaidoyer visant à prendre autant au sérieux les médias, en tant qu'acteurs historiques, que leurs impacts, qui ont fait émerger des interprétations et des actions socialement importantes. En effet, la population ne fut pas la seule à se guider de plus en plus sur le contenu des médias, ce fut aussi le cas des hommes politiques. Il y a naturellement de

---

[5] Rapport de recherches récent: Frank BÖSCH, Zwischen Politik und Populärkultur. Deutsche und britische Printmedien im 19. Jahrhundert, dans: Archiv für Sozialgeschichte 45 (2005), p. 549–585. Il convient de signaler à titre d'exemple: Gunda STÖBER, Pressepolitik als Notwendigkeit. Zum Verhältnis von Staat und Öffentlichkeit im Wilhelminischen Deutschland 1890–1914, Stuttgart 2000; Hans-Wolfgang WETZEL, Presseinnenpolitik im Bismarckreich (1874–1890). Das Problem der Repression oppositioneller Zeitungen, Francfort/M. 1975.
[6] Surtout la récente étude sur Guillaume II. Cf. Martin KOHLRAUSCH, Der Monarch im Skandal. Die Logik der Massenmedien und Transformationen der wilhelminischen Monarchie, Berlin 2005; Lothar REINERMANN, Der Kaiser in England: Wilhelm II. und sein Bild in der britischen Öffentlichkeit, Paderborn 2001.
[7] Philipp MÜLLER, Auf der Suche nach dem Täter. Die öffentliche Dramatisierung von Verbrechen im Berlin des Kaiserreichs, Francfort/M. 2005; Benjamin Carter HETT, Death in the Tiergarten: Murder and Criminal Justice in the Kaiser's Berlin, Cambridge (Mass.) 2004; Peter FRITZSCHE, Reading Berlin 1900, Cambridge (Mass.) 1996.
[8] Dominik GEPPERT, Pressekriege. Öffentlichkeit und Diplomatie in den deutsch-britischen Beziehungen (1896–1912), Munich 2007. Cf. aussi: Ute DANIEL, Einkreisung und Kaiserdämmerung. Ein Versuch, der Kulturgeschichte der Politik vor dem Ersten Weltkrieg auf die Spur zu kommen, dans: Barbara STOLLBERG-RILINGER (dir.), Was heißt Kulturgeschichte des Politischen?, Berlin 2005, p. 279–328.

nombreuses manières d'analyser les relations entre la presse, la politique et l'opinion publique. L'approche que j'avais choisie dans un projet de recherches récemment achevé était celle d'un examen approfondi des scandales politiques, à l'aide de comparaisons internationales[9]. Les scandales constituent en effet, d'une certaine manière, un moyen de discerner plus précisément ces interactions et de les rattacher aux débats menés jusqu'ici sur l'Empire.

On peut définir analytiquement le scandale comme une transgression des normes rendue publique qui déclenche l'indignation dans une grande partie de la société[10]. Une violation des normes non publique n'est donc pas plus un scandale qu'une action dont ne s'indignent que quelques journaux ou députés. La puissance d'action du scandale tient justement à ce que l'indignation qu'il suscite dépasse les frontières idéologiques. Les scandales sont donc des situations d'exception. Cependant, comme on le montrera, ces situations d'exception, qui remettaient en question l'État autoritaire, se sont multipliées dans l'Empire. Ce qui contribua, telle est la thèse défendue, à transformer les normes morales et juridiques et à limiter les excès de pouvoir arbitraires. Après une courte analyse des caractéristiques des scandales, l'article montrera, par l'exemple de quelques secteurs, la manière dont les scandales fixèrent des limites à l'État autoritaire.

LES SCANDALES, PHÉNOMÈNES TRANSNATIONAUX DE LA FIN DU SIÈCLE

Les scandales ne sont évidemment pas un phénomène nouveau. Ils connurent au contraire, dès avant la Révolution française, une floraison internationale, qui s'explique tant par des transformations dans la structure des médias que par de nouvelles formes de conflits politiques. Cependant, à la fin du XIXe siècle, le nombre et l'importance des scandales augmentèrent soudain sensiblement. À côté de cas connus encore aujourd'hui – comme les affaires Eulenburg, du »Daily Telegraph« et de Saverne –, il y eut nombre d'autres scandales qui occupèrent l'opinion publique d'alors et la politique durant souvent des mois et des années. En matière coloniale, le grand public s'indigna par exemple des scandales provoqués par Wehlan et Leist (1894–1895), Carl Peters (1896–1897), ainsi que Puttkamer et Horn (1906), qui, chacun à sa façon, avaient abusé de leur pouvoir dans les colonies. On découvrit des pratiques de corruption, par exemple dans les scandales révélant que Krupp soudoyait l'administration de l'armée (1912–1913) ou concernant des journalistes, dans le scandale Leckert-Lützow (1896–1897). Le comportement de Guillaume II ne fut pas le seul à provoquer de nombreux scandales, ce fut aussi le cas de celui de son entourage, par exemple ce que l'on a appelé le scandale Kotze (1894) ou celui du »Kladderadatsch«, la même année. Même

---

[9] Cf. de manière détaillée, Frank BÖSCH, Die Politik der Sensationen. Skandale im Kaiserreich und viktorianischen Großbritannien, Munich 2008.
[10] Avec cette triade, je suis, de manière légèrement modifiée, notamment les réflexions stimulantes de Karl Otto HONDRICH, Enthüllung und Entrüstung. Eine Phänomenologie des politischen Skandals, Francfort/M. 2002, p. 40 et 59.

les transgressions sexuelles prirent une dimension politique, comme par exemple le scandale provoqué par la révélation de l'homosexualité de F. A. Krupp (1902) ou du député antisémite au Reichstag, Schack (1909).

Cette nette augmentation des scandales ne s'explique pas seulement par l'exercice autoritaire du pouvoir dans l'Empire, qui, avec le début de la modernité classique, paraissait de plus en plus rétrograde. Une comparaison internationale montre qu'on aurait tort d'y voir un Sonderweg allemand avant l'heure. Car, vers 1890, tous les pays voisins de l'Ouest connurent eux aussi un fort accroissement du nombre de scandales. Il suffit par exemple de rappeler ceux qui eurent lieu en France à la même époque, tels celui de Panama, l'affaire Dreyfus ou l'affaire Caillaux, qui s'acheva en 1914 avec le coup de feu mortel tiré sur le rédacteur en chef responsable[11]. Même en Grande-Bretagne, pays libéral, une tendance identique se dessina à cette période. Ce n'est qu'alors que se multiplièrent les scandales de nature sexuelle – comme les scandales Dilke, Parnell ou l'affaire de Cleveland Street –, ou tenant aux pratiques coloniales – comme celles de la troupe de l'expédition Stanley – ou encore provoqués par le favoritisme politique dont bénéficiaient des entreprises comme Marconi[12]. Les scandales étaient donc un phénomène international, s'expliquant par la nouvelle médiatisation et la politisation de la société qui l'accompagnait. Manifestement, dans les grandes nations industrielles, la communication politique connut exactement la même évolution. La formation parallèle d'une presse de masse efficace et de groupes politiques bien organisés encouragea une critique politique véhiculée par des médias, jouant sur l'émotion et la polarisation, qui se traduisait par des scandales. Ce qui, pour un gouvernement autoritaire comme l'Empire, constituait une provocation particulière.

Les scandales étaient des phénomènes transnationaux transcendant les frontières. Les grands scandales provoquaient un transfert des accusations correspondantes ou des techniques de campagne. Toutefois, elles n'y déployaient un effet identique que si les dispositions culturelles des différents pays s'y prêtaient. Il fallait aussi des éléments de preuves sans lesquels le scandale se retournait contre l'accusateur. Ainsi, aussitôt après le scandale de Panama, qui révéla la corruption de nombreux hommes politiques et journalistes français, l'antisémite Hermann Ahlwardt fit courir en Allemagne des accusations de corruption antisémites identiques. Il affirma, dans la presse et au Reichstag, que l'État avait été escroqué d'environ 100 millions de marks par le monde de la finance juif lors de la fondation du Fonds impérial des invalides et que, entre autres, le ministre des Finances von Miquel et quelques députés étaient impliqués dans ce complot[13]. Mais, faute d'avoir apporté les preuves de cette affirmation populiste, le scandale se retourna contre les antisémites eux-mêmes. Karl Liebknecht eut plus de succès lorsqu'en 1912 il établit lui aussi un lien explicite entre des accusations de corruption

---

[11] Cf. par exemple Pierre-Alexandre BOURSON, L'affaire Panama, Paris 2000; Edward BERENSON, The Trial of Madame Caillaux, Berkeley 1992.
[12] Une utile première classification pour l'Angleterre: John B. THOMPSON, Political Scandal. Power and Visibility in the Media Age, Cambridge 2000.
[13] Verhandlungen des Reichstages (RT). Stenographische Berichte 18.3.1893, VIIIe législature, IIe session, 70e séance, p. 1736–1738; 20.3.1893, ibid., p. 1745–1750; Vossische Zeitung n 138, 22.3.1893.

de l'administration militaire et le scandale de Panama, car il disposait de copies de lettres compromettantes[14]. Le SPD reprit l'exemple anglais en révélant en 1902 l'homosexualité de Friedrich Alfred Krupp dans »Vorwärts«, pour frapper ainsi l'un des plus importants représentants du capitalisme bourgeois et de la militarisation, qui, de surcroît, passait pour un ami de l'empereur[15]. En Grande-Bretagne, dès les années 1880, toute la classe politique avait en effet découvert qu'il était efficace de ruiner la réputation de ses rivaux politiques en les accusant de transgresser les normes sexuelles. De même, les accusations portées contre la violence des employés de l'administration coloniale, Leist et Wehlan, étaient liées aux récits parfaitement identiques qui avaient circulé peu auparavant en Grande-Bretagne sur l'expédition de Stanley. Même si les transferts de ce genre se faisaient rarement de façon explicite, la succession d'accusations identiques transcendant les frontières montre cependant que les médias et les hommes politiques allemands prenaient des leçons auprès des pays occidentaux.

Si l'on conçoit le scandale comme moyen d'étudier l'interaction entre la politique et les médias se pose d'abord la question de savoir qui, chaque fois, dévoilait le scandale. Leur multiplication dans le monde entier amène à la conclusion qu'ils étaient dus avant tout à une forme nouvelle de journalisme autonome qui, en tant que »quatrième pouvoir«, s'attaquait aux hommes politiques et aux fonctionnaires. Le *muckracking* américain et le *new journalism* britannique sont considérés comme du grand récit dans toute histoire de la presse qui repousse à la fin du XIXe siècle la naissance du journalisme d'investigation[16]. L'étude du déroulement des scandales amène cependant à d'autres résultats. Dans la plupart d'entre eux, on voyait plutôt se dessiner une étroite connivence entre journalistes et hommes politiques. Ce sont d'une part les »journalistes politiques«, qui, ayant des échanges étroits avec le monde politique et voulant euxmêmes façonner la politique, étaient responsables des révélations. À cet égard, Maximilian Harden en fut certainement le prototype allemand et W. T. Stead, notamment, celui de l'Angleterre[17]. D'autre part, les scandales étaient lancés par des hommes politiques qui étaient également journalistes. Ce fut particulièrement le cas au sein de la social-démocratie, où environ la moitié des députés au Reichstag avaient une expérience journalistique. Mais de nombreux journalistes émergèrent aussi dans les partis bourgeois. Par exemple, le jeune centriste Matthias Erzberger, qui, à partir de 1905, dévoila de nombreux scandales dans les colonies, écrivait parallèlement des articles sur ces sujets dans des journaux proches du centre, tel le »Kölnische Volkszeitung«[18]. Soit

---

[14] Frank BÖSCH, Krupps »Kornwalzer«. Formen und Wahrnehmungen von Korruption im Kaiserreich, dans: Historische Zeitschrift 270 (2005), p. 337–379.

[15] Vorwärts, 15.11.1902, p. 2–3.

[16] Cf. par exemple des ouvrages tels que: Ernst BOLLINGER, Pressegeschichte II: 1840–1930. Die goldenen Jahre der Massenpresse, Fribourg (Suisse) ^{2}2000; Kevin WILLIAMS, Get me a Murder a Day! A History of Mass Communication, Londres 1998.

[17] Il manque encore une biographie de fond sur les deux journalistes, cf. pour le moment, en particulier: Raymond L. SCHULTS, Crusader in Babylon. W. T. Stead and the Pall Mall Gazette, Lincoln 1972; Harry F. YOUNG, Maximilian Harden. Censor Germaniae. Ein Publizist im Widerstreit 1892 bis 1927, Münster 1971.

[18] Sur l'activité journalistique d'Erzberger: Christian LEITZBACH, Matthias Erzberger. Ein kritischer Beobachter des Wilhelminischen Reiches 1895–1914, Francfort/M. 1998.

les scandales partaient directement du Reichstag et faisaient parallèlement l'objet d'articles dans la presse, soit les hommes politiques reprenaient aussitôt au Reichstag l'article de presse correspondant, à la parution duquel ils avaient souvent participé. Quelques députés du Reichstag devinrent ainsi de véritables stars, dont les lecteurs de journaux attendaient les discours.

Les scandales révélés par la presse émanaient rarement des journaux de masse à gros tirages et plutôt non partisans (comme le »BZ am Mittag« ou le »Daily Mail«), mais essentiellement de quotidiens plus petits, quoique ayant un fort positionnement sur le plan politique, ou de journaux de qualité proches de partis. La presse de masse ne renforçait la dynamique du scandale que dans la seconde phase, lorsque les audiences judiciaires permettaient aux journalistes de faire des reportages détaillés. Ils les complétaient par leurs propres recherches sur place ou par des illustrations et des caricatures qui ridiculisaient les hommes politiques et les fonctionnaires concernés. Face aux scandales, les autorités étatiques et la justice montraient une remarquable impuissance, comme le prouve la correspondance interne. Car les formes classiques de répression, telles que procès, arrestations ou censure leur paraissaient à juste titre contre-productives. Leur intervention n'aurait fait qu'accroître l'attention que l'opinion publique portait aux accusations, d'autant qu'elle donnait aux témoins de toutes classes l'occasion de s'exprimer publiquement et de s'en prendre aux puissants. En effet, tous les procès engagés malgré tout, parce que le sens de l'honneur semblait les rendre inévitables, ne faisaient qu'accroître la dynamique des scandales.

Une première conclusion est donc que les scandales marquaient une modification transnationale de la communication politique dans les pays industriels. Les hommes politiques s'adaptaient aux logiques des médias pour atteindre leurs objectifs politiques fondamentaux. Ils étaient en même temps soutenus par des journalistes qui poursuivaient eux aussi des buts politiques par un nouveau style jouant sur l'émotion. On peut expliquer la manière dont ils fonctionnèrent en prenant l'exemple de quelques secteurs politiques.

LIMITES DU POUVOIR
L'EXEMPLE DE LA POLITIQUE COLONIALE

La politique coloniale passe pour un secteur dans lequel l'Empire allemand montra tout particulièrement son visage autoritaire. La législation allemande autorisait des sanctions extrêmement sévères, et leur mise en œuvre s'avéra elle aussi brutale et pas seulement lors des massacres génocidaires en Afrique du Sud-Ouest et de l'Est[19]. À partir des années 1880, les libéraux, les sociaux-démocrates et une partie du centre

---

[19] Cf. Harald SIPPEL, Typische Ausprägungen des deutschen kolonialen Rechts- und Verwaltungssystems in Afrika, dans: Rüdiger VOIGT, Peter SACK (dir.), Kolonialisierung des Rechts. Zur kolonialen Rechts- und Verwaltungsordnung, Baden-Baden 2001, p. 351–372, ici p. 360; Jürgen ZIMMERER, Joachim ZELLER, (dir.), Völkermord in Deutsch-Südwestafrika. Der Kolonialkrieg (1904–1908) in Namibia und seine Folgen, Berlin 2003.

surtout critiquèrent à maintes reprises les dysfonctionnements dans les colonies, sans parvenir cependant à attirer l'attention de manière efficace[20]. Les choses changèrent à partir du milieu des années 1890. En étroite connivence avec des journalistes sociaux-démocrates et libéraux de gauche, les députés réussirent à déclencher une grande indignation dans l'opinion publique devant les pratiques coloniales en révélant comme exemples concrets les relations sexuelles entre de hauts fonctionnaires coloniaux et des Africaines ou des actes de violence barbares. Le scandale qui résulta de cette présentation émotionnelle permit de fixer des limites au comportement autoritaire des fonctionnaires et de discréditer le colonialisme dans son ensemble.

Les révélations en 1894 concernant le gouverneur par intérim et chancelier du Cameroun, Heinrich von Leist, marquèrent le début d'une longue série de scandales dans les colonies. Le »Berliner Tageblatt« commença par l'accuser d'avoir fait fouetter plusieurs femmes dahoméennes nues sous les yeux de leurs maris parce qu'elles refusaient de travailler sans être payées, déclenchant ainsi une révolte sanglante. La presse révéla également que le chancelier du Cameroun avait plusieurs fois abusé sexuellement de femmes qu'il avait emprisonnées comme prostituées forcées[21]. Divers députés du Reichstag s'emparèrent de l'affaire et crièrent au scandale. Le libéral Eugen Richter exigea des peines de prison, et le prince Arenberg, centriste, déplora plus tard que même les mauvais traitements infligés à un cheval fussent d'habitude plus fortement sanctionnés[22]. Le social-démocrate August Bebel avança d'autres accusations et apporta au Reichstag une chicotte pour montrer concrètement avec quoi les femmes nues et d'autres Africains avaient été fouettés jusqu'au sang[23]. Bebel entrait ainsi dans la logique des médias et du scandale en contribuant à la visualisation émotionnelle. Le fouet s'avéra un symbole central qui renforça les critiques.

Par la suite, les députés du Reichstag amplifièrent encore le scandale que les médias avaient révélé: ils réclamèrent l'ouverture d'une enquête, citèrent divers témoins susceptibles d'être interrogés sur les tortures et les exécutions et décrivirent des comportements identiques chez d'autres fonctionnaires coloniaux[24]. Dans la foulée, survint ainsi le scandale colonial concernant le vice chancelier du Cameroun, Wehlan. Les

---

[20] Cf. à titre introductif Horst GRÜNDER, Geschichte der deutschen Kolonien, Paderborn ⁵2004.
[21] Cf. en particulier Berliner Tageblatt n 64, 5.2.1894, puis Neue Deutsche Rundschau avril 1894, notamment p. 343 et 347. La littérature a déjà traité des accusations elles-mêmes, mais guère de leur apparition, ni de la structure et des conséquences du débat public. Sur le déroulement des événements, cf. de brèves indications dans: Martin SCHRÖDER, Prügelstrafe und Züchtigungsrecht in den deutschen Schutzgebieten Schwarzafrikas, Münster 1997, p. 35–38; Gotthilf WALZ, Die Entwicklung der Strafrechtspflege in Kamerun unter deutscher Herrschaft 1884–1914, Fribourg-en-Brisgau 1981, p. 59–64.
[22] Cf. RICHTER RT 13.4.1894, IXe législature, IIe session, 1893/1894, 8e séance, vol. 135, p. 2078. ARENBERG RT 13.3.1896, IXe législature, IVe session, 1895–1897, 59e séance, vol. 144, p. 1421.
[23] RT 16.2.1894, IXe législature, IIe session, 1893/1894, 51e séance, vol. 135, p. 1294. Cf. aussi: Maria-Theresia SCHWARZ, ›Je weniger Afrika, desto besser‹. Die deutsche Kolonialkritik am Ende des 19. Jahrhunderts. Eine Untersuchung zur kolonialen Haltung von Linksliberalismus und Sozialdemokratie, Francfort/M. et al. 1999, p. 285.
[24] Cf. notamment VOLLMAR RT 28.3.1895, IXe législature, IIIe session, 71e séance, p. 1751–1753; sur le débat, voir aussi: SCHRÖDER, Prügelstrafe (voir n. 21), p. 45–47.

lecteurs de journaux apprirent par exemple que l'on coupait des têtes pour servir de trophées, Leist faisait tuer des prisonniers au motif qu'ils seraient morts de toute façon et en faisait attacher d'autres en sang à des mâts jusqu'à ce que des vers se mettent dans leurs plaies[25]. Même le célèbre scandale impliquant Carl Peters résultait en définitive de cette dynamique des scandales provoquée par la critique des méthodes coloniales: dans un débat au Reichstag sur Leist et Wehlan, August Bebel révéla que, par jalousie, le héros colonial Peters avait fait d'abord fouetter puis exécuter sa maîtresse africaine[26]. Les scandales coloniaux culminèrent notamment en 1906 avec une même puissance d'action qui aboutit finalement au rejet du budget des colonies et à la dissolution du Reichstag.

Quels résultats scientifiques peut-on en tirer sur les limites fixées à l'État autoritaire dans sa politique coloniale? Grâce à l'indignation publique, la presse et les députés du Reichstag obtinrent d'abord que ces fonctionnaires soient limogés ou au moins mutés. Les jugements extrêmement bienveillants des cours de justice disciplinaires ne réclamèrent que le bannissement public des condamnés, qui émigrèrent par la suite. Les scandales obligèrent en outre les autorités impériales à un important travail éducatif pour éviter d'autres cas. Au-delà de l'instauration de normes morales, les scandales incitèrent à faire des réformes juridiques. Ainsi, début 1896, eut lieu la réforme des »juridictions indigènes dans les protectorats africains«. Les réglementations qui suivirent prévoyaient qu'on ne pouvait obtenir d'aveux qu'en appliquant le Code de procédure pénale allemand. Le recours à des peines extraordinaires fut interdit et les châtiments corporels furent au moins réduits et réglementés. On prit également un décret sur le comportement moral des fonctionnaires obligeant à intervenir en cas d'excès de pouvoir; le recours à la peine de mort fut limité[27].

Les scandales déclenchés par les médias et amplifiés par le Reichstag contribuèrent donc indéniablement à modifier les normes et les lois et à substituer de plus en plus des contrôles bureaucratiques à l'arbitraire des individus. En 1906 notamment, les scandales dans les colonies amenèrent aussi une réforme de l'administration coloniale. Avec Bernhard Dernburg, le chancelier du Reich Bülow choisit de mettre un banquier libéral à la tête de l'administration coloniale restructurée et le soutint dans ses réformes en matière de personnel et d'organisation[28]. Les voyages de Dernburg dans les colonies allemandes et britanniques et ses efforts pour tirer parti de l'expérience anglaise relevaient de cette réforme de même que l'intense travail d'information mené auprès du public. En 1910, la pratique coloniale quotidienne et les peines infligées à la popula-

---

[25] C'est ce qui figure dans le journal de Vallentini, qui fut lu au procès; cf. supplément à Vorwärts n 6, 8 1 1896.
[26] RT 13.3.1896, IXe législature, IVe session, 1895–1897, 59e séance, vol. 144, p. 1434. Sur cette affaire: Martin REUSS, The Disgrace and Fall of Carl Peters: Morality, Politics, and Staatsräson in the Time of Wilhelm II., dans: Central European History 14 (1981), p. 110–141; Arne PERRAS, Carl Peters and German Imperialism 1856–1918. A Political Biography, Oxford 2004, p. 214–230.
[27] Cf. Reichs-Anzeiger n 53, 29.2.1896, dans: Bundesarchiv Coblence (BAK) R 1001–5626. Sur la réforme d'avril 1896, voir aussi: WALZ, Entwicklung (voir n. 21), p. 65 et 77.
[28] Werner SCHIEFEL, Bernhard Dernburg 1865–1937. Kolonialpolitiker und Bankier im wilhelminischen Deutschland, Zurich 1974.

tion indigène des colonies différaient de celles des deux décennies précédentes, de manière tendancielle au moins. De plus, la promotion de l'image dans les médias du nouveau secrétaire d'État aux Colonies peut être interprétée comme le résultat de la médiatisation de la politique qu'introduisirent les scandales. Cependant, l'action par les scandales coloniaux montra elle aussi ses limites. Les tentatives du SPD pour provoquer de nouveau des scandales identiques échouèrent clairement lors des guerres en Afrique du Sud-Ouest[29]. Bien qu'aujourd'hui les massacres qui s'y produisirent paraissent »scandaleux«, ils ne firent pas scandale à l'époque, parce que la majorité de l'opinion publique estimait qu'il s'agissait d'une situation de guerre dans laquelle l'Allemagne devait se protéger par tous les moyens. Les récits en sens contraire, qui, dans les médias et au Reichstag, évoquaient les destins individuels de colons blancs tués de manière atroce, contrecarrèrent la puissance émotionnelle de la description des assassinats de Hereros[30]. Même lors de l'intervention allemande dans l'insurrection des Boxers, les journaux et les députés sociaux-démocrates ne parvinrent pas, malgré leurs efforts, à faire apparaître comme scandaleuses les brutalités qu'ils dénoncèrent de nouveau à l'aide d'exemples rapportés par des témoins oculaires dans leurs lettres[31]. En Grande-Bretagne, quelques journalistes et hommes politiques, tels W. T. Stead ou Lloyd George, ne parvinrent pas non plus à créer un scandale sur la manière dont était conduite la guerre des Boers; même les rapports sur les femmes et les enfants mourant dans des camps de concentration ne déclenchèrent qu'une indignation limitée dans leur pays[32]. Ces exemples montrent que les scandales ne pouvaient être mis en scène n'importe quand par les médias, mais qu'ils dépendaient des tendances de l'opinion publique. Les révélations de nature à faire scandale trouvaient manifestement leurs limites dans les situations de guerre, car le patriotisme occultait les normes morales.

---

[29] Cf. le rapport AA 7.11.1904, dans: BAK N 1016–29; Vorwärts, 16.6.1905; Hans-Christoph SCHRÖDER, Sozialismus und Imperialismus. Die Auseinandersetzung der deutschen Sozialdemokratie mit dem Imperialismusproblem und der »Weltpolitik« vor 1914, Hanovre 1968, p. 163 et 186; Michael SCHUBERT, Der schwarze Fremde. Das Bild des Schwarzafrikaners in der parlamentarischen und publizistischen Kolonialdiskussion in Deutschland von den 1870er bis in die 1930er Jahre, Stuttgart 2003, p. 254.

[30] Cf. ibid., p. 235; Helmut Walser SMITH, The Talk of Genocide, the Rhetoric of Miscegenation: Notes on Debates in the German Reichstag Concerning Southwest Africa, 1904–1914, dans: Sara FRIEDRICHMEYER et al. (dir.), The Imperialist Imagination. German Colonialism and its Legacy, Ann Arbor 1998, p. 107–123, notamment p. 112.

[31] Pour ce faire, »Vorwärts« s'appuyait non seulement sur des compte rendus de soldats, mais aussi sur ceux de journalistes de quotidiens bourgeois, comme les correspondants de guerre du »Berliner Lokal-Anzeiger«, de missionnaires et de professeurs; cf. avocats de Vorwärts, 11.6.1901, dans: Bundesarchiv/Lichterfelde NY 4060–58. Sur le débat, voir aussi Ute WIELANDT, Michael KASCHER, Die Reichstagsdebatten über den deutschen Kriegseinsatz in China. August Bebel und die »Hunnenbriefe«, dans: Susanne KUSS, Bernd MARTIN (dir.), Das Deutsche Reich und der Boxeraufstand, Munich 2002, p. 183–201.

[32] Cf. par exemple: Mark HAMPTON, The Press, Patriotism, and Public Discussion. C. P. Scott, the Manchester Guardian and the Boer War, dans: Historical Journal 44 (2001), p. 177–197; Paula M. KREBS, Gender, Race, and the Writing of Empire. Public Discourses on the Boer War, Cambridge 1999.

COMPORTEMENT AUTORITAIRE DE L'ADMINISTRATION ET DE L'ARMÉE

Même sur le territoire national, les scandales parvinrent à fixer des limites au comportement autoritaire des fonctionnaires et des officiers. Les rapports d'autorité avec les journalistes faisaient partie de l'héritage de l'État autoritaire de Bismarck. Les journalistes devaient ainsi payer leur accès aux ministères en passant des informations officieuses de complaisance. En échange, ou pour leurs services d'indicateurs de la police politique, ils étaient parfois rétribués sur le célèbre »fonds des reptiles«. Cependant, dans les années 1890, ce système fut complètement remis en question et dénoncé, notamment lors du scandale Leckert-Lützow en 1896–1897, qui doit son nom à deux journalistes soudoyés. Ce scandale montra que le commissaire en charge de la police politique, Eugen von Tausch, ne se contentait pas de rétribuer de son propre chef des journalistes pour de fausses informations, mais que celles qu'il leur soufflait à l'oreille étaient dirigées contre quelques ministres encombrants[33]. Les sociaux-démocrates ajoutèrent à l'accusation en signalant qu'ils avaient été informés par leurs hommes de confiance qui, de leur côté, surveillaient les indicateurs de la police[34]. La critique publique adressée à la police fut formulée de manière extrêmement claire. Les journaux libéraux, tel le »Berliner Tageblatt«, interprétèrent le fait que la police politique ait déformé, calomnié et falsifié des documents comme le signe de la décadence de l'État prussien: »On a découvert un système pourri et corrompu à un point que même le pessimiste le plus invétéré aurait cru impossible dans l'État prussien, dans l'Empire allemand«[35].

Le scandale provoqua durant des mois l'indignation de l'opinion publique contre la police politique. Les rapports qu'elle entretenait jusque-là avec des journalistes étaient devenus intolérables. L'affaire déclencha en même temps un débat public sur les normes qui devaient régir l'accès des journalistes aux ministres. Au cours du scandale, même le chancelier du Reich, Hohenlohe, prit position contre l'empereur et l'extrême droite, qui exigeaient que les journalistes critiques ne puissent être reçus par les ministres[36]. Notamment, le ministre de la Justice Marschall défendit au Reichstag son droit de parler aussi aux journalistes qui critiquaient sa politique, puisque les informations n'étaient pas données en récompense ou en punition d'articles. Il était en revanche essentiel de savoir si le journal était lu non seulement dans le pays, mais aussi à l'étranger[37], ce qui constituait une reconnaissance décisive du journalisme critique.

---

[33] La recherche n'a guère prêté attention à ce cas bien qu'il représentât une situation de crise fondamentale; de premières indications dans une perspective marxiste: Dieter FRICKE, Die Affäre Leckert-Lützow-Tausch und die Regierungskrise von 1897 in Deutschland, dans: ZfG 7 (1960), p. 1579–1603.
[34] RT 5.2.1897 IXe législature, IVe session 1895/1897, 16e séance, vol. 6, p. 4482–4483; Staatsanwalt 4.11.1897, dans: Geheimes Staatsarchiv Berlin (GStA) HA I Rep. 84a 49813.
[35] Berliner Tageblatt n 621, 6.12.1896.
[36] Hohenlohe 19.1 1897, dans: Verhandlungen des Hauses der Abgeordneten, 21e séance, p. 533.
[37] RT 5.2.1897 IXe législature, IVe session 1895/1897, 168e séance, vol. 6, p. 4476.

Vers 1900, les scandales contribuèrent aussi à fixer des limites à l'arbitraire militaire. Les explosions de violence et les duels d'officiers provoqués pour des raisons futiles et une conception exagérée de l'honneur militaire firent à cette époque de plus en plus scandale[38]. Le plus célèbre, qui mettait en cause l'arrogance militaire, fut certainement celui du capitaine de Köpenick. Il fut maintes fois cité comme preuve de la soumission des Allemands devant les porteurs d'uniforme. Il fit cependant lui aussi apparaître les limites du système autoritaire. Les sarcasmes qu'il provoqua dans toute l'Allemagne montrèrent bien que ce comportement n'était pas tolérable[39]. Comme pour le scandale impliquant la police politique, le débat sur cette affaire témoigna d'une prise de distance à l'égard de l'arbitraire militaire. Ce n'était pas le faux capitaine qui était scandaleux, mais le comportement des services administratifs qui avaient remis leur caisse aux porteurs d'uniforme. Le faux capitaine fut plutôt considéré comme un héros tragi-comique pour avoir ridiculisé l'administration et l'armée.

L'affaire de Saverne montra tout particulièrement à quel point la nouvelle opinion publique formée par les médias pouvait, en connivence avec le Reichstag, fixer des limites à l'arbitraire militaire[40]. Bien que les insultes et le harcèlement de recrues alsaciennes par un lieutenant prussien, qui déclenchèrent le scandale, aient eu lieu à la périphérie de son territoire, grâce à la dynamique des médias, l'Empire entier ne tarda pas à s'indigner de ces événements. Les nombreux reporters sur place contribuèrent à propager des détails suscitant l'émotion. Les mesures autoritaires par lesquelles l'armée chercha à restaurer son autorité dans l'alsacienne Saverne (telles que perquisitions, passages à tabac et arrestations) renforcèrent notablement cette profonde indignation. Le cœur du débat qui s'ensuivit tourna rapidement autour de la question de savoir dans quelle mesure l'armée avait le droit d'usurper le pouvoir civil.

De même que l'épisode du capitaine de Köpenick, l'incident de Saverne permet différentes interprétations à l'égard de l'histoire générale de l'empire. Elle fut d'un côté considérée comme une preuve de la domination de l'armée en Allemagne qui, dans ce cas aussi, réussit à affirmer son pouvoir[41]. C'est ce que semble prouver l'acquittement des officiers inculpés et la mutation des fonctionnaires qui avaient exprimé des critiques. D'un autre côté, l'affaire prouve à nouveau que l'opinion publique formée par les

---

[38] Germania n 239, 26.1.1896; Bringmann, Reichstag, p. 254–255. Sur le procès Krosigk, Vorwärts n 1, 1.1.1903.

[39] Cf. aussi: Benjamin ZIEMANN, Der »Hauptmann von Köpenick« – Symbol für den Sozialmilitarismus im wilhelminischen Deutschland?, dans: Vilém PRECAN (dir.), Grenzüberschreitungen oder der Vermittler Bedrich Loewenstein, Prague 1999, p. 252–264; sur les sarcasmes déclenchés par l'affaire de Köpenick, cf. MÜLLER, Auf der Suche (voir n. 7), notamment p. 196–228.

[40] À la différence d'autres scandales, son importance a déjà à maintes reprises été soulignée et étudiée par la recherche. Pour une présentation détaillée, fondée sur les dossiers: David SCHOENBAUM, Zabern 1913. Consensus Politics in Imperial Germany, Londres 1982.

[41] Des études déjà anciennes: Hans-Ulrich WEHLER, Der Fall Zabern. Rückblick auf eine Verfassungskrise des Wilhelminischen Deutschlands, dans: Die Welt als Geschichte 23 (1963), p. 27–46; identique à l'argument principal, mais dans une perspective marxiste: Kurt STENKEWITZ, Gegen Bajonett und Dividende. Die politische Krise in Deutschland am Vorabend des ersten Weltkrieges, Berlin[-Est] 1960, p. 125–140.

médias fixa des limites parfaitement claires à l'armée. C'est ce que traduit, premièrement, la protestation unanime de la majorité de la presse à l'égard de toutes les tentatives de justification de l'armée. Le scandale mettait en évidence que, loin d'avoir une action assimilatrice dans les territoires annexés, l'armée produisait l'effet exactement contraire. Deuxièmement, le scandale aboutit quand même à un vote de défiance contre le chancelier Bethmann par six septièmes des députés au Reichstag, montrant ainsi que le chancelier ne disposait pas de la majorité parlementaire. L'affaire porta aussi atteinte à la réputation de l'empereur et du Kronprinz qui avaient soutenu l'armée de manière particulièrement véhémente. En ce sens, le scandale affaiblit en même temps une forme d'autorité politique qui ne reposait sur aucune majorité. Troisièmement, malgré l'obstination affichée, on finit par procéder à une nouvelle réforme qui renforça l'administration civile à l'égard de l'armée. Au cabinet, le chancelier du Reich Bethmann persista à décréter que l'armée ne pouvait intervenir de son propre chef contre un civil que »si l'administration civile était dans l'incapacité de procéder à la réquisition«[42]. Contre la volonté du ministre de la Guerre Falkenhayn, le 19 mars 1914 fut pris un nouveau règlement intérieur sur l'usage des armes par l'armée, lui interdisant de décider elle-même de représailles et d'exercer des mesures de police sans en avoir été priée par l'administration civile[43]. Quatrièmement, malgré leur acquittement, les officiers furent mutés. Le lieutenant Forstner fut envoyé à Bromberg, aussi loin que possible de l'Alsace. C'était une nette concession à la protestation publique. Les effets à long terme du scandale ne sont guère perceptibles, car la Première Guerre mondiale éclata peu après. Saverne constituait cependant un instantané prometteur.

LIMITES DE LA MONARCHIE

Les limites que l'opinion publique formée par les médias et le Reichstag fixaient à l'État autoritaire se traduisirent aussi par la transformation de l'attitude de ces médias et de leurs critiques à l'égard du leadership politique. Ce fut particulièrement le cas de leur relation à l'empereur et à son entourage. Avec le scandale de l'homosexualité de Moltke et d'Eulenburg, les journalistes réussirent en effet à discréditer le proche entourage de l'empereur et, du même coup, l'empereur lui-même[44]. L'accusation politique au centre de l'affaire – il s'était créé une camarilla irresponsable autour du monarque – touchait également celui-ci. Au début des années 1890, en raison notamment des très nombreuses inculpations pour offense au souverain, la critique à l'égard de l'empereur s'exprimait essentiellement de manière cryptée, rappelant les allusions en forme de paraboles du Vormärz. Les mystérieuses allusions à l'empereur, qui pouvaient diffici-

---

[42] Procès verbal du Staatsministerium du 3.2.1914 dans: GStA HA I, Rep. 90A, n 3620.
[43] Cf. Ernst Rudolf HUBER, Deutsche Verfassungsgeschichte seit 1789, vol. 4: Struktur und Krisen des Kaiserreiches, Stuttgart 1969, p. 601–602; SCHOENBAUM, Zabern (voir n. 40), p. 160–161.
[44] Cf. KOHLRAUSCH, Monarch (voir n. 6), p. 229–242.

lement faire l'objet de qualification juridique, telles celles de Maximilian Harden ou de Ludwig Quidde, furent symptomatiques à cet égard. La modification des formes de communication à l'endroit de l'empereur au tournant du siècle était également due à la médiatisation. Ce fut d'abord le cas des discours du souverain. Sur place, ils étaient souvent reçus avec enthousiasme, car le public était galvanisé par la présence physique de l'empereur, qui parlait sans notes, et par l'expérience patriotique commune d'un groupe d'auditeurs très homogène qui, bien souvent, en l'absence de moyens de retransmission, ne comprenait pas exactement chaque mot[45]. Or, du fait de la présence croissante de reporters, qui mettaient le texte à la disposition de l'opinion publique internationale, les discours improvisés prirent une tout autre portée. Ce qui était fait pour enflammer dans l'acte performatif du discours était étudié mot à mot une fois imprimé.

Cette tension se manifesta particulièrement dans le »discours des Huns«, dont, comme on le sait, la formulation fit scandale; pour réprimer l'insurrection des Boxers, les soldats allemands devaient se battre sans quartier et sans faire de prisonniers, »comme il y a mille ans, les Huns sous la conduite de leur roi Attila«[46]. L'échec de la tentative des autorités du Reich de diffuser une version édulcorée, acheva de ridiculiser l'impuissante censure. Les sociaux-démocrates présentèrent Guillaume II comme un malade de manière encore plus véhémente qu'auparavant en citant de nombreux autres extraits de ses discours dans lesquels l'empereur appelait à de sanglantes représailles[47]. Les Libéraux le montrèrent à tout le moins comme un personnage faillible, dont ils soulignaient explicitement les erreurs. Ils contestaient autant le fait que les Chinois se soient comportés plus brutalement qu'aucun autre peuple dans l'Histoire que la légitimité d'une vengeance sanglante[48]. Quant aux conservateurs, s'ils se gardèrent de critiquer l'empereur ouvertement, ils firent preuve pour le moins de duplicité en interprétant, avec de manifestes contorsions, les phrases qui posaient problème[49]. Guillaume II apparut ainsi comme un monarque dont les discours n'étaient publiables qu'après avoir été soumis à la censure et complétés d'une explication de texte.

Le »discours des Huns« repoussa tant les limites de ce qui pouvait être dit qu'un débat sur l'empereur eut lieu au Reichstag alors qu'on considérait jusqu'ici que sa personne ne pouvait pas faire l'objet de débats parlementaires. La principale accusation portée par August Bebel au Reichstag était que, par ses déclarations vengeresses, le monarque avait appelé directement à des meurtres violents, qui avaient ensuite été effectivement commis[50]. Le libéral de gauche, Eugen Richter, se joignit à la critique de

---

[45] Cf. ici aussi: Christopher CLARK, Kaiser Wilhelm II., Londres 2000, p. 160–172.
[46] Texte d'après les comptes rendus de presse, par exemple dans Vossische Zeitung, 28.7.1900, p. 1. Cf. aussi: Bernd SÖSEMANN, Die sog. Hunnenrede Wilhelm II. Textkritische und interpretatorische Bemerkungen zur Ansprache des Kaisers vom 27. Juli 1900 in Bremerhaven, dans: HZ 222 (1976), p. 342–358; ID., »Pardon wird nicht gegeben; Gefangene nicht gemacht«. Zeugnisse und Wirkungen einer rhetorischen Mobilmachung, dans: Hans WILDEROTTER, Klaus POHL (dir.), Der letzte Kaiser. Wilhelm II. im Exil, Gütersloh 1991, p. 79–94.
[47] Vorwärts, 31.7.1900, p. 3.
[48] Vossische Zeitung n 355, 28.7 1900, p. 1.
[49] Cf. par exemple Neue Preußische Zeitung n 349, 28.7.1900, p. 1.
[50] Cf. le discours du 19.11.1900 dans: RT X^e législature, IIe session, vol. 179, p. 29.

Bebel et se prononça de manière générale pour que le Reichstag débatte des discours de l'empereur puisque ce dernier prenait continuellement des positions politiques, attaquait les partis du Reichstag et exprimait des critiques publiques. Richter exigeait donc un contrôle direct des discours de l'empereur sur la base d'accords avec les ministres[51]. Cette critique enfla au cours des années suivantes. En particulier, les discours de l'empereur après la mort de Krupp en 1902 suscitèrent non seulement un profond mécontentement dans la presse, mais aussi une résolution des chefs des groupes parlementaires conservateur, national-libéral et du centre. Ils exprimèrent au chancelier du Reich leur préoccupation devant les discours de l'empereur et appelèrent à une plus grande réserve, au sens de la Constitution[52]. Les scandales provoqués par ses discours transformèrent donc en violation des normes susceptible d'être sanctionnée les apparitions politiques de l'empereur qu'il avait décidées seul.

Le scandale le plus connu de ceux que déclencha le monarque, l'affaire du »Daily Telegraph«, résultait lui aussi de l'incapacité de l'empereur de faire bon usage des médias. Bien que Guillaume cherchât toujours la proximité de ces derniers et confortât ses positions en se mettant lui-même en scène, il réussissait aussi mal à contrôler la diffusion internationale de ses déclarations dans la presse que celle de ses discours. Voulant avant tout plaire au journaliste du moment et au pays de celui-ci, il essaya d'abord de flatter l'Angleterre dans une interview au »Daily Telegraph«, puis les USA dans l'interview donnée à Hale[53]. On sait la tempête de protestations que déclenchèrent en 1908 dans l'opinion publique et dans tous les partis ses déclarations inexactes et peu diplomatiques. Cette affaire est une preuve de plus que, grâce aux scandales, les médias et le Reichstag fixèrent ensemble de nettes limites même à l'empereur. Le scandale modifia la position de fait du monarque et le discours à son endroit. Guillaume II se laissa même convaincre par Bülow de faire une déclaration dans laquelle il promettait à l'avenir de manifester davantage de réserve[54]. L'empereur fut d'abord si blessé, y compris psychiquement, par la vaste indignation publique qu'il se borna à lire ses discours suivants[55]. Le scandale aboutit effectivement à ce que le monarque fasse preuve de plus de réserve en matière politique à l'égard du gouvernement, du Reichstag et de l'opinion publique.

---

[51] Discours du 20.11.1900 dans: RT X^e législature, IIe session, vol. 179, p. 53–54.
[52] La lettre des chefs des groupes parlementaires du 20.1.1903 est reproduite dans: HUBER, Deutsche Verfassungsgeschichte, vol. 4 (voir n. 43), p. 439.
[53] Cf. Peter WINZEN, Das Kaiserreich am Abgrund. Die Daily Telegraph-Affäre und das Hale-Interview von 1908. Darstellung und Dokumentation, Stuttgart 2002.
[54] La déclaration préparée par Bülow pour le »Reichsanzeiger« est reproduite dans: WINZEN, Kaiserreich (voir n. 53), p. 247.
[55] Note de Zedlitz-Trützschler 26.11.1908, dans: ID., Zwölf Jahre am deutschen Kaiserhof. Aufzeichnungen des Grafen Robert Zeditz-Trützschler, ehemaliger Hofmarshall Wilhelm II., Berlin 1924, p. 194–201.

LES SCANDALES ET L'ÉTAT AUTORITAIRE
RÉFLEXIONS FINALES

Les scandales ont permis de montrer comment les médias remirent en question l'autorité étatique et fixèrent de temps à autre des limites à l'État autoritaire. Ils ont également fait apparaître clairement l'étroite interaction des médias avec les députés du Reichstag, qui, de cette manière, gagnèrent en pouvoir face au gouvernement du Reich et à l'empereur[56]. Certes, le Reichstag ne pouvait pas officiellement renverser les ministres, mais parvint à le faire grâce aux scandales en s'alliant aux médias. Il convient de rappeler par exemple la démission du ministre de l'Agriculture Podbielski au cours des scandales dans les colonies de 1906 ou celle du ministre de la Guerre Heeringen, qui n'avait pu parer au Reichstag les révélations de Karl Liebknecht sur la corruption dans l'administration de l'armée. De même, comme on l'a montré, les scandales permirent de lancer des réformes législatives et de modifier les structures administratives.

En même temps, la médiatisation et les scandales qu'elle amena élargirent le nombre de ceux qui participaient activement au changement de l'Empire. Des gens des classes inférieures pouvaient contribuer à déclencher des crises politiques qui ébranlaient tout l'Empire. Les déclarations au tribunal d'un pêcheur de Starnberg et d'un porteur de lait, témoignant de l'homosexualité d'Eulenburg, mirent en difficulté l'empereur et son entourage. Même les pétitions et les déclarations d'Africains contribuèrent, bien que de manière complémentaire, à faire perdre leurs postes à de nombreux haut fonctionnaires coloniaux et, en 1896 et en 1906, à la réorganisation de l'administration coloniale. En interaction avec le Reichstag, les médias avaient pour effet de rétrécir l'espace: des événements survenus à la périphérie la plus lointaine se retrouvaient au centre de la politique de Berlin sans qu'on puisse l'empêcher.

L'effet le plus important des scandales fut certainement de saper la foi en la légitimité des autorités politiques. Ils suscitaient à travers la société un mépris ironique devant lequel les autorités étatiques étaient impuissantes, car la dynamique spécifique des scandales contrecarrait toute tentative pour les manipuler »d'en haut«. Les scandales révélaient l'arbitraire des anciennes élites et continuaient en même temps à réduire la marge de manœuvre. L'existence même des scandales révélait que l'on trouvait déjà

---

[56] On ne résumera pas ici le débat sur le pouvoir du Reichstag. Les limitations de son pouvoir législatif sont soulignées par exemple dans: WEHLER, Deutsche Gesellschaftsgeschichte, vol. 3 (voir n. 4), notamment p. 1039–1045; Volker BERGHAHN, Imperial Germany 1871–1914, Oxford 1994, p. 191. En revanche, sur l'augmentation du pouvoir du Reichstag, par exemple: Christoph SCHÖNBERGER, Die überholte Parlamentarisierung. Einflußgewinn und fehlende Herrschaftsfähigkeit des Reichstags im sich demokratisierenden Kaiserreich, dans: HZ 272 (2001), p. 623–666; Manfred RAUH, Die Parlamentarisierung des Deutschen Reiches, Düsseldorf 1977; Thomas NIPPERDEY, Deutsche Geschichte 1866–1918, vol. 2: Machtstaat vor der Demokratie, Munich 1998; Marcus KREUZER, Und sie parlamentarisierte sich doch. Die Verfassungsordnung des Kaiserreichs in vergleichender Perspektive, dans: Marie-Luise RECKER (dir.), Parlamentarismus in Europa. Deutschland, England und Frankreich im Vergleich, Munich 2004, p. 17–40.

un certain pluralisme d'opinion dans l'Empire; ce genre d'indignations collectives aurait été impossible dans un État totalement autoritaire. Les scandales encourageaient ce débat pluraliste à l'aide de thèmes communs qui transcendaient les frontières de classes.

Restait à savoir où menaient ces scandales. Au premier abord, la critique des autorités étatiques semble le signe d'une Allemagne démocratique, avec une opinion publique critique qui freinait consciemment l'arbitraire autoritaire et des indignations collectives qui confortaient en pratique les normes démocratiques. En même temps, le changement intervenu dans la communication politique renvoie aussi à l'échec de la république de Weimar, où la droite politique utilisa ces techniques, de manière populiste et en jouant sur les émotions, contre la démocratie. Il ne faut donc pas attribuer aux scandales une force démocratique en soi.

MARTIN KOHLRAUSCH

Medienskandale und Monarchie
Die Entwicklung der Massenpresse und die ›große Politik‹ im Kaiserreich

Wenn künftig einmal ein Forscher, um Beiträge zu einer geistigen Physiognomik unserer Gegenwart zu sammeln, die Jahrgänge unserer heutigen Zeitungen durchblättert, so wird er sicherlich versucht sein, unsere Zeit das Zeitalter der *cause célèbre* zu nennen. [...] immer und überall dasselbe Bild: spaltenlange Berichte über Sensationsprozesse aus aller Herren Länder [...]. Es leuchtet ein, dass eine so stark ausgeprägte, so weit verbreitete, so lang andauernde Erscheinung unseres sozialen Lebens die ernsteste Aufmerksamkeit herausfordert, dass sie an die Wissenschaft die gebieterische Forderung stellt, sie in ihrer Tatsächlichkeit zu erfassen, sie aus ihren Ursachen zu begreifen, ihre Stellung unter den übrigen sozialpsychologischen Phänomenen zu bestimmen, sie sozialethisch zu werten[1].

Mit dieser Feststellung resümierte der Jurist Erich Sello, der als Anwalt Kuno von Moltkes im Eulenburg-Skandal eine entscheidende Rolle spielte, 1910 seine intensiven Erfahrungen mit diesem Phänomen in den drei vorangegangenen Jahren. Die Wissenschaft, die historische zumal, ist Sellos Aufforderung erst spät nachgekommen. Entweder galten Skandale als belanglose Medienphänomene, oder, in der Tradition von Jürgen Habermas' These vom Niedergang der Öffentlichkeit im 19. Jahrhundert, als Merkmale einer medial bedingten Trivialisierung, die eine rationale politische Diskussion verhinderte oder zumindest erschwerte[2]. Der genaue Blick auf das Wechselspiel von Politik und Medien zeigt allerdings, dass nicht nur die normative Bewertung von Skandalen und ihren demokratischen Potenzialen sehr viel differenzierter zu treffen ist, sondern dass Skandale mit Gewinn als genuin politische Ereignisse mit erheblicher Wirkmächtigkeit interpretiert werden können[3].

Mit einer luziden Studie über das Großthema »Political Scandal. Power and Visibility in the Media Age« hat John B. Thompson das Phänomen des *mediated scandal* erstmals in seiner historischen Dimension beschrieben. Thompson untersucht Skandale als Medienereignis, das erst um die Wende vom 18. zum 19. Jahrhundert aufkam. Demnach bezieht sich der Begriff Skandal auf Handlungen oder Ereignisse, die einen Regelverstoß beinhalten, anderen bekannt werden und schwer genug wiegen, um ein öffentliches Echo hervorzurufen[4]. Thompson erkennt im Medienskandal den wesentlichen Typus des Skandals im 19. und 20. Jahrhundert. Die Verbindungen zwischen

---

[1] Erich SELLO, Zur Psychologie der Cause célèbre. Ein Vortrag, Berlin 1910, S. 9.
[2] Jürgen HABERMAS, Strukturwandel der Öffentlichkeit. Untersuchungen zu einer Kategorie der bürgerlichen Gesellschaft, Frankfurt a.M. 1995.
[3] Vgl. jetzt: Martin KOHLRAUSCH, Der Monarch im Skandal. Die Logik der Massenmedien und die Transformation der wilhelminischen Monarchie, Berlin 2005.
[4] John B. THOMPSON, Political Scandal. Power and Visibility in the Media Age, Cambridge 2000, S. 13f.

Medien und Skandal sind offensichtlich. Die zunehmende Marktorientierung der Medien machte Skandale zu einem reizvollen Thema. Darüber hinaus brachte es die Professionalisierung des Journalismus im 19. Jahrhundert mit sich, dass das Aufdecken der Geheimnisse der Macht dem Selbstverständnis vieler Journalisten als Wächter des öffentlichen Wohls entgegenkam[5].

Entscheidend für die hier behandelte Frage ist, dass Thompson die These verwirft, dass Skandale nur in liberalen, parlamentarischen Demokratien aufkommen können. Ausschlaggebend seien vielmehr das Vorhandensein konkurrierender Kräfte, die Wichtigkeit der Reputation eines Politikers für dessen Legitimation, die relative Autonomie der Presse und schließlich das Vorhandensein eines Rechtsstaats, das heißt niedriger persönlicher Risiken bei Kritik an den Machthabern[6]. Keine dieser Voraussetzungen gilt nicht zumindest teilweise auch für das Kaiserreich.

So kann es auch nicht verwundern, dass es im Kaiserreich eine Unzahl größerer und kleinerer Medienskandale gab, die oft politische Themen behandelten[7]. Fast nie wurde allerdings gefragt, was diese Skandale für das politische System des Kaiserreichs bedeuteten und ebenso wenig, inwieweit diese Skandale durch die besondere politische Struktur des Kaiserreichs geprägt wurden. Am Beispiel des Monarchen, d h. anhand von Skandalen, in die der Monarch involviert war – im Folgenden als Monarchieskandale bezeichnet – soll dieser Zusammenhang in vier Schritten behandelt werden. Zunächst werden in geraffter Form die wichtigsten Merkmale der Durchsetzung der Massenmedien im Kaiserreich angesprochen, dann das ›Comeback‹ der Monarchie durch den Aufstieg der Massenmedien skizziert, anschließend werden beispielhaft drei Monarchieskandale diskutiert und schließlich wird nach der Spezifikation des Verhältnisses von Politik und Massenmedien im Kaiserreich gefragt.

---

[5] Vgl. Jörg REQUATE, Journalismus als Beruf. Entstehung und Entwicklung des Journalistenberufs im 19. Jahrhundert. Deutschland im internationalen Vergleich, Göttingen 1995 (Kritische Studien zur Geschichtswissenschaft, 109).
[6] THOMPSON, Scandal (wie Anm. 4), S. 92–95.
[7] Vgl. lediglich den allzu knappen Aufsatz von Helmuth ROGGE, Affairen im Kaiserreich. Symptome der Staatskrise unter Wilhelm II., in: Die politische Meinung 8 (1963), S. 58–72 und die sehr instruktive, wenig beachtete Studie von Alex HALL, Scandal, Sensation and Social Democracy. The SPD Press and Wilhelmine Germany 1890–1914, Cambridge 1977 sowie den Überblick: Frank BÖSCH, Historische Skandalforschung als Schnittstelle zwischen Medien-, Kommunikations- und Geschichtswissenschaft, in: Fabio CRIVELLARI, Kay KIRCHMANN, Marcus SANDL u.a. (Hg.), Die Medien der Geschichte. Historizität und Medialität in interdisziplinärer Perspektive, Konstanz 2004, S. 445–464.

DIE MEDIENREVOLUTION AM ENDE DES 19. JAHRHUNDERTS

Die Durchsetzung der Massenmedien im 19. Jahrhundert ist in der deutschen Geschichtswissenschaft in den vergangenen Jahren intensiv diskutiert worden[8]. Vor allem vier Merkmale sind für die hier behandelten Monarchieskandale von Bedeutung.

1. Das 19. Jahrhundert brachte einen enormen Fortschritt drucktechnischer Verfahren und eine erhebliche Ausweitung des Leserkreises durch die nahezu vollständige Alphabetisierung der Bevölkerung. In der Zahl der Zeitungen und ihrer Auflagenhöhe spiegeln sich diese revolutionären Entwicklungen. Allgemein wird davon ausgegangen, dass die Zahl der Tageszeitungen in Deutschland im Jahr 1906 – ein nie mehr erreichter Höhepunkt – bei über 4000 lag. 40 Jahre zuvor hatte sie nur ein Drittel betragen. Die Gesamtauflage aller Tageszeitungen wird für dieses Jahr auf 25,5 Millionen geschätzt und war damit höher als in allen anderen europäischen Ländern[9].

2. Diese fundamentalen Veränderungen konnten nicht ohne Einfluss auf den Inhalt der Zeitungen bleiben. Zwei Haupttrends lassen sich ausmachen: die Verschärfung und Ausweitung kritischer Kommentierung und die Ausdifferenzierung des Meinungsspektrums bei parallelem Bedeutungsverlust parteipolitischer Festlegungen von Zeitungen[10]. Hier spielte das Selbstverständnis und Selbstbewusstsein der Journalisten ebenso eine Rolle wie die Marktmechanismen, die Zeitungen dazu zwangen, nicht hinter anderen Blättern zurückzubleiben. Auffällig ist die hohe Interaktivität der Presse. Brachte eine Zeitung einen besonders originellen Artikel, fanden sich sofort andere, die diesen reproduzierten. Der ständige und hohe Konkurrenzdruck in der Presse fördert den Blick auf die anderen Zeitungen, die ebenfalls die neuesten Nachrichten bringen und nichts verpassen wollen. Thompson spricht, im Hinblick auf die Skandale, von »zirkulärer Verbreitung von Information«. Dieser Prozess hatte drei bedeutsame Effekte: Erstens wurde so ein gewisser Grad von Homogenität der berichtenswerten Themen erreicht. Zweitens entstand ein Verstärkereffekt, indem die Signifikanz des skandalier-

---

[8] Vgl. die konzeptionellen Aufsätze: Jörg REQUATE, Öffentlichkeit und Medien als Gegenstände historischer Analyse, in: Geschichte und Gesellschaft 25 (1999), S. 5–33; Axel SCHILDT, Das Jahrhundert der Massenmedien. Ansichten zu einer künftigen Geschichte der Öffentlichkeit, in: Geschichte und Gesellschaft 27 (2001), S. 177–206; Andreas SCHULZ, Der Aufstieg der »vierten Gewalt«. Medien, Politik und Öffentlichkeit im Zeitalter der Massenkommunikation, in: Historische Zeitschrift 270 (2000), S. 65–97; Bernd WEISBROD, Medien als symbolische Form der Massengesellschaft. Die medialen Bedingungen von Öffentlichkeit im 20. Jahrhundert, in: Historische Anthropologie 9 (2001), S. 270–283.

[9] Rudolf STÖBER, Deutsche Pressegeschichte. Einführung, Systematik, Glossar, Konstanz 2000 (Uni-Papers, 8), S. 209; generell: Rolf ENGELSING, Massenpublikum und Journalistentum im 19. Jahrhundert in Nordwestdeutschland, Berlin 1966.

[10] Zu Recht attestiert Hans-Ulrich Wehler den Journalisten des Kaiserreichs eine »offenere, pointiertere, gegebenenfalls aggressivere Sprache, [...] als sie in aller Regel derzeit zu finden ist«. Hans-Ulrich WEHLER, Deutsche Gesellschaftsgeschichte. Bd. III: Von der »Deutschen Doppelrevolution« bis zum Beginn des Ersten Weltkrieges. 1849–1914, München 1995, S. 1249.

ten Gegenstandes durch dessen Darstellung auch durch andere Medien verstärkt wurde. Drittens förderte dieser Prozess die Selbstreferenzialität der Medien[11].

3. Die qualitativen Veränderungen in der Kommentierung der Presse standen in einem engen Wechselverhältnis zur Etablierung einer nationalen Kommunikationsgemeinschaft. Die »Wissens- und Kommunikationsrevolution« verwandelte die liberale Elitenöffentlichkeit in die »demokratische Massenöffentlichkeit«[12]. Die Vermarktung von Buch, Zeitung, Zeitschrift als Ware, als jedem zugängliche Informations- und Unterhaltungsmedien bedeutete eine geradezu revolutionäre Umwälzung[13]. Voraussetzung hierfür war die Hochurbanisierung, die das Lesen zur alltäglichen Praxis und zum Gemeinschaftserlebnis breiter Schichten der Bevölkerung machte[14]. Presseinnovationen wie Boulevardzeitungen und sogenannte Generalanzeiger, also bewusst unpolitische Zeitungen, kamen diesem Trend ebenso entgegen wie die Erfindung der Illustrierten[15].

4. Angesichts der beschriebenen massiven Veränderungen der Medienlandschaft kann es nicht verwundern, dass bereits zeitgenössische Kommentatoren sich als Zeugen einer Revolution fühlten. Selbstreflexivität erscheint geradezu als Signum der Medienrevolution. Dieser Befund gilt auch und gerade für das Verhältnis Monarch und Medien. So widersprach Herbert Bismarck, der Sohn des Reichskanzlers, seinem Vater in der Bewertung der sogenannten »Affäre Love«, in die der junge Wilhelm II. verwickelt war:

Heutzutage machen solche Sachen nur mehr Lärm als früher, weil die Presse viel verbreiteter u(nd) gemeiner ist als früher, u(nd) weil der deutsche Kaiser mehr en vue ist, als irgendein Mensch und Monarch[16].

---

[11] THOMPSON, Scandal (wie Anm. 4), S. 84.
[12] Gangolf HÜBINGER, Die politischen Rollen europäischer Intellektueller im 20. Jahrhundert, in: DERS., Thomas HERTEFELDER (Hg.), Kritik und Mandat. Intellektuelle in der deutschen Politik, München 2000, S. 30–44, hier S. 37.
[13] Kaspar MAASE, Grenzenloses Vergnügen. Der Aufstieg der Massenkultur 1850–1970, Frankfurt a.M. 1997, S. 20–23.
[14] Vgl. hierzu: Peter FRITZSCHE, Reading Berlin 1900, Cambridge (Mass.) 1996, S. 51–53; Burkhard ASMUSS, Republik ohne Chance? Akzeptanz und Legitimation der Weimarer Republik in der deutschen Tagespresse zwischen 1918 und 1923, Berlin, New York 1994 (Beiträge zur Kommunikationsgeschichte, 3), S. 33; Frank BÖSCH, Zeitungsgespräche im Alltagsgespräch. Mediennutzung, Medienwirkung und Kommunikation im Kaiserreich, in: Publizistik 49 (2004), S. 319–336; Thomas LINDENBERGER, Straßenpolitik. Zur Sozialgeschichte der öffentlichen Ordnung in Berlin 1900 bis 1914, Bonn 1995, S. 364.
[15] Gunda STÖBER, Pressepolitik als Notwendigkeit. Zum Verhältnis von Staat und Öffentlichkeit im wilhelminischen Deutschland 1890–1914, Stuttgart 2000 (Historische Mitteilungen, Beiheft 38), S. 28.
[16] Zitiert nach: John C. G. RÖHL, Wilhelm II. Der Aufbau der Persönlichen Monarchie. 1888–1900, München 2001, S. 235.

DAS COMEBACK DER MONARCHIE IN DER MEDIENGESELLSCHAFT

Tatsächlich veränderten die Massenmedien die Monarchie radikal. »Die Zeit schrankenloser Publicität« konnte, wie der spätere Reichskanzler Bernhard von Bülow bereits Anfang der 1890er Jahre hellsichtig bemerkte, zugunsten der Monarchie, allerdings genauso zu deren Ungunsten wirken[17]. Dies galt in besonderem Maße aufgrund der Dynamik in der Medienentwicklung, aber auch, weil Wilhelm II. – wenn er die Entwicklung auch nicht unbedingt begriff – ihr doch offensiv begegnete[18]. Das Wechselspiel von Monarchie und Massenmedien lässt sich wie durch ein Prisma in den visuellen Medien, vor allem dem Film, beobachten. Wilhelm II. war nicht nur der wahrscheinlich erste Politiker weltweit, der mit einer Filmkamera aufgenommen wurde, sondern der meistgefilmte Politiker vor dem Ersten Weltkrieg überhaupt[19]. Zwei Charakteristika waren hierfür ausschlaggebend: der Kaiser war ungemein leicht wiederzuerkennen und durch die Vorkehrungen des Zeremoniells war es für die Kameras ein Leichtes, die Bewegungen des Kaisers vorauszuahnen. Einzigartiges Äußeres und ein leicht erkennbares und festes Muster öffentlichen Auftretens bildeten wesentliche Grundlagen für das Comeback der Monarchie im Medienzeitalter, aber sie waren nicht ausreichend. Mit Blick auf die Presse, um die es mir hier vor allem geht, sind drei wesentliche Differenzierungen bzw. Ergänzungen vorzunehmen.

1. *Distinktion und Alleinstellung.* Wilhelm II. konnte auf die traditionelle Reputation der Monarchie bauen, aber auch auf seine politischen Prärogativen und Einfluss sowie eine spezifische, in gewissem Sinne originelle Erscheinung, die Tradition und Macht als genuine Eigenschaften des Monarchen betonte. Im wilhelminischen Mix aus Glamour und Mummenschanz, im hemmungslos romantisierten und vulgarisierten monarchischen Erbe entstand eine Basis für öffentliche Sichtbarkeit, über die kein anderer Politiker in Deutschland verfügte – in einer Zeit knapper Aufmerksamkeitsspannen und vagabundierenden medialen Interesses ein entscheidender Vorteil[20]. Es ist kein Zufall, dass der Kaffee-Unternehmer und Reklamepionier Ludwig Roselius den Kaiser als ein besonders erfolgreiches Beispiel von Markenkreierung anführte[21].

---

[17] Zit. nach John C. G. Röhl, Hof und Hofgesellschaft unter Kaiser Wilhelm II., in: Ders. (Hg.), Kaiser, Hof und Staat. Wilhelm II. und die deutsche Politik, München ⁴1995, S. 78–116, hier S. 113.
[18] Kohlrausch, Skandal (wie Anm. 3), S. 73–83; Wolfgang König, Wilhelm II. und die Moderne. Der Kaiser und die technisch-industrielle Welt, Paderborn 2007, S. 17.
[19] Zum Kaiser im Film: Martin Loiperdinger, Kaiser Wilhelm II.: Der erste deutsche Filmstar, in: Thomas Koebner (Hg.), Idole des deutschen Films, München 1997, S. 41–53; Klaus-Dieter Pohl, Der Kaiser im Zeitalter seiner technischen Reproduzierbarkeit, in: Ders., Hans Wilderotter (Hg.), Der letzte Kaiser. Wilhelm II. im Exil, Gütersloh, München 1991, S. 9–18.
[20] Franziska Windt, Jürgen Luh, Carsten Dilba (Hg.), Die Kaiser und die Macht der Medien, Berlin 2005, S. 67–76.
[21] Gerhard Voigt, Goebbels als Markentechniker, in: Fritz Haug (Hg.), Warenästhetik. Beiträge zur Diskussion, Weiterentwicklung und Vermittlung ihrer Kritik, Frankfurt a.M. 1975, S. 231–260.

2. *Personalisierung und der ›menschliche Faktor‹.* Eine Vorbedingung hierfür war die Personalisierung der Politik, die die Massenmedien deutlich verstärkt hatten. Diese Personalisierung findet sich nicht nur in der Betonung des Monarchen als politischer Akteur, sondern vor allem im enormen Interesse an Person und Charakter des Monarchen, in dem, was die ›Konstruktion des königlichen Individuums‹ genannt werden könnte, und in einer zunehmend emotionalen Kommentierung privater Details über den Kaiser[22].

3. *Ein neuer Modus politischer Kommunikation.* Die Medienaffinität des Monarchen – und die Monarchieaffinität der Medien – ging allerdings weit über den ›Celebrity-Aspekt‹ hinaus. Wilhelms II. Talent oder eher fatale Angewohnheit, mit kräftigen Schlagwörtern in die politische Diskussion einzugreifen, kam dem medialen Bedürfnis nach programmatischer Verkürzung entschieden entgegen. Dass die berühmt-berüchtigten Kaiserreden überwiegend rhetorische Fehlschläge waren, ist dabei kein Widerspruch und auch nicht notwendigerweise die beständige und heftige Kritik an den Reden. Auch kritische Kommentare bezogen sich immer wieder auf ein idealisiertes Modell, in dem der Kaiser einen politischen Vorschlag präsentierte, der dann von der öffentlichen Meinung akzeptiert, zurückgewiesen oder modifiziert werden sollte, um in neuer Form in die politische Maschinerie eingespeist zu werden. Angesichts einer immensen Informationsdifferenzierung besaß die Aggregation politischer Programmatik im Monarchen als »konkreter Abstraktion« (Siegfried Kaehler) – man denke etwa an die regelmäßigen Bilanzierungen der Reichspolitik zu Kaisers Geburtstag – durchaus eine gewisse Logik.

Der direkte Austausch zwischen Monarch und Öffentlichkeit über die Medien bot, so die Theorie, das effektivste, schnellste, aber auch demokratischste und daher genuin moderne Verfahren, anders als ein kompliziertes und umständliches Parlament – das zusätzlich noch als englische Erfindung gebrandmarkt war[23]. Auffällig ist zudem, dass die Mehrzahl der politischen Strömungen, zeitweise sogar diejenigen der Linken, immer wieder beanspruchten, den Kaiser auf ihrer Seite zu wissen. Das bedeutete aber auch, dass Wilhelm II. mit klar umrissenen Projekten betraut wurde und dass der Vertrauensvorschuss sofort entfiel, sobald der Kaiser sich nicht als der erhoffte Parteigänger entpuppte oder politische Durchsetzungskraft vermissen ließ[24].

Schließlich brachte es die entstehende Medienmonarchie mit sich, dass eine politische Öffentlichkeit von Millionen Kaiserexperten mit intimem Wissen und hohem Verständnis für die Mechanismen dieser Medienmonarchie aufkam. Es ist bezeichnend, dass sensible Beobachter wie die Schriftsteller Thomas Mann, Rudolf Borchardt

---

[22] Vgl. Martin KOHLRAUSCH, Der unmännliche Kaiser. Wilhelm II. und die Zerbrechlichkeit des königlichen Individuums, in: Regina SCHULTE (Hg.), Der Körper der Königin, Frankfurt a.M. 2002, S. 254–275.
[23] Christoph SCHÖNBERGER, Das Parlament im Anstaltsstaat. Zur Theorie parlamentarischer Repräsentation in der Staatsrechtslehre des Kaiserreichs (1871–1918), Frankfurt a.M. 1997 (Studien zur Europäischen Rechtsgeschichte, 102), S. 283–292; Mark HEWITSON, The Kaiserreich in Question: Constitutional Crisis in Germany before the First World War, in: The Journal of Modern History 73 (2001), S. 725–780.
[24] KOHLRAUSCH, Skandal (wie Anm. 3), S. 84–88.

und Otto Julius Bierbaum in ihren mehr oder weniger verschlüsselten Auseinandersetzungen mit der wilhelminischen Monarchie zu diesem Zeitpunkt das Volk bewusst durch ein Publikum ersetzten[25].

MONARCHIESKANDALE

Diese Entwicklung verweist auf die von Bülow beschworene Dialektik der Medienmonarchie. Den Chancen, die sich auch – und gerade – einem politisch einflussreichen, oder zumindest für einflussreich gehaltenen Monarchen in der neuen Mediengesellschaft boten, standen erhebliche Risiken gegenüber, die sich exemplarisch in den herausragenden politischen Skandalen des Kaiserreichs nachvollziehen lassen. Ich will drei Skandale herausgreifen, die ohne den Monarchen als Anlass nicht denkbar gewesen wären. Das heißt allerdings nicht, dass die Skandale nicht wesentlich komplexer waren und weit mehr als nur den Kaiser zum Gegenstand hatten.

Unter diesen Skandalen gehört die Caligula-Affäre von 1894 zu den heute weniger prominenten – aber nichtsdestotrotz aufschlussreichen[26]. Hier ging es weder um eine konkrete Fehlleistung des Monarchen – wie bei dem regelmäßigen Aufruhr nach kaiserlichen Reden, Telegrammen oder Interviews – noch um Aufsehen erregende Enthüllungen aus der Hofgesellschaft oder der Regierung. Die Diskussionen um ein von dem republikanischen Historiker Ludwig Quidde veröffentlichtes Pamphlet mit dem Titel »Caligula. Eine Studie über römischen Cäsarenwahnsinn«, ein verschlüsseltes Porträt Wilhelms II., konzentrierte sich vielmehr auf das Verhältnis Öffentlichkeit – Monarch. Vermittelt über das römische Beispiel konnte Quidde eine Reihe kräftiger Bilder für die Merkwürdigkeiten Wilhelms II. ins Spiel bringen. Der direkte Bezug von Quiddes »Caligula« zum Inhaber des Thrones begründete dabei den Reiz der Schrift. Sechs Jahre nach der Thronbesteigung Wilhelms II. wurde zum ersten Mal öffentlich die Erfahrung des gänzlich neuen Regierungsstils Wilhelms II. aufgegriffen. Nicht zuletzt deshalb verkaufte sich der »Caligula« innerhalb weniger Wochen ca. 200 000-mal und wurde damit zur erfolgreichsten politischen Lektüre des Kaiserreichs überhaupt.

---

[25] Otto Julius BIERBAUM, Prinz Kuckuck. Leben, Taten, Meinungen und Höllenfahrt eines Wollüstlings, München 1907, S. 590. Vgl. auch ibid., S. 595; Thomas MANN, Königliche Hoheit, Berlin 1909, S. 258 und Rudolf BORCHARDT, Der Kaiser, in: Süddeutsche Monatshefte 5 (1908), S. 237–252, hier S. 240 und 247.

[26] Bisherige Darstellungen der Affäre schildern selbige vornehmlich aus der Perspektive Quiddes. Vgl. die Einleitung von Hans-Ulrich WEHLER in: DERS. (Hg.), Ludwig Quidde, Caligula. Schriften über Militarismus und Pazifismus, Frankfurt a.M. 1977, S. 7–18; John C. G. RÖHL, Wilhelm II. Eine Studie in Cäsarenwahnsinn, München 1989 (Schriften des Historischen Kollegs, Vorträge, 19), S. 9f. sowie die Schilderungen zum ›Tathergang‹ in Utz-Friedbert TAUBE, Ludwig Quidde. Ein Beitrag zur Geschichte des demokratischen Gedankens in Deutschland, München 1963 (Münchner Historische Studien, Abt. Neuere Geschichte, 5), S. 3f. Wesentlich mehr Informationen über Hintergrund und Rezeption des »Caligula« sowie einen Nachdruck von Quiddes Text bieten jetzt: Karl HOLL, Hans KLOFT, Gerd FESSER (Hg.), Caligula – Wilhelm II. und der Caesarenwahnsinn. Antikenrezeption und wilhelminische Politik am Beispiel des »Caligula« von Ludwig Quidde, Bremen 2001.

Bezeichnenderweise wurde gerade diese Zahl, d h. das ungeheure öffentliche Interesse am Tabubruch, zum eigentlichen Skandal[27]. Die vielen Rezensionen und Pamphlete, die auf Quiddes Provokation reagierten, erlauben Rückschlüsse auf die Verunsicherungen monarchischer Loyalitäten und Verschiebungen im Monarchiediskurs[28]. Im Hintergrund standen die Auseinandersetzung um die programmatische Ausrichtung der Monarchie und der zunehmend aggressiver geführte Kampf um den öffentlich-politischen Raum. In den häufig sehr reflektierten Kommentaren ging es um die Kommunikation zwischen Monarch und Volk, die auch in Quiddes Diagnose den roten Faden bildete. Quidde verstand den von ihm diagnostizierten Cäsarenwahn als Resultat einer unterwürfigen und unkritischen Haltung gegenüber dem Monarchen. Selbstverständlich wurde Cäsarenwahn aber landläufig eher als individuelles Charakteristikum verstanden. Tatsächlich verhandelte der Skandal auch erstmals die erhebliche Diskrepanz zwischen den hohen Erwartungen an Wilhelm II. und der ernüchternden Realität.

Interessanter- und typischerweise half der Skandal, die Lücke zwischen Erwartung und Realität teilweise zu schließen, weil er gewissermaßen eine reinigende Wirkung versprach. Insbesondere die Kommunikation zwischen Monarch und Volk – tatsächlich meinten die Pressekommentare zwischen Monarch und Medien – so die Hoffnung, sollte nun verbessert werden und den medial grundierten Partizipationswünschen besser entsprechen. Zwar erfuhren die Medien sich noch nicht als einheitlich handelnde Kraft gegenüber dem Monarchen, wohl aber als Schrittmacher der Diskussion und als Instanz, welche die Themen für die Diskussion des Staatsoberhauptes vorgab[29].

Weit prominenter als die Caligula-Affäre ist der Eulenburg-Skandal, das heißt die Skandalisierung prominenter Mitglieder der Umgebung Wilhelms II. durch den Journalisten Maximilian Harden[30]. Der Eulenburg-Skandal brach aus, nachdem Maximilian

[27] Stellvertretend seien die wichtigsten Pamphlete zum Thema genannt: Wilhelm BORN, Anarchisten, Schlafmützen, Grüne Jungen. – Reichsfortschrittspartei. In Veranlassung der Caligula-Flugschriften, Hagen i.W. 1894; E. BIER, Der neue Schuster oder Der Tod Caliguli. Ein litterarisch-satyrisches Sittendrama in fünf Aufzügen und Versen, Leipzig 1894; Anonym, Die Caligula-Affaire und die Staatsanwaltschaft. Von einem Eingeweihten, Berlin 1894; Gustav DANNEHL, Cäsarenwahn oder Professorenwahn? Eine biographisch-historische Studie über Quiddes Caligula, Berlin 1894; MUISZECH, Graf Vandalin, ›Quiddes Caligula‹. Ein Stiefelmärchen aus altaegyptischer Zeit, Frankfurt a.M. 1894; Hermann Heinrich QUIDAM (d.i. Hermann Heinrich ROTHE), Contra Caligula. Eine Studie über deutschen Volkswahnsinn, Leipzig 1894; Guido RENÉ, Der Quidde'sche Caligula Kladderadatsch oder »Sie werden nicht alle«. Auch 'ne Studie mit 24 Illustrationen, Stettin 1894; Felix SCHMITT, Caligula, Berlin 1894 (Gekrönte Häupter, 8); SOMMERFELDT, Gustav, Fin-de-Siècle-Geschichtsschreibung, Politik, Pamphletomanie. Wahrheitsgemäes über die Caligula-Excentritäten, Berlin 1895; Dr. STEINHAMMER, Der Caligula-Unfug, Berlin 1894; Anonym, Ist Caligula mit unserer Zeit vergleichbar? Eine Ergänzung und Beleuchtung zu Quidde's Caligula, Leipzig 1894.
[28] Joachim Radkau beispielsweise stellt die Aufregung über den »Caligula« in den Kontext des Nervendiskurses. Vgl. Joachim RADKAU, Das Zeitalter der Nervosität, Deutschland zwischen Bismarck und Hitler, München, Wien 1998, S. 275f.
[29] KOHLRAUSCH, Skandal (wie Anm. 3), S. 147–154.
[30] Vgl. James D. STEAKLEY, Iconography of a Scandal. Political Cartoons and the Eulenburg Affair, in: Wayne R. DYNES, Stephen DONALDSON (Hg.), History of Homosexuality in Europe and America, New York, London 1992, S. 323–385; Isabel V. HULL, The Entourage of Kaiser Wilhelm II 1888–1918, Cambridge 1982, S. 109f. Quellenmaterial zum Thema findet sich vor

Harden, der wohl einflussreichste politische Journalist des Kaiserreichs, im Herbst 1906 immer deutlichere Andeutungen zur Homosexualität von Mitgliedern der kaiserlichen Entourage gemacht hatte. Insbesondere Philipp Fürst Eulenburg, lange Zeit der engste Begleiter und Berater Wilhelms II., geriet ins Visier Hardens und wurde schließlich, im Mai 1907, politisch untragbar. Eulenburg galt Harden als verantwortlich für eine zu weiche Außenpolitik in der Marokkokrise 1905/06 und vor allem als Architekt einer Kamarilla um Wilhelm II., die die Kommunikation mit dem Monarchen unterdrücke und ihn in seinen autokratischen Neigungen bestärke.

Eulenburg und vor allem der ebenfalls von Harden attackierte Berliner Stadtkommandant, Kuno von Moltke, versuchten daraufhin, durch rechtliche Schritte ihren Namen reinzuwaschen, und lösten eine regelrechte Kaskade von Prozessen aus. Vom ersten Tag an wurden diese Prozesse von einem ungekannten Medienecho begleitet, das sich in detaillierten Schilderungen der oft drastischen Gerichtsaussagen und in sehr offenen und kritischen Kommentaren des Geschehens äußerte. Allein das »Berliner Tageblatt«, alles andere als eine Gossenzeitung, widmete dem Thema mindestens 150 Artikel.

Vor allem zwei Bedingungen sorgten – neben dem Rahmen immer neuer Gerichtsprozesse – dafür, dass die Prozesse es bis in den Sommer 1909 auf die Titelseiten schafften. Einmal der delikate Gegenstand Homosexualität, der in diesem Umfang und dieser Deutlichkeit erstmals in die Öffentlichkeit gelangte, und zum anderen der Kaiser, der eine Figur wie Eulenburg überhaupt erst interessant und relevant machte, der den politischen Gehalt des Skandals garantierte und damit Grenzüberschreitungen ermöglichte – z.B. das Wandern von Boulevardthemen in die Kommentarspalten der Qualitätspresse.

Zum wichtigsten Schlagwort der Prozessberichterstattung wurde die Kamarilla, ein schillerndes Monstrum, das als solches auch in zahlreichen außerordentlich expliziten Karikaturen auftrat[31]. Ein Beispiel mag dies illustrieren: Am 5. Juni 1907 brachte die »Kölnische Volkszeitung« einen ausführlichen Artikel mit dem schlichten Titel »Kamarilla«. Am nächsten Tag folgte ein Artikel unter der Überschrift »Die Kamarilla«, während ein Bericht vom 7. Juni bereits mit »Immer noch die Kamarilla« überschrieben war. Am 8. Juni reichte der Hinweis »Das Neueste in der Tagesfrage«, um den Lesern zu veranschaulichen, worum es ging. Wenige Tage später folgte der Titel: »Die verkannte Kamarilla« (12. Juni), kurz darauf »Von der ›Kamarilla‹« (15. Juni) und schließlich, nun abstrakt, »Zur Kamarillafrage« (16. Juni)[32]. Im Bild der Kamarilla vermengten sich nicht nur *high and low*, Politik und Klatsch, sondern es zielte auch direkt auf das Thema Kommunikation bzw. verhinderte Kommunikation. Aufgrund der

---

allem bei ROGGE, Holstein und Harden, sowie John C. G. RÖHL (Hg.), Philipp Eulenburgs politische Korrespondenz, 3 Bde., Boppard a. Rh. 1976–1983 (Deutsche Geschichtsquellen des 19. und 20. Jahrhunderts, 52). Karsten HECHT, Die Harden-Prozesse – Strafverfahren, Öffentlichkeit und Politik im Kaiserreich (Jur. Diss.), München 1997.

[31] Die umfangreichste – allerdings immer noch stark beschränkte – Sammlung findet sich in: STEAKLEY, Iconography (wie Anm. 30), S. 323–385. Vgl. auch die in Anm. 33 genannten Sondernummern.

[32] Es handelt sich hier um die Nr. 483, 487, 489, 492, 506, 515 und 517 der »Kölnischen Volkszeitung« des Jahrgangs 1907. Neben den genannten Artikeln erschienen, unter anderen Überschriften, diverse weitere Artikel zur Thematik in diesem Zeitraum.

auch von den linksliberalen Kommentatoren weitgehend geteilten Annahme, dass Homosexuelle besonders zur Gruppenbildung und Intrige neigten, andererseits offenen Austausch verhinderten, konnte die angebliche homosexuelle Kamarilla als Kommunikationshindernis – nicht so sehr als Quelle falscher politischer Entscheidungen – ein so eminent politisches Thema werden. Das Thema funktionierte aber auch deshalb so gut, weil es sich in schlagkräftige, kulturell gut eingeführte Bilder – die Clique um den Monarchen, der intrigante Berater, der an sich wohlmeinende, der Aufklärung bedürfende Monarch – fassen ließ[33]. Im Kampf gegen den allseits beklagten Byzantinismus knüpfte die Presse nicht nur an die Caligula-Affäre an, sondern schrieb sich vor allem selbst die entscheidende Rolle zu. Durch die Überwindung des stark mit den alten, adligen Kräften assoziierten Byzantinismus sollte eine direkte Aussprache zwischen Monarch und öffentlicher Meinung ermöglicht werden[34].

Der Reportagecharakter der Enthüllungen über Eulenburg verweist auf die großen Politskandale des 20. Jahrhunderts und hat, trotz oberflächlicher Analogien, mit dem großen historischen Referenzpunkt, der Halsbandaffäre, nicht mehr viel gemein[35]. Begünstigt durch 1907 stark gelockerte, darüber hinaus in der praktischen Anwendung fast obsolet werdende Majestätsbeleidigungsgesetze boten die Prozesse um die Kamarilla Rahmen und Aufhänger für eine lang andauernde, begrifflich konsistente, immer radikalere und fokussierte Diskussion des Monarchen. Dies hatte auch Folgen für die inhaltliche Argumentation der verschiedenen Zeitungen. Bei Fortdauer ›naturgegebener‹ Unterschiede, bedingt durch die politische Position, lässt sich eine inhaltliche Angleichung, insbesondere in den Kategorien der Argumentation, beobachten. Dies wird besonders deutlich in der Daily-Telegraph-Affäre vom November 1908, die nur im Kontext des Eulenburg-Skandals zu verstehen ist[36].

Der Skandal brach Ende Oktober 1908 aus, als die Öffentlichkeit noch immer auf tief greifende Konsequenzen aus dem Eulenburg-Skandal wartete. In einer im »Daily Telegraph« – mit Einverständnis des Kaisers – veröffentlichten Zusammenfassung verschiedener Gespräche Wilhelms II. mit einem englischen Offizier fanden sich für die deutsche Öffentlichkeit hochgradig provokante Behauptungen. Wilhelm II. präsentierte sich als einer der wenigen Freunde Englands, der aktiv englische außenpolitische Interessen gefördert habe – ohne Rücksichtnahme auf die Stimmung in Deutschland[37]. Der in Umfang und Schärfe ungekannte Aufruhr der Medien nach der Veröffentli-

---

[33] Bei den Sondernummern handelt es sich um: Simplicissimus Nr. 27 – Byzanz-Nummer, 30.9.1907; Nr. 33 – Prozeß Moltke-Harden-Nummer, 11.11.1907; Nr. 36 – Harden-Nummer, 2.12.1907; Jugend Nr. 25, 17.6.1907; Lustige Blätter Nr. 45, 5.11.1907.
[34] KOHLRAUSCH, Skandal (wie Anm. 3), S. 176–185.
[35] Für den Zusammenhang von politischen Skandalen und der Monarchie siehe: Sarah MAZA, Private Lives and Public Affairs. Causes Célèbres of Prerevolutionary France, Berkeley u.a. 1993, S. 167–170.
[36] Die Veröffentlichung des Daily-Telegraph-Interviews ist sehr gut erforscht. Vgl. die Studien zum Thema von Terence F. COLE, The Daily-Telegraph affair, in: John C. G. RÖHL, Nicolaus SOMBART (Hg.), Kaiser Wilhelm II. New Interpretations, Cambridge 1982, S. 249–268; und zuletzt: Peter WINZEN, Das Kaiserreich am Abgrund. Die Daily-Telegraph-Affäre und das Hale-Interview von 1908, Stuttgart 2002 (Historische Mitteilungen, 43).
[37] Ibid., S. 140f.

chung des bizarren Gesprächs legte sich erst, als der Kaiser eine Art Unterwerfungserklärung akzeptierte. Diese Erklärung war zuvor in der Presse bis ins Detail diskutiert worden und verpflichtete Wilhelm II. darauf, politische Anliegen der Öffentlichkeit aufzunehmen und selbst politische Zurückhaltung zu üben.

Sowohl Eulenburg-Skandal wie Daily-Telegraph-Affäre zeigten bereits für die Zeitgenossen sehr deutlich, dass die Macht der Presse kein abstraktes Phänomen war. In den Hochphasen der Skandale, d h. während der gerichtlichen Auseinandersetzungen um Eulenburg und in den zwei Wochen im Anschluss an das Daily-Telegraph-Interview, entwickelte sich eine zeitlich stark komprimierte, ungewöhnlich intensive Diskussion des Monarchen mit scheinbar direkt auf mediale Intervention rückführbaren Ergebnissen: Eulenburg musste den Hof verlassen, Wilhelm II. stimmte einer ›Unterwerfungserklärung‹ zu. Daher ist es auch nicht verwunderlich, dass die zahlreichen Neuinterpretationen der Monarchie der Jahre 1908/09 einen den Bedürfnissen einer medialen Öffentlichkeit angepassten Monarchen beschrieben. Der hier angestrebte, immer noch für erreichbar gehaltene Idealzustand war die Domestizierung des unberechenbaren Monarchen durch die Medien.

POLITIK UND MASSENMEDIEN IM KAISERREICH

In der Ökonomie der Aufmerksamkeit des Kaiserreichs nahm der Monarch den führenden Platz ein. Als Personalisierung immer komplexerer und anonymerer Prozesse in Bürokratie und Regierung kam der Kaiser den Plakativitätsanforderungen der Massenmedien entschieden entgegen. Über die ›Bande‹ Monarch kommunizierten zudem alle politischen Richtungen der »medial integrierten« Gesellschaft miteinander[38]. Kein anderes politisches Thema besaß über 30 Jahre hinweg in Zeitungen, Zeitschriften und Pamphleten aller politischen Richtungen eine derartige Präsenz und zeigt damit das frühe Funktionieren des »Medienverbundes« im Kaiserreich[39].

Dabei bestätigt die Diskussion des Monarchen die erheblichen Freiräume der Presse und deren hoch einzuschätzendes kritisches Potenzial. Ursächlich hierfür waren mehrere zeitgleich verlaufende Entwicklungen, die sich unter dem Stichwort Medienrevolution zusammenfassen lassen. Diese Entwicklungen begünstigten erstens, dass bei hoher Pluralität der Medienlandschaft negative Aussagen über den Monarchen ausgedrückt werden konnten, zweitens, dass es aus wirtschaftlichen Erwägungen für die

---

[38] Den Begriff prägte Hermann LÜBBE, Die Metropolen und das Ende der Provinz. Über Stadtmusealisierung, in: Hans-Michael KÖRNER, Katharina WEIGAND (Hg.), Hauptstadt. Historische Perspektiven eines deutschen Themas, München 1995, S. 15–27, hier S. 18.
[39] Zum Begriff Medienverbund vgl.: Bernd SÖSEMANN, Einführende Bemerkungen zur Erforschung der Geschichte der Medien und der öffentlichen Kommunikation in Preußen, in: DERS. (Hg.), Kommunikation und Medien in Preußen vom 16. bis zum 19. Jahrhundert, Stuttgart 2002, S. 9–21, hier S. 10. Noch anschaulicher wird das Phänomen im Blick auf die Zeitschriften. Intellektuelle, teils avantgardistische Neugründungen wie die »Süddeutschen Monatshefte« (1904), der »März« (1907), das »Kulturparlament« und die »Tat« (jeweils 1909), brachten in ihren frühen Nummern an prominenter Stelle das Kaiserthema.

Zeitungen naheliegend war, Aufmerksamkeit versprechende Informationen oder Kommentare zu bringen, und drittens, dass ein wirtschaftlicher und durch die Kontrolle der anderen Medien bedingter Zwang existierte, derartige Informationen und Kommentare aufzunehmen bzw. weiterzuspinnen. Hinzu kam, dass neue mediale Formen wie die Lokalanzeiger, die Boulevardblätter, aber auch und gerade die billigen ›Massenpamphlete‹ Orte boten, die in ihren spezifischen Strukturen die Dynamik des Monarchiediskurses beförderten und generell zu dessen Entgrenzung beitrugen. Die Presse konnte zunehmend auch den Monarchen kritisieren. Spätestens mit Beginn des Eulenburg-Skandals nahm diese Kritik radikale Züge an[40].

Selbstverständlich war die Monarchie nur eines unter vielen politischen Themen, denen die Massenmedien Auftrieb verliehen. Selbstverständlich lässt sich auch die wilhelminische Monarchie nicht auf den ›Medienkaiser‹ reduzieren. Doch der Blick auf die genannten Monarchieskandale vermag signifikante Charakteristika der Medienentwicklung im Kaiserreich zu erhellen. Zusammenfassend lassen sich fünf Ergebnisse festhalten:

1. Bezeichnenderweise waren im monarchischen System des Kaiserreichs voll ausgebildete Medienskandale möglich und in gewisser Hinsicht sogar typisch. Gerade weil im Kaiserreich keine Wahlen über die für politisch entscheidend gehaltenen Instanzen – Monarch und mit Abstrichen Reichskanzler – stattfanden, konnten Skandale eine solche Bedeutung gewinnen. Skandale dienten insofern auch als Surrogat für die über das Parlament nur unzureichend mögliche Partizipation. Dies gilt in einem allgemeinen Sinne, weil die Skandale den Monarchen der Diskussion der Medien auslieferten. Dies gilt aber auch in einem speziellen Sinne, weil die Monarchieskandale insbesondere in Schlagbildern wie dem Cäsarenwahn oder der Kamarilla die Kommunikation mit dem Monarchen bzw. dessen Information skandalisierten. Dies wird bestätigt durch die auffällige Tatsache, dass die für die Skandale relevanten Medien keineswegs von einem Ethos des ›Skandalaufdeckens‹ geleitet waren. Keiner der untersuchten Skandale, auch nicht der um Eulenburg, war Resultat eines investigativen Journalismus. Durchaus zeigt sich aber, wie sehr Politik auch Teil des Unterhaltungsgenres geworden war. In allen drei Fällen spielte der sensationelle, im engeren Sinne unpolitische Aspekt der jeweiligen Ereignisse eine wesentliche Rolle für die Dynamik, die die Presse dem jeweiligen Skandal verlieh.

2. Gerade in den großen politischen Skandalen lassen sich die relevanten Charakteristika der wilhelminischen Presse feststellen: Der sehr weit gesteckte Freiraum in der Diskussion selbst der sensibelsten Politikbereiche sowie eine enorme Dynamik und Reflexivität, die bewusste Tabubrüche beförderten. In den Skandalen offenbart sich ein weit reichender Konsens über den Primat der öffentlichen Meinung, der unterschiedlichen politischen Nuancierungen vorgelagert war. Dieser Konsens war von unmittelbarer politischer Bedeutung. Die direkten Folgen von Skandalen wie die Entfernung Eulenburgs oder die ›Kapitulationserklärung‹ Wilhelms II. in der Daily-Telegraph-Affäre waren lediglich ein sichtbarer Ausdruck dessen. Entscheidend war nicht nur das Vorhandensein dieses Konsenses, sondern dessen praktische Wirkmächtigkeit in politischen Entscheidungssituationen.

---

[40] Jost REBENTISCH, Die vielen Gesichter des Kaisers. Wilhelm II. in der deutschen und britischen Karikatur, Berlin 2000 (Quellen und Forschungen zur brandenburgisch-preußischen Geschichte, 20), S. 56–60.

3. Auch und gerade für die Monarchieskandale gilt Niklas Luhmanns Feststellung: »Insoweit der Skandal nämlich auf einer Enttäuschung beruht und diese Empfindung zu dessen Thema wird, dokumentiert er immer auch die Fortgeltung der zuvor bestehenden Erwartungen«. So konnten Skandale als ein »Mechanismus der Enttäuschungsabwicklung« dienen[41]. Der Charakter des Skandals war insofern eher der eines Revolutionsersatzes, eines Ventils sozialen Überdrucks, denn der eines wirklich revolutionären Aktes. Zeitgenössisch konnten die Monarchieskandale auf zwei Arten interpretiert werden, die sich nicht gegenseitig ausschließen mussten. Die Skandale schienen die Unfähigkeiten des derzeitigen Monarchen zu beweisen, sie ließen aber auch das offensichtlich faszinierende Modell eines direkten Austausches zwischen Monarch und Öffentlichkeit als genuin modernes Kommunikationsmodell durchsetzbar erscheinen. Die Skandale besaßen eine allgemeine Stabilisierungsfunktion, indem sie die Hoffnung auf Verbesserung politischer Abläufe nährten. Bis zu einem gewissen Punkt gaben sie dem Glauben an die demokratische Erweiterbarkeit der Monarchie Auftrieb. Mit ihren schnell sichtbaren Ergebnissen beförderten sie die Vorstellung, dass eine direkte Steuerung des Monarchen durch die öffentliche Meinung möglich sei. Der kontinuierlich beschworene Mythos der Möglichkeit der perfekten Information des Monarchen nährte die Hoffnung auf partizipative Möglichkeiten im existierenden System. In der Illusion der optimalen Information des Monarchen und der damit einhergehenden substanziellen Verbesserung der politischen Situation trafen beide Faktoren – die allgemeine Stabilisierungsfunktion des Skandals und die Hoffnung auf eine ›Demokratisierung‹ der Monarchie – zusammen.

4. Ein sprechender Ausdruck dieser Tendenz waren die unzähligen Versuche zur Neuinterpretation der Monarchie nach 1908 und die zunehmend beschworene Wachsamkeit gegenüber Wilhelm II. Fehlleistungen des Monarchen wurden registriert und auf zukünftige Verfehlungen, für die die erlebten Skandale immer einen Referenzpunkt bereitstellten, angerechnet. Der kurzfristigen Stabilisierungsfunktion der Skandale stand eine ihnen ebenfalls inhärente, langfristige Dynamisierungstendenz gegenüber. Ein Grundtrend, den die Skandale aufnahmen, auf dem sie beruhten und den sie gleichzeitig verstärkten, war die Personalisierung politischer Fragen im Charakter und Handeln Wilhelms II. Die Skandale fokussierten notwendigerweise auf die Persönlichkeit Wilhelms II. Diese verengte Diskussion lenkte den Blick vor allem auf personelle Alternativen in ›Führergestalt‹, erstaunlich selten hingegen auf institutionelle Reformen in Form einer einschneidenden Parlamentarisierung. Unter Rückgriff auf den eingangs zitierten Thompson lässt sich hierin durchaus eine strukturelle Logik des modernen Medienskandals erkennen. Von Thompson so genannte »Machtskandale« drehen sich um die Aufdeckung von Aktivitäten, welche die Regeln der Ausübung politischer Macht betreffen. Im Machtskandal gerät das von Simmel angesprochene Geheimnis der Macht plötzlich ins Rampenlicht. Nun geht es um Reputation und

---

[41] Klaus LAERMANN, Die gräßliche Bescherung. Zur Anatomie des politischen Skandals, in: Kursbuch 77 (1984), S. 159–172, hier S. 170; Sighard NECKEL, Das Stellhölzchen der Macht. Zur Soziologie des politischen Skandals, in: Leviathan 14 (1986), S. 581–605, hier S. 603.

Vertrauen[42]. In einem Kontext tiefen Misstrauens, und wenn einer der Faktoren für dieses Misstrauen gegenüber der politischen Führung bestimmte Charaktereigenschaften eines politischen Führers sind, rücken diese in den Mittelpunkt, und Forderungen nach einer mit besseren Charaktereigenschaften ausgestatteten Alternative werden laut.

Zweifellos prägte das Vorhandensein eines politisch einflussreichen – vor allem aber als außerordentlich einflussreich eingeschätzten – Monarchen die Entwicklung der öffentlichen Debatte im Kaiserreich entscheidend. Dies gilt vor allem für die Personalisierung der politischen Diskussion. In der für das Kaiserreich oft beschworenen »Gleichzeitigkeit des Ungleichzeitigen« (Reinhart Koselleck), im Aufeinanderprallen von modernen Massenmedien mit ihren demokratischen Potenzialen und einer Monarchie, die sich zwar in ihren Ausdrucksformen teilweise modernisierte, aber auf ihren traditionellen Prärogativen erfolgreich beharrte, ist das in dieser Hinsicht wichtigste Phänomen zu erkennen. Von einem deutschen Sonderweg wäre dann insofern zu sprechen, als das Kaiserreich zwar generelle mediale Trends mit vollzog oder sogar initiierte, diese aber – im Vergleich mit den westlichen Staaten – auf eine andersartige politische Struktur in Gestalt der starken Monarchie trafen. Für die Partizipationsforderungen der Presse hatte diese Tatsache unmittelbare Folgen. In einer Art *self-fulfilling prophecy* beschwor die Presse in den Monarchieskandalen nicht nur ihre eigene Bedeutung, sondern demonstrierte sie auch und erfuhr sich so als bedeutsam. Dies bewirkte ein Wechselspiel, in dem sich die Macht der Presse kontinuierlich steigerte. Die Presse redete sich stark und erfuhr sich als stark. Insofern prägte die Monarchie die Medien zwar nicht in dem Maße, wie dies umgekehrt der Fall war, ging an den Medien aber auch nicht spurlos vorüber.

Zusammenfassend lässt sich von einer dialektischen Entwicklung aus Politisierung – im Sinne einer Konstituierung der öffentlichen Meinung gegenüber dem Monarchen – und Depolitisierung der Medien sprechen. Letzteres heißt, dass Kritik und Kommentierung des Monarchen implizit immer unter der Voraussetzung erfolgten, dass sie in letzter Konsequenz folgenlos bleiben mussten. Die Medien erfuhren gegenüber dem Monarchen ihre neue Macht, allerdings nur bis zu einer gewissen Grenze, da die entscheidenden Veränderungen – d h. die Abdankung des Monarchen – unter normalen Umständen nicht im Bereich des Möglichen lagen. Hier mag man, ohne dass ein kausaler Zusammenhang zu beweisen wäre, einen Grund dafür sehen, dass trotz des hohen kritischen Potenzials der deutschen Presse pragmatische Einschätzungen politischer Reformmöglichkeiten vergleichsweise selten zu finden waren.

Zudem sollte, auch wenn der generell demokratisierende Charakter der Monarchieskandale betont werden muss, nicht vergessen werden, dass diese Medienereignisse in ihrer Struktur einer oft naiven Personalisierung politischer Fragen Vorschub leisteten. Die angesprochene Betonung der ›Charakterfrage‹, die in der Logik der Massenmedien lag, trug auch – wenn auch selbstredend nicht als einziger Grund – zum großen Erfolg der vielfältigen Einforderungen eines politischen Führers bei, die nicht zufällig in der Zeit des Eulenburg-Skandals und der Daily-Telegraph-Affäre reüssierten[43].

---

[42] Georg SIMMEL, Soziologie. Untersuchungen über die Formen der Vergesellschaftung, Berlin ²1968 (1908), S. 277; THOMPSON, Scandal (wie Anm. 4), S. 248.

[43] Vgl. zu diesem Zusammenhang: KOHLRAUSCH, Skandal (wie Anm. 3), S. 469–473.

V.

Visualisierung – Visualisation

LAURENT BIHL

Les données législatives et les politiques de coercition de l'image entre 1881 et 1914

Cette communication est issue de mes travaux universitaires en cours et s'appuie donc sur un corpus de trois journaux, les trois titres principaux en terme de tirage de la presse satirique parisienne, à savoir »La Caricature« (1880–1904), »Le Courrier français« (1884–1913) et »Le Rire« (entre 1894 et 1914).

En 1880, on assiste à une véritable explosion de l'image dans la capitale parisienne, conjuguant les affiches, les publicités et bientôt les reproductions photographiques. La loi sur la presse du 29 juillet 1881 correspond à un formidable coup d'accélérateur en matière iconographique, d'abord parce qu'elle supprime la censure, c'est-à-dire l'obligation de soumettre un article ou une œuvre graphique à un fonctionnaire du pouvoir avant publication. Un journal pouvait donc auparavant être interdit de parution ou partiellement coupé, ce qui donnait de fait au pouvoir politique un contrôle quasi total sur la presse.

Pourtant, dès 1882, une loi restreint le libéralisme de la loi de 1881, prenant pour prétexte le »déferlement« d'images obscènes prétendument causé par l'assouplissement de la répression. Cette inflation des images licencieuses ne se discute pas. Cependant, elle est antérieure à la loi de 1881. Dès 1879, un relâchement certain des dispositifs de contrôle et du zèle répressif a anticipé la loi de 1881. D'autre part, cette loi de 1882 est la première d'une série législative étendue sur trente années, montrant par là le souci des pouvoirs publics de réglementer le visuel et en même temps de durcir les moyens de coercition peut-être imprudemment lâchés par les grands principes de la loi de 1881.

À travers l'étude de ces dispositifs législatifs, des poursuites lancées, des débats passionnés qui en résultent ou encore des images incriminées, il s'agit bien ici d'une approche d'une partie de l'univers visuel du Paris fin de siècle. Cela pose la question de l'impact des images et en particulier des images satiriques auprès des foules, ainsi que celle de leur présence dans les rues et les lieux publics de la capitale, sans oublier le contenu politique qui les sous-tend parfois, particulièrement dans les moments de crise.

Je diviserai donc mon intervention en trois articulations avec, d'abord, l'examen des différentes lois, puis nous regarderons ensemble quelques images qui firent l'objet de poursuites avant de terminer par une éventuelle identification de stratégies éditoriales antagonistes en matière d'outrage aux bonnes mœurs dans le domaine visuel des journaux satiriques. En effet, autocensure et usages de la transgression comme argument de vente méritent d'être abordés en regard l'un de l'autre.

L'ÉVOLUTION LÉGISLATIVE EN MATIÈRE D'OUTRAGES AUX MŒURS PAR L'IMAGE DE 1881 À 1914

LA LOI DU 2 AOÛT 1882

On assiste donc, depuis juillet 1881, à une explosion encore accrue des images clandestines, dessins sensuels et photographies licencieuses vendues sous le manteau, et à une avalanche de journaux grivois, titres plus ou moins éphémères.

Pour être franc, se lamente le journal »Le Temps«, cette poussée de feuilles de honte, cette éruption de psoriasis moral, pourra bien être la caractéristique de l'année qui s'en va. [...] Et si l'on cherche pour ces douze mois une étiquette louangeuse, je demande qu'on lui cloue du moins cet écriteau sur la boîte à joujoux qui lui servira de bière: »Ci-gît 1880, l'année pornographique«[1].

»Pornographique«, le terme est fort. On l'emploie généralement en référence à »L'Événement parisien«, journal illustré qui se proclame ouvertement »pornographique« et utilise cet adjectif infâmant à la fois comme argument publicitaire et label transgressif. Il est évident que le législateur de 1881 n'a pas soupçonné l'ampleur de cette poussée d'obscénité quand il a favorisé la liberté d'opinion et de publication.

Pour autant, la mesure législative votée en urgence dès l'année suivante n'est pas seulement une réponse à la banalisation de l'érotisme, mais bien un instrument de contrôle de l'image, spécifiquement de l'image de presse. Si la loi de 1882 pénalise prioritairement l'écrit peu cher et la diffusion clandestine de masse, elle n'en est pas moins un levier redoutable entre les mains du ministère public, à rebours de la philosophie de la loi du 29 juillet 1881. La mesure principale sur laquelle repose la répression d'outrages aux mœurs est la correctionnalisation des délits de presse, lesquels relèvent alors du droit commun, des magistrats et non plus des jurys populaires *a priori* favorables au dessinateur. L'infraction est passible d'amendes (de 16 à 2000 francs) et/ou de prison (de un mois à deux ans).

LA LOI DU 16 MARS 1893

Elle transfert au tribunal correctionnel la compétence de jugement en matière de délits d'offense ou de »provocation« envers les chefs d'État ou diplomates étrangers. Cette loi mérite que l'on s'y arrête un instant, car elle sera à l'origine d'une confusion juridique inattendue. En effet, au plus fort de la crise anglophobe, les journaux satiriques publient des charges d'une violence extrême contre la reine Victoria d'abord (Willette dans »Le Rire« en 1899) et le roi Edouard VII ensuite (Jean Veber dans »L'Assiette au beurre« en 1901). Comme ces dessins sont aussi licencieux que virulents, il en résulte une grande perplexité pour le parquet, qui hésite sur le chef d'inculpation, la collusion des deux délits incriminés pouvant apparaître comme de l'acharnement. Cette confusion est sans doute, pour une bonne part, à l'origine de l'abandon rapide des poursuites contre

[1] Le Temps, 28.12.1880, non signé.

Willette en 1899 (contrairement à la légende tenace de son inculpation qui relève de la rumeur) et des incohérences de l'arrêt rendu contre Veber[2].

LES LOIS »SCÉLÉRATES« DES 12 DÉCEMBRE 1893 ET 28 JUILLET 1894

Dans les deux cas, ces lois sont votées dans l'urgence et l'émoi qui font suite à un attentat anarchiste, la bombe de Vaillant explosant en pleine Chambre des députés d'abord, l'assassinat du président Carnot par Caserio ensuite. En conséquence, les délits commis dans des articles ou dessins »qui ont un but de propagande anarchiste« relèvent désormais du tribunal correctionnel. Le vote et la promulgation de ces lois provoquent un débat passionné et une émotion considérable.

LA LOI DU 16 MARS 1898

Personnalité en vue des débuts de la IIIe République, le sénateur Bérenger est resté célèbre chez les juristes pour être l'auteur de la première loi sur le sursis, et chez les historiens pour son activisme infatigable contre les ouvrages et les journaux »pornographiques« à la tête de sa Ligue française de protestation contre la licence des rues. Ce ne sont plus seulement les dessins qui sont visés, mais tout le commerce plus ou moins clandestin d'objets et albums grivois, des accessoires sexuels dont la diffusion a explosé à partir des années 1890. Les journaux satiriques sont visés à double titre: d'abord parce que les bandeaux d'abonnement ne couvrent pas l'ensemble des couvertures, et ensuite parce qu'ils accueillent une publicité abondante pour ces produits illicites. Abonnement, publicité: par son souci de protéger la sphère privée plutôt que de se ridiculiser à vouloir moraliser la voie publique, le sénateur Bérenger a parfaitement saisi les enjeux du combat qu'il mène contre la pornographie, responsable selon lui du déclin démographique et moral de la nation. Pour la première fois, la loi inscrit la nomenclature des objets proscrits qui relèveront désormais de la chambre correctionnelle, obligeant les diffuseurs à de croustillantes périphrases allusives, lesquelles font aujourd'hui le bonheur des collectionneurs.

Bérenger, rapporteur du projet gouvernemental, s'exprime en ces termes lors de la séance du 11 juin 1897:

La loi du 2 août 1882, suffisante pour réprimer les abus du temps où elle a été votée, laisse à l'heure actuelle la décence et la moralité publique sans défense contre les formes nouvelles que la pornographie, habile à s'insinuer par les moindres fissures des définitions légales, a su imaginer. C'est ainsi que la distribution à domicile par la voie de la poste ou par tout autre moyen, infiniment plus dangereux en ce qu'elle force les foyers les mieux défendus et déjoue, en la bravant, la vigilance la plus attentive des pères de famille, s'est insensiblement substituée à la distribution sur la voie publique, seule réprimée par la loi[3].

---

[2] Michel DIXMIER, L'Assiette au beurre, Paris 1974, p. 74.
[3] Sénat, séance du 11.06.1897. JO du 12, déb. parl., p. 970.

Le texte fait de la distribution d'imprimés tombant sous le coup de la loi un délit permettant de condamner l'agent de distribution ou de transport, donc de faire pression sur le circuit des grandes entreprises de librairie, comme la toute puissante maison Hachette ou même l'administration des Postes. La loi permet en outre à des associations, comme celle du sénateur Bérenger, de saisir la justice plus aisément et de se porter partie civile, ce qui privilégie le rôle des ligues de vertu dans la lutte moralisatrice et ce dans un contexte d'âpre concurrence entre État et Église (dans le domaine de l'enseignement entre autres).

LES DERNIÈRES LOIS SUR LA PRESSE

À partir de 1910, la marche à la guerre entraîne une moralisation manifeste des couvertures satiriques. Le combat des ligues de moralité s'internationalise: le 7 avril 1908 est votée une loi qui s'attaque à la généralisation de la production pornographique et à sa diffusion commerciale. La loi de 1911, enfin, concerne la protection accrue des mineurs, et témoigne d'une certaine réussite dans le combat contre la grivoiserie, réelle ou ressentie. Dans le même temps, beaucoup de journaux satiriques ont disparu. Certains d'entre eux sont devenus des institutions et ont repoussé la limite de l'indécence admise bien au-delà de ce qui était tolérable en 1881 et 1882, d'où la dénonciation du »viol des regards«[4] par le sénateur Bérenger et l'activisme des ligues de vertu. Il y a donc un contraste fort entre la raréfaction des titres et une plus grande permissivité. Mais cela résulte de toute une série de procès, parfois retentissants, qui défraient la chronique surtout à partir des années 1890.

POURSUITES ET PROCÈS

»LA SAINTE DÉMOCRATIE«

Le 11 décembre 1887, un numéro du »Courrier français« est saisi dans les kiosques pour une couverture signée Willette et intitulée »La Sainte Démocratie«. Le dessin représente Marianne, adossée à une guillotine, avec pour légende: »Je suis la Sainte Démocratie: j'attends mes amants« (fig. 1).

---

[4] L'expression est employée en avril 1901 lors d'un des procès du »Frou-frou« et tournée plusieurs fois en dérision par les caricaturistes, en particulier lors de la poursuite contre un dessin de Louis Morin dans »La Vie en rose« en 1902.

Fig. 1: Le Courrier français, Willette, Sainte Démocratie, 4 décembre 1887.

C'est évidemment en vertu de la loi d'août 1882 sur l'outrage aux bonnes mœurs que le ministère public poursuit le journal; Jules Roques d'abord, en tant que »directeur-gérant«, Willette, puis Lanier, l'imprimeur, en tant que »complices«, selon les termes de la loi. Malgré une pilosité non apparente, la posture de l'allégorie et sa complète nudité tranche avec beaucoup de couvertures de l'époque, même si le nu a nettement progressé en devanture des kiosques depuis 1882. Ici, le sens politique de l'œuvre lui donne une trivialité qu'elle n'aurait peut-être pas sans la légende. Pour achever de brouiller les cartes, Willette et Roques se répandent dans Paris avec des interprétations contradictoires: pour Willette, c'est la »Démocratie qui vient de déposer la Royauté et s'étend à demi comme sur un lit après ce dur labeur«; pour Roques c'est la »Révolution qui dévore ses enfants« (ses »enfants« pouvant fort bien devenir à l'occasion ceux de la IIIe République!).

Voici ce que celui-ci écrit en page deux de son »Courrier français«:

Ce dessin représente, il est vrai, une femme entièrement nue. Mais le nu en art n'a jamais constitué une indécence. Il peut même être considéré comme chaste. On n'en saurait dire autant du déshabillé. Il n'y a dans ce dessin aucune intention libidineuse. Les formes mêmes, à peine accusées, n'ont rien de sensuel. Elles sont plutôt mâles que féminines. L'expression de la physionomie qui pourrait être souriante, est au contraire hautaine, dédaigneuse, presque méprisante. Rien, dans l'ensemble de la figure, ne peut provoquer une idée voluptueuse. L'aspect même du dessin est, au contraire, sinistre et terrifiant.
Voilà pour le dessin.
Reste la légende, car je ne puis admettre qu'on poursuive le dessin sans la légende qui en fait partie. Une légende peut donner à un dessin une signification toute différente. La légende ne peut donc, ne doit donc en aucune façon être séparée du dessin et vice versa. Ses amants, hier ses apôtres, devenaient ses victimes potentielles le lendemain. [...] J'ose espérer que mes confrères de la presse indépendante qui ont vu ce dessin et qui ont pu l'apprécier protesteront avec nous contre une pareille atteinte à la liberté de la presse. Alors qu'une ordonnance de non-lieu est rendue en faveur de M. Wilson, »Le Courrier français« est poursuivi sans raison plausible, à notre avis. La coïncidence est fâcheuse[5].

Roques commence son argumentaire par la décence naturelle du nu. Puis il distingue la représentation et le sentiment suscité, ce qui pose le problème de l'intention de l'auteur. Il refuse la séparation dessin/légende, ce qui peut étonner, mais montre l'obsession des contemporains pour la représentation, hors le sens. N'oublions pas la part importante d'analphabètes ou de mal alphabétisés. C'est de ce public potentiel que le législateur se place en protecteur, là où les journaux se revendiquent émancipateurs.

Il évoque aussi l'»affaire Wilson«, c'est-à-dire le récent scandale des décorations. »Le Courrier français« a joué un rôle dans cette affaire quelques mois plus tôt en publiant en couverture la première caricature de Wilson (gendre du président de la République), contribuant ainsi à amplifier l'affaire. Beaucoup pensent avec Jules Roques que si la loi de 1881 a permis une réelle liberté de caricature, il ne faudrait pas que celle de 1882 devienne un retour de bâton déguisé, se servant de l'outrage aux mœurs pour punir en fait la publication politique.

---

[5] Le Courrier français, 18.12.1887, p. 2.

Pourtant, Roques n'est pas lui-même exempt de toute malignité. En fait, la »Sainte Démocratie« est au départ une toile de Willette, refusée au Salon d'automne de 1887 et que je produis ici. Si l'on se place dans une logique de procureur, on peut noter une plus forte »masculinité« de Marianne dans la toile, par les seins moins prononcés et une curieuse pilosité qui ne remonte pas sur le pubis et se cantonne sur l'entrecuisse. Roques y fait d'ailleurs allusion plus haut. L'explication est fournie par l'historien Léon Riotor, à l'occasion du passage de la toile à l'hôtel des ventes Drouot le 28 avril 1904:

> Voici l'idée première de la fameuse page où une femme nue, superbe de chair et de nonchaloir, est assise sur la planche de la guillotine: »Je suis la Sainte Démocratie, j'attends mes amants!«. Ici une femme hybride, douée des attributs du mâle, soulignés encore par l'effet pervers de bas noirs haut jarretés, coiffée d'un bonnet phrygien si coquet qu'il n'est guère qu'un objet de toilette. C'est une prostituée sans sexe, qui ne peut rien produire, qui coupe le cou à ceux qui l'approchent. Cette page, telle quelle, eût été poursuivie par la 9ᵉ chambre. Willette y substitua la jolie fille et l'idée n'en resta pas moins violente et fit hurler quand même les pléthoreux de vertu[6].

Marianne était donc au départ un hermaphrodite devant incarner la foule révolutionnaire (dans sa bisexualité), mais Willette a supprimé le phallus par peur du scandale. Ces détails nous indiquent que le motif sent déjà quelque peu le soufre. Jules Roques ne peut pas ignorer le passé de la toile et il comprend l'impact qu'aura une publication assortie d'une féminisation prononcée du sujet et d'une légende adéquate. Le patron de presse cherche donc le scandale. C'est en constatant le retentissement, en terme de ventes et de publicité, des poursuites engagées contre lui que Roques va mettre les bouchées doubles et se lancer dans une politique de publication systématiquement transgressive. Pour l'heure, l'affaire se termine par un non-lieu, le 19 février 1888.

---

[6] Alphonse LEMERRE (dir.), Les Arts et Lettres, 2ᵉ série, Paris 1904, non paginé, signé de Léon Riotor.

Fig. 2: Le Courrier français, Édouard Zier, Les Parques, 24 juin 1888.

»LES PARQUES« DE ZIER ET »PROSTITUTION« DE LOUIS LEGRAND

Le 24 juin 1888, »Le Courrier français« est de nouveau saisi pour deux dessins d'Édouard Zier et de Louis Legrand. L'œuvre de Zier, »Les Parques«, est une couverture (fig. 2), alors que celle de Legrand, »Prostitution«, se trouve en page intérieure. Roques n'hésite pas et publie un numéro orné d'une couverture blanche. Le directeur-publicitaire a activé ses réseaux pour déclencher une véritable campagne de presse dont il s'empresse de publier l'écho dans ses colonnes dès le 1er juillet. Lorsque l'audience s'ouvre le 2 août 1888 à la 9e chambre correctionnelle, une bonne part de la presse parisienne est présente, Clemenceau en tête.

Réquisitoire du substitut Ayrault:

> La nature du délit: elle est délicate. Qu'est-ce en effet que l'obscénité? Messieurs, c'est un délit indéfinissable à vrai dire. Dieu nous garde de vouloir punir le nu antique avec sa pureté. Ce que nous voulons poursuivre, c'est le nu moderne avec ses détails particuliers transformant volontiers la décence en obscénité.
> Dans »La Prostitution« de Monsieur Legrand, l'idée est peut-être morale, mais certains détails, par exemple l'enlacement dont la vieille femme embrasse la jeune fille, sont d'une exécution reprochables. De même dans »Les Parques« de Monsieur Zier, certains baisers donnés par l'une des trois déesses à l'adolescent, et certaines formes données par le dessinateur au chou d'où sort un enfant, nous paraissent obscènes. Au surplus, Messieurs, je me rapporte à votre appréciation, à votre sagesse. Car en matière de dessin, c'est surtout l'affaire d'impression personnelle, et par cela même, que la loi n'a pas définie l'obscénité, le législateur s'en est remis à votre appréciation souveraine[7].

Le substitut favorise la défense en soulignant à la fois la souveraineté de la cour et la difficulté de définir précisément l'objet du délit, à savoir l'obscénité.

Défense de Me Rodrigues:

> On nous dit que le sein droit, par sa ferme saillie, est une provocation. Messieurs, je n'ai aucunement l'intention d'entrer dans les mystères d'un corset, puisque mon client n'en fait pas porter à la seconde de ses Parques. Mais il me semble que c'est justement cette fermeté du sein droit qui l'empêche d'être réelle, et par conséquent d'emprunter à la réalité ce qu'elle a de provoquant, de sensuel, de séduisant, d'irrésistible. D'ailleurs, messieurs, je m'étonne qu'on poursuive le sein ferme de cette Parque quand on laisse vendre sur la voie publique de véritables écroulements de chair mal contenus dans des corsages mal élevés[8].

Outre l'humour, tout l'enjeu de la poursuite est là, dans la réaffirmation de l'impossibilité de définir l'obscène et dans la démonstration de la sincérité de l'auteur, donc de sa non-préméditation, élément déterminant juridiquement l'outrage public.

Le tribunal rend une ordonnance de non-lieu et acquitte les quatre inculpés. Aussitôt, le parquet fait appel de la décision. L'appel est déposé deux jours après le jugement, sans qu'il soit notifié immédiatement aux prévenus comme il est d'usage. La citation à comparaître n'est envoyée à Roques qu'une semaine avant l'audience, prévue pour le 24 septembre, ce qui est le délai minimal. Or, tout le monde est en vacances.

---

[7] Le Courrier français, 03.08.1888, p. 2–3.
[8] Ibid.

Le procureur demande que les débats aient lieu à huis clos, rendant leur reproduction illégale. Le procès débouche sur une condamnation par défaut, à laquelle Roques fait immédiatement opposition. Au passage, il publie les mêmes dessins ›de dos‹ pour mettre les rieurs de son côté. On peut s'interroger sur ce qui a conduit le parquet à poursuivre deux œuvres aussi laborieuses et peu »lubriques«. Il faut consulter la collection du »Courrier français« de l'année 1888 pour être encore plus intrigué. La volonté outrancière de choquer ne fait aucun doute. Comment expliquer que la justice ne s'attaque pas à la représentation de corps de femmes tordus, violentés, exhibés dans des postures dont la diffusion de l'équivalence photographique serait impossible dans nos kiosques contemporains?

Je peux présenter une hypothèse: les lois de 1881 et 1882 n'ont pas été suivies de mesures adaptées quant à la saisie des journaux. Ce qui fonctionne avec la librairie est pris de vitesse par la périodicité de la presse. Les fonctionnaires à l'œuvre ne se sont pas adaptés à l'exigence nouvelle des textes, et en 1888 il n'y a que sept ans que la censure a été supprimée, en tout cas une coercition en amont. Je suis persuadé que la préfecture est prise de vitesse et que Jules Roques est suffisamment bien informé pour retirer au dernier moment un dessin risqué… En conséquence, le parquet saisit un numéro au hasard et cherche ensuite à motiver une inculpation, au moyen d'une interprétation qui peut être loufoque puisque, de toute façon, la magistrature est souveraine pour décider de l'illicite. Ce pouvoir exorbitant articulé à une faiblesse de fait débouche sur de telles incongruités judiciaires.

L'affaire sera rejugée en appel, pour une condamnation réitérée, amnistiée un peu plus tard. À ce moment, de nouvelles poursuites auront déjà été intentées et cela durera jusqu'en 1895. Entretemps Jules Roques aura été obligé de s'enfuir à Londres pour échapper à l'incarcération, d'où il continuera à diriger son journal. Y a-t-il eu beaucoup de procès de ce genre? Assurément non, mais la publicité faite autour de chacun d'eux montre à la fois l'émotion suscitée par le sujet et la prudence de plus en plus grande des directeurs de presse, en tout cas en ce qui concerne les trois titres que j'ai étudiés. N'oublions pas non plus l'incarcération de certains auteurs et dessinateurs de cette presse satirique, ainsi que les séquelles physiques qui peuvent en découler (ce fut le cas pour Louis Legrand).

Fig. 3: Le Rire, Willette, 26 décembre 1896.

»LA PRIÈRE DE MADELEINE« DANS »LE RIRE« (WILLETTE)

L'affaire suivante touche le journal »Le Rire«, lequel en 1896 n'a que deux ans d'ancienneté (fig. 3). C'est cependant un titre »puissant«, concentrant l'élite des dessinateurs satiriques français et jouissant de signatures prestigieuses. Le 3 janvier 1897, le numéro daté du 26 décembre est saisi directement dans les kiosques pour une couverture signée Willette, »La Prière de Madeleine«, et représentant une »scène« d'intérieur sans le moindre sous-entendu.

»L'accusation me reprochait, raconte Willette, d'avoir dessiné un phallus dans la moulure d'une table et d'avoir complété ce détail par la rondeur d'un chapeau melon«[9]. Cette trouvaille est l'œuvre d'un jeune substitut du parquet, le juge Leloir. L'inculpation provoque un tollé général. Le sénateur Bérenger fait prudemment savoir qu'il n'y est pour rien et n'est pas solidaire de cette action judiciaire. Quelques jours plus tard, le juge d'instruction Berthulus rend une ordonnance de non-lieu et l'affaire se termine en éclat de rire général lorsque Willette publie ce deuxième dessin en couverture du »Rire« daté du 30 janvier 1897, où il pointe jusqu'à l'absurde le moindre détail qui lui a valu son inculpation pour le premier dessin, le juge se retrouvant au passage affublé d'un groin (fig. 4).

Cette nouvelle affaire peut sembler anodine. Pourtant, elle traduit un certain nombre de phénomènes contradictoires: d'abord, le parquet demeure sous pression, tandis que le sénateur Bérenger multiplie les projets de loi, qui aboutissent en 1898 au durcissement de la législation en vigueur. Paradoxalement, la »bataille du nu« est gagnée, du moins à l'abord de l'Exposition universelle de 1900, malgré une plus grande rigueur morale à partir de 1907 et surtout de 1910 la disparition de nombreux titres, grevés par les amendes, figés par la crainte des poursuites ou touchés par la baisse d'un lectorat lassé, blasé.

[9] Note manuscrite, archives familiales Willette, iconographie Paul Beuve, vol. 4, p. 72–73.

Fig. 4: Le Rire, Willette, 30 janvier 1897.

Fig. 5: La Caricature, Robida, 6 mai 1882.

Fig. 6: La Caricature, Robida, 29 juillet 1882.

Les données législatives et les politiques de coercition de l'image

Fig. 7: Le Courrier français, Forain, 12 août 1888.

Fig. 8: Le Courrier français, 9 septembre 1888.

DEUX POLITIQUES ÉDITORIALES DISTINCTES AUTOCENSURE ET STRATÉGIE DE L'OUTRANCE

LES DEUX SÉRIES DE »LA CARICATURE«

Lorsque l'on étudie l'impact d'une loi sur l'image, on peut s'appuyer sur le nombre de poursuites intentées en vertu du nouveau texte, ou bien tenter de saisir une évolution notable du trait en comparant des œuvres réalisées avant ou après la loi. Encore faut-il ne pas se contenter de sélectionner, plus ou moins à dessein de démonstration, trois couvertures: cet aspect de mon travail a porté sur un corpus de 103 couvertures de »La Caricature«, qui corrobore le contraste que je vous montre ici par le choix arbitraire de deux dessins (fig. 5 et 6). Le constat me semble édifiant. Il s'agit apparemment d'une tendance sensible à l'autocensure après la loi de 1882, phénomène impossible à quantifier avec des instruments de mesure incontestables. On peut alors s'interroger sur l'ensemble des feuilles satiriques et sur la part d'influence en amont d'une telle loi. Au contraire de la censure, sujet d'étude familier de l'historien, l'autocensure constitue un champ d'investigation à peu près inédit et pourtant indispensable pour la perception de l'outrance visuelle et de ses différents publics. La transgression peut devenir une ligne éditoriale.

LES CHARGES DU »COURRIER FRANÇAIS« CONTRE LOZÉ ET FERROUILLAT

Les caricatures qui succèdent à l'inculpation de Louis Legrand et de Zier en 1888 combinent la »charge« propre à la période précédente et la caricature de situation. La feuille de vigne en est l'élément graphique récurrent. La répétitivité du symbole et la dédicace fictive de chaque dessin satirique (quel que soit son motif) dans tous les numéros durant plusieurs semaines assurent la connivence du lecteur, sa sympathie et placent le journal en posture de combat contre le traitement dont il s'estime victime.

Cette série de caricatures constitue une combinaison de différents styles depuis l'attaque *ad hominem* contre Lozé (préfet de police) et Ferrouillat (ministre de la Justice) jusqu'à la mise en situation de la personnalité visée. Ce travail résulte de toute l'équipe du »Courrier français« et pas seulement d'un seul individu, qui risquerait de lasser ou d'offrir le spectacle d'une vindicte personnelle. On peut identifier une authentique ligne éditoriale à travers les œuvres produites par le »Courrier français« sur les mois qui suivent la poursuite judiciaire[10]. »La Tentation de St Ferrouillat« est particulièrement incisive en ce qu'elle détourne un thème religieux autant qu'elle ridiculise la personne du ministre autour de l'enjeu premier du débat, à savoir le regard (fig. 7). Le personnage est représenté dans une posture humiliante, les mains liées, et c'est son regard qui traduit la duplicité de ses sentiments ainsi qu'une éventuelle lubricité devant les jeunes filles exhibées en face de lui. Ces postérieurs nus ne sont couverts que par les couvertures du journal, interface délibérément confuse entre la nudité »réelle« dissimu-

---

[10] Le Gil Blas, »Contre le nu« (à propos du »Courrier français«), 13.12.1910.

lée et l'érotisme entretenu, démultiplié à l'infini pour traduire la duplication industrielle propre au média tout en étourdissant le censeur. La caricature est ici pensée dans un rapport complexe entre la charge et le réel. Ferrouillat nu est croqué d'un trait naturaliste, la déformation venant de l'emplacement, de l'épée démesurée (sous-entendant l'aspect »médiéval« de la répression) et de la feuille de vigne. Ferrouillat en satyre est contrefait et lubrique en arrière-plan d'une petite fille croquée au naturel. Cette déclinaison de »Ferrouillat« en différentes postures, représentations ou dédicaces trouve un écho dans le texte des articles. L'emploi d'un symbole récurrent accroît encore la réitération par le détail, comme la feuille de vigne dans laquelle s'incarne le ministre en dehors de sa figuration directe (fig. 8).

C'est la grande leçon de Philippon et sa »poire« de 1831 qui est ici retenue, avec la désignation du sujet de raillerie par un signe distinctif reposant à la fois sur la répétition, la connivence d'un public fidélisé et l'ironie tirée de l'allusif, par définition non passible de poursuites pénales. Ces images, elles, ne sont plus poursuivies. Nous ne sommes plus dans la décennie précédente.

CONCLUSION

COMME LE DISAIT FORAIN, »NOTRE SALON, CE SONT LES KIOSQUES!«

L'enjeu de l'historien est bien d'appréhender à la fois l'impact réel des images satiriques, leur inscription dans l'univers visuel de la capitale et les conséquences concrètes des poursuites entamées. Soyons clair, le domaine des mœurs ne change pas réellement le sens de la loi du 29 juillet, pas plus qu'il n'annule les principales avancées en matière de liberté de la presse. Simplement, la politique de coercition envers l'image satirique permet de nuancer un peu cette liberté »quasi totale« dont parlent certains manuels, de même qu'elle pose la question non pas tant des interventions du ministère public, qui ne sont tout de même pas si fréquentes, mais de l'autocensure peut-être provoquée par leur menace ainsi que celle du rôle grandissant des ligues de vertu. Se pose aussi le problème, éminemment politique, de définir après la loi de 1881 ce qui est tolérable – avec un contraste fort selon les lieux, les publics et même les moments de la réception – et les arrière-pensées idéologiques qui sous-tendent ce qui est alors présenté comme intolérable (pas nécessairement par le seul ministère public). À l'instar du scandale, de la fête ou de la manifestation, la caricature se veut et se vit comme un révélateur de son époque, a-naturaliste mais soucieuse de porter par son outrance bon nombre de signaux, de messages et un même contenu esthétique. Paradoxalement, en la matière, la »bataille du nu« est gagnée, du moins pour les »grandes« feuilles satiriques, malgré une intensification de la politique de rigueur morale à partir de 1907 et surtout de 1910, se traduisant par un recul assez net dans ce domaine.

On assiste à la disparition de nombreux titres. Se pose alors la question d'en identifier le facteur dominant, ainsi que l'impact de la coercition législative sur cette évolution à la baisse, que ce soit les condamnations et leurs effets ou la crainte des poursuites et l'autocensure qui en découle, avec une perte logique de lectorat. Ce même lectorat est peut-être, dans le même temps, lassé par une profusion satirique qui a connu son apothéose autour de 1900 et de l'Exposition universelle. Cette satire cumule la floraison de titres avec la série de crises politiques graves dont la litanie s'égrène implacablement, du krach de l'Union générale jusqu'à l'affaire des fiches. Les images qui font à chaque fois écho les unes aux autres pour la constitution sur un temps long d'un champ iconographique dont la force et l'acuité ont stupéfié les contemporains. Comment mesurer, entre une possible décrue de l'intérêt du (des) lectorat(s), une probable prudence éditoriale et une plus grande rigueur judiciaire, ce qui prime pour expliquer cette baisse de l'offre caricaturale avant le premier conflit mondial? La coercition en matière d'images satiriques, encore mal connue, pose en fait plus de questions qu'elle ne donne de réponses, et traduit au moins autant la méfiance vis-à-vis de l'image autour de 1900 que la répression proprement dite dont celle-ci fut victime, tout comme elle traduit la peur que les pouvoirs publics veulent inspirer aux publicistes. Les deux camps ont en commun de mener ce combat en référence constante aux luttes antérieures, inséparables de leurs références arbitraires ou révolutionnaires, selon les optiques. Ils prétendent également incarner la mesure du licite en matière d'images et s'instituer ainsi en protecteurs d'un public, lequel est selon chacun menacé par l'autre. Ce ou ces publics dont il est si difficile d'identifier le seuil de satiété comme les horizons d'attentes. Ce ou ces publics dont les appropriations détournées ou les réceptions collectives, furtives, des images dans un espace urbain complexe font déjà l'objet à l'époque des interrogations les plus variées. On peut seulement avancer que, entre autocensure et transgression préméditée, le rire, la satire relèvent à la fois du normatif et du transgressif. On verra une telle ambiguïté déterminer la violence graphique des humoristes à partir de 1914, dans toute la complexité de l'engagement quasi unanime de ces contestataires professionnels sous la bannière de l'Union sacrée.

DANIELA KNEISSL

Illustrierte Presse für den republikanischen Bauern
»Le Père Gérard. Gazette nationale des communes« (1878–1887)

ENTSTEHUNG UND HISTORISCHER RAHMEN DER »GAZETTE NATIONALE«

Bei einer Betrachtung der Mediengesellschaft im Frankreich des 19. Jahrhunderts darf nicht aus dem Blick geraten, dass man es mit Veränderungsprozessen innerhalb einer mehrheitlich ländlichen Bevölkerung zu tun hat: 1876 lebten noch 67% der Franzosen auf dem Land, und erst nach dem Zweiten Weltkrieg sollte dieser Anteil auf unter 50% sinken[1].

In den ländlichen Regionen ging die Veränderung der Lese- und Informationskultur seit Mitte des 19. Jahrhunderts mit einer zunehmenden Deproletarisierung und einer damit in Verbindung stehenden Alphabetisierung einher[2]. Während gleichzeitig zwischen 1850 und 1870 ein Großteil der auf Kolportageliteratur und »canards« spezialisierten Verlage – und mit ihnen die Kolporteure – verschwanden bzw. ihre Produktion umstellten[3], wurden illustrierte, in Paris verlegte Zeitungen wie »Le Petit Journal« zunehmend auch auf dem Land gelesen und abonniert[4]. Seit den 1860er Jahren wurden in Paris im Zuge dieser Entwicklung auch illustrierte Wochenzeitungen herausgegeben, die sich speziell an die außerhalb der Hauptstadt lebende Bevölkerung richteten. Auch Elphège Boursin, Redakteur und geistiger Vater des »Père Gérard«[5],

---

[1] Jean-Pierre JESSENNE, Les Campagnes françaises entre mythe et histoire (XVIIIᵉ–XXIᵉ siècle), Paris 2006, S. 79.

[2] Zu diesen Prozessen vgl. James R. LEHNING, Peasant and French: Cultural Contact in Rural France During the 19th Century, New York u.a. 1995, sowie Peter MCPHEE, The Politics of Rural Life. Political Mobilization in the French Countryside 1846–1852, Oxford 1992, S. 276: »the cumulative effects of these slow and uneven changes – rural exodus and ›dedifferentiation‹, greater prosperity for most of those who remained, the erosion of local languages and cultures – were to be felt in the nature of political life in the countryside«.

[3] Laurence FONTAINE, Histoire du colportage en Europe. XVᵉ–XIXᵉ siècle, Paris 1993, S. 189, sowie Elisabeth PARINET, Une histoire de l'édition à l'époque contemporaine (XIXᵉ–XXᵉ siècle), Paris 2004, S. 123.

[4] Vgl. Eugen WEBER, Peasants into Frenchmen. The Modernization of Rural France 1870–1914, London 1977, S. 466, sowie Anne MOULIN, Les paysans dans la société française. De la Révolution à nos jours, Paris 1988, S. 151. Allg. zur Popularisierung der illustrierten Presse vgl. Jean-Pierre BACOT, La presse illustrée au XIXᵉ siècle. Une histoire oubliée, Limoges 2005, S. 109–130.

[5] Elphège Boursin wurde 1836 in Falaise geboren und starb 1891 in Paris. Als junger Journalist ging er rasch in Opposition zum Kaiserreich. Neben der Chefredaktion oder Mitarbeit an verschiedenen Zeitschriften und Zeitungen verfasste Elphège Boursin historische und ökonomische Werke, Wörterbücher, Theaterstücke und anderes mehr. Vgl. Michel PREVOST, Jean-Charles ROMAN D'AMAT (dir.), Dictionnaire de biographie française, Bd. 7, Paris 1956, S. 18.

arbeitete von 1867 bis 1870 an einer solchen Zeitung mit, der »Gazette de Paris. Journal illustré des villes et des communes de France«[6]. Mit seiner 1878 gegründeten und in Paris verlegten Wochenzeitschrift »Le Père Gérard. Gazette nationale des communes« wollte Boursin jedoch explizit die bäuerliche Landbevölkerung ansprechen[7] und fand so für sein reges Interesse an der Modernisierung der ländlichen Regionen ein neues Ausdrucksmittel[8]. Der Titel der Zeitschrift bezieht sich explizit auf den von Collot d'Herbois während der Französischen Revolution verfassten »Almanach du Père Gérard«. Collot d'Herbois hatte im September 1791 einen von der Société des amis de la Constitution ausgeschriebenen Wettbewerb für ein leicht verständliches Werk gewonnen, das breite Bevölkerungsschichten für die Verfassung gewinnen sollte. Um die Verbreitung zu erhöhen, wurden 1792 neben der französischen auch Ausgaben in bretonischer, provençalischer und flämischer Sprache gedruckt. Abgesehen von einigen unverzichtbaren kalendarischen Informationen war der »Père Gérard« kein Almanach im eigentlichen Sinne. Essenzieller Bestandteil der insgesamt acht Ausgaben waren die Gespräche über republikanische Institutionen und Tugenden, die Michel Gérard alias Père Gérard, Bauer und Abgeordneter der Nationalversammlung, nach deren Auflösung in seinem Dorf im Departement Ille-et-Vilaine mit den Bauern führt[9]. Die Wiederbelebung der Figur des Père Gérard unter der III. Republik schreibt sich bewusst in diese Tradition ein. Alle republikanischen Texte, die Boursin seit Gründung

---

[6] Ab 1870 war Boursin Chefredakteur der in Besançon dreiwöchentlich erscheinenden Zeitung »L'Est. Journal démocratique«, bis diese nach Ausrufung des *état de siège* am 21. Juli 1871 eingestellt wurde. Nach dem Krieg arbeitete er für die kurzlebige Zeitung »Courrier de Paris et des départements. Journal des villes et des communes de France«, die im Februar 1872 in drei Ausgaben erschien.

[7] Im Gegensatz zur Buch- und Almanachlektüre hatten Zeitschriften bei der Landbevölkerung noch keine große Beachtung gefunden. Vgl. Martyn LYONS, What Did the Peasants Read? Written and Printed Culture in Rural France, 1815–1914, in: European History Quarterly 27 (1997), S. 165–197.

[8] Vgl. Elphège BOURSIN, Histoire de l'agriculture, du commerce et de l'industrie depuis le commencement de la monarchie jusqu'à nos jours précédée d'études historiques sur le commerce des peuples anciens, Paris 1867, S. 155: »La vapeur, l'électricité, les chemins de fer ont profité à l'agriculture comme des importantes découvertes ont profité à l'industrie, au commerce et à la civilisation. Les rapports sont devenus plus fréquents, les voyages plus faciles et moins coûteux, les communications plus rapides«.

[9] Zu Collot d'Herbois' »Almanach du Père Gérard« vgl. Michel BIARD, L'Almanach du Père Gérard, un exemple de diffusion des idées jacobines, in: Annales historiques de la Révolution française 283 (1991), S. 19–29; Guy LEMARCHAND, L'Almanach du Père Gérard de J.-M. Collot d'Herbois (1791), in: Annales historiques de la Révolution française 341 (http://ahrf.revues.org/document2229.html). Zu den bretonischen Übersetzungen vgl.: L'Almanach du Père Gérard de J. M. Collot d'Herbois (1791). Le texte français et ses deux traductions en breton édités et annotés par Gwennole LE MENN. Préface et commentaires de Michel BIARD, Saint-Brieuc 2003 (Bibliothèque bretonne, 14). Darin auch: Michel BIARD, Le contexte historique de l'Almanach du Père Gérard, S. 11–25. Zur Figur des Erzählers vgl. Hans-Jürgen LÜSEBRINK, Du Messager Boiteux au Père Gérard: Les figures de narrateurs populaires dans les almanachs, XVIIIe–XIXe siècles (texte et iconographie), in: Jacques MIGOZZI (Hg.), De l'écrit à l'écran. Littératures populaires: mutations génériques, mutations médiatiques, Limoges 2000, S. 53–57. Die Neuauflagen des »Almanach du Père Gérard« ab 1871 werden nicht berücksichtigt.

der III. Republik verfasste, standen im Zeichen des »Père Gérard«: So erschien ab 1871 zunächst als direkte Wiederaufnahme der jährlich neu aufgelegte »Almanach du Père Gérard«, der bis 1892 existierte. 1872 wurde die Reihe der »Politique du Père Gérard« gegründet, deren erster Band, der »Catéchisme du bon Républicain«[10], innerhalb von zwei Jahren fünfmal neu aufgelegt wurde.

Die Figur des Père Gérard entwickelte sich dabei von der eines republikanischen Tagelöhners allmählich zu der eines allwissenden Übervaters, der die Landbewohner besucht, ihnen Neuigkeiten überbringt und sie belehrt.

Der Gründungszeitpunkt der Zeitschrift im Herbst 1878 fiel in ein Schlüsselmoment der Dritten Republik: Auf der am 1. Mai 1878 in Paris eröffneten Weltausstellung wurde das Bild einer starken Republik präsentiert, die das Land nach Krieg und Commune zu neuem Glanz geführt hatte. Auch in den ersten Ausgaben der »Gazette nationale« wird regelmäßig über die Weltausstellung, Indiz für den wirtschaftlichen Aufschwung, berichtet und vor allem ihre Überlegenheit gegenüber der im Zeichen des II. Empire stehenden Ausstellung von 1867 betont[11].

Im selben Zeitraum verfestigte sich jedoch eine langwierige Agrarkrise, die auf teils verheerenden Schädlingsbefall und Missernten zurückging und so zum Anstieg des Imports landwirtschaftlicher Produkte führte[12]. Zwischen 1875 und 1896 sollten allein die Getreide- und Kartoffelpreise um über 30% zurückgehen. Zwar waren die Zeiten verheerender Hungerkrisen vorbei, doch es kam zu einer langfristigen Stagnation der landwirtschaftlichen Einkommen, die in der Phase wirtschaftlicher Prosperität seit den 1850er Jahren zwanzig- bis siebzigprozentige Steigerungen verzeichnet hatten[13]. Seit 1871 hatte die ländliche Bevölkerung mehrheitlich republikanisch gewählt, so auch bei den Regionalwahlen im Januar 1878, die zu einer republikanischen »révolution des mairies« geführt hatte[14]. Dieser Rückhalt schien nun in Gefahr zu sein und den Befürwortern der Monarchie in die Hände zu spielen. Auf nationaler Ebene führte dies zu einer Stärkung der Agrarpolitik. Die Forderungen vor allem der Getreidebauern nach einer restriktiven Einfuhrpolitik mündeten mittelfristig – bis etwa 1882 – in der Schaffung der protektionistischen Agrarpolitik durch Léon Gambetta. Dies wurde gleichzeitig für den republikanischen Mythos insofern nutzbar gemacht, als eine direkte Verbindung zwischen Republik und Protektionismus wie auf der anderen Seite zwischen Kaiserreich und importorientiertem Freihandel geschaffen wurde[15]. Zudem wurde – aufgrund der Abspaltung des radikalen Flügels innerhalb des Parti républicain und des Verlusts urbaner Wählerschichten – der Prozess einer ideologischen

---

[10] La politique du père Gérard. Catéchisme du bon Républicain par Elphège BOURSIN, rédacteur du Courrier de Paris. André Sagnier, éditeur, carrefour de l'Odéon, 7, à Paris. Se trouve chez tous les librairies dans toutes les gares de chemins de fer. 1872.

[11] Vgl. u.a. Gazette nationale Nr. 4, 21.–28.10.1878.

[12] Vgl. JESSENNE, Les Campagnes françaises entre mythe et histoire (wie Anm. 1), S. 196–198; MOULIN, Les paysans dans la société française (wie Anm. 4), S. 118f.

[13] JESSENNE, Les Campagnes françaises entre mythe et histoire (wie Anm. 1), S. 184.

[14] Maurice AGULHON, Apogée et crise de la civilisation paysanne, 1789–1914, Paris 1976 (Histoire de la France rurale, 3), S. 373f.

[15] Soo-Yun CHUN, Amis de l'agriculture (1870–1892) ou comment rallier les campagnes à la République?, in: Histoire et sociétés rurales 20 (2003), S. 147–172, hier S. 164, 170.

»Ruralisierung« der Republik beschleunigt[16]. Die sensible Phase vor der Umsetzung des Agrarprotektionismus, in der die Bauern sich von der Republik mit der Krise im Stich gelassen fühlten, bildet also den unmittelbaren zeitlichen Rahmen für die Gründung der »Gazette nationale«.

Günstig war zudem, dass die restriktive Pressepolitik des *ordre moral* infolge der republikanischen Wahlerfolge von 1878 wieder gelockert worden war. Fast zeitgleich aber war ein erstaunlicher Rückgang bei der Produktion und Verbreitung gedruckter republikanischer Propaganda im ländlichen Raum festzustellen. Dies galt vor allem für die seit 1871 auf diesem Gebiet äußerst aktive Société d'instruction républicaine, die ihre Tätigkeiten schon im Sommer 1877 weitgehend eingestellt hatte[17].

Für die Verbindung von republikanischer Propaganda mit dem Typus der illustrierten Zeitschrift bestand also sowohl eine Marktlücke als auch Nachfrage. Nur somit ist zu erklären, dass die »Gazette nationale«, die mit einem Umfang von zwölf bis sechzehn Seiten zehn Centimes kostete – und damit erheblich teurer war als die etwa zeitgleich aufkommenden »quotidiens à un sou«[18] – über einen Zeitraum von neun Jahren ihre Leser fand.

DISKURSIVE UND VISUELLE STRATEGIEN DER REPUBLIKANISIERUNG IN DER »GAZETTE NATIONALE«

Die zentrale rhetorische Strategie der Zeitschrift war die der direkten Ansprache, die sowohl auf der Text- als auch auf der Bildebene konsequent durchgeführt wurde. Dieses Prinzip kennzeichnet der Herausgeber schon in der ersten Nummer der »Gazette« vom 30. September 1878 als »La Politique du Père Gérard«: In einem fiktiven Dialog lässt sich Père Gérard von seinen *amis villageois* gleichsam entlarven, die ihn sofort als Verfasser der famosen republikanischen Broschüren wiedererkennen und ihm gute Aufnahme zusichern. Der Anschein des direkten Kontaktes wird auf der Bildebene weitergeführt. Die Gestaltung der ständigen Titelvignette, die Père Gérard im Kreise der um ihn versammelten Bauern zeigt, nimmt noch unmittelbar auf die Stiche Bezug, die in der Nachfolge von Collot d'Herbois' Almanachen entstanden[19].

Die Illustrationen der »Gazette nationale« gehen aber über dieses Schema hinaus, indem sie zeigen, wie der neue Père Gérard die Bauern auf dem Feld besucht und sie dazu bringt, ihre Arbeit zu unterbrechen, wodurch der Eindruck einer unverzüglichen

---

[16] Sudhir HAZAREESINGH, The Société d'instruction républicaine and the Propagation of Civic Republicanism in Provincial and Rural France, 1870–1877, in: Journal of Modern History 71 (1999), S. 271–307, hier S. 277. Allg. dazu auch LEHNING, Peasant and French (wie Anm. 2).
[17] HAZAREESINGH, The Société d'Instruction Républicaine (wie Anm. 16), S. 301f.
[18] Vgl. Marc MARTIN, La presse régionale: des affiches aux grands quotidiens, Paris 2002, S. 140f.
[19] Im Besitz der BnF, Est. befindet sich u.a.: Le Père Gérard expliquant la Constitution à ses concitoyens (Anonym, Paris 1792).

Vermittlung von aktueller Information entsteht, vom Mythos der Leibhaftigkeit des Père Gérard ganz zu schweigen.

Abb. 1: Gazette nationale Nr. 5, 1878, Der Père Gérard besucht Bauern auf dem Feld.

Die so visualisierte Kommunikation auf Augenhöhe will sich zudem in eine oral geprägte ländliche Kultur einschreiben und von dieser profitieren: Die visuelle Thematisierung des Weitererzählens stellt eine unmittelbare Aufforderung zur Nachahmung dar.

Der direkte Kontakt wird in Gruppendiskussionen und fiktiven Korrespondenzen als den bevorzugten Formen der politischen Propaganda fortgesetzt. Die unmittelbare politische Belehrung findet in erster Linie durch den Briefwechsel Père Gérards mit einem gewissen Mathurin Heurtaud aus Ronfeugeray[20] statt, *laboureur* und Gemeinderat, später auch Wahlmann für die Senatswahlen. Père Gérard legt seinem um Rat suchenden Freund Antworten in den Mund, die dem Leser somit als vorfabrizierte Argumente für die Republik zugänglich gemacht werden. In Mathurins Kontakten mit den ländlichen Wählern, die er in seinen Briefen an Père Gérard detailreich und weit-

---

[20] Ronfeugeray ist in der »Lettre à mon Député« (1872) der Wohnort des Père Gérard, der als Tagelöhner in einem Brief seiner Sorge um die Zukunft der Republik Ausdruck verleiht.

schweifig schildert, wiederholt der Lokalpolitiker oft wörtlich, was ihm Père Gérard im vorigen Brief geraten hat. Die Gesprächspartner, sofern republikanischer Gesinnung, sind ihrerseits natürlich selbst eifrige Leser der Schriften des Père Gérard, dessen Lektionen sie bei jeder sich bietenden Gelegenheit, oft unter Hinweis auf die Quelle, zitieren. Durch derartige Wiederholungen werden dem Leser die republikanischen Bekenntnisse regelrecht eingebläut. Ähnlichkeiten mit dem Elementarschulwesen sind unverkennbar.

Gleichzeitig berichtet Mathurin von den Intrigen eingeschworener Republikgegner, die sein Engagement hintertreiben oder seinen Platz einnehmen wollen. Die Briefe Mathurins an Père Gérard lesen sich somit als spannende Fortsetzungsgeschichte, die den Leser an die Zeitung binden soll.

Vor dem skizzierten politischen Hintergrund war es eine der grundlegenden Strategien der »Gazette nationale des communes«, die Republik von jeglicher Verantwortung für die wirtschaftlichen Schwierigkeiten freizusprechen und diese als Folge des durch das Kaiserreich verschuldeten Krieges darzustellen. Mehr als einmal gibt Père Gérard seinem Briefpartner Mathurin Heurtaud entsprechende Antworten für die Bonapartisten vor, die stets mit Bekenntnissen enden wie: »La République est à jamais implantée en France!«[21].

»Republikanisierung« ist im »Père Gérard« also mit »Entnapoleonisierung« gleichzusetzen: Aus »L'Empire, c'est la paix«[22] wird »La République, c'est la paix«[23]. Père Gérard will dabei den Bauern vor Augen führen, dass sie vor dem Plebiszit von 1852 von einer geschickt angelegten Medienkampagne indoktriniert wurden:

Des cahiers de chansons inondèrent les villages et les villes, et Napoléon y rimait toujours avec canon, et victoire avec gloire [...]. Nos braves habitants des campagnes, qui n'y voyaient pas malice, et qui à cette époque, il faut bien le dire, étaient beaucoup moins instruits des affaires politiques qu'aujourd'hui, [...] faisaient chorus avec les vieux grognards, et le nom de Napoléon devint de plus en plus populaire[24].

Damit wird einerseits einer Affinität der Bauern zum napoleonischen Mythos, wie von Karl Marx vertreten, widersprochen, andererseits werden die Leser dazu angehalten, die Lektüre der »Gazette nationale« als Teil dieses Aufklärungsprozesses wahrzunehmen. Dadurch begibt sich die »Gazette nationale« auf eine Position moralischer Unangreifbarkeit, die sie gleichzeitig über den Bereich medialer Manipulation hinaushebt und verhindern soll, dass die neu erworbene Medienkompetenz kritisch auf die Lektüre der »Gazette nationale« angewendet wird.

Die auf den ersten Blick schlichte Bildsprache erweist sich bei näherem Hinsehen als eine damit eng verknüpfte, ausgefeilte und systematische Substitution von Symbolen, die auf die gesamte Lebenswirklichkeit der Zielgruppe ausgedehnt wird. Dies wird

---

[21] Gazette nationale Nr. 4, 21.–28.10.1878.
[22] Ausspruch Louis Napoléons vom 9. Dezember 1853: »Certaines personnes se disent, par esprit de défiance: ›l'Empire, c'est la guerre‹. Moi, je dis: l'Empire, c'est la paix«.
[23] Titelseite der Gazette nationale, 5.9.1880.
[24] Ibid., Nr. 10, 2.–9.12.1878, S. 110f. (Die Seiten wurden über mehrere Nummern durchlaufend gezählt.)

durch den extensiven Gebrauch der Sonnensymbolik erreicht: Bilder wie »C'est la lumière qui commence à les éclairer« (1878) übertragen die lebensspendende Funktion der Sonne explizit auf die Republik und heben zudem die traditionelle Aufklärungssymbolik hervor.

Abb. 2: Gazette nationale, C'est la lumière qui commence à les éclairer (1878).

Die Lichtsymbolik, zeitgleich weit verbreitet in den zahlreichen Pariser Satiremagazinen[25], wird hier insofern konkretisiert, als die dargestellte Situation fast alltäglich wirkt und sich daher stark von der oft sehr komplexen Symbolik der politischen Karikatur von Zeitschriften wie »Le Charivari« oder »Le Grelot« unterscheidet[26]. Die Republik ist in dieser Welt nicht nur immer und überall anwesend, sondern sie ist Lebensspenderin und erfüllt das Dasein mit Sinn.

So wird die personifizierte Republik in verschiedensten Illustrationen auch visuell in die Mitte der bäuerlichen Gesellschaft hineingeholt – sei es als Büste, sei es als leibhaftige Allegorie, wo sie gleichzeitig das Ideal der Einheit – im Sinne einer einzigen republikanischen Partei – versinnbildlicht. Mahnungen zur Einheit – »Union! Union! vous répète le Père Gérard«[27] – sind als Untertitel vielen Illustrationen, die Père Gérard im Kreise der Bauern zeigen, beigegeben.

Diese Appelle sind durchaus als immanente Drohgeste zu verstehen: Vor allem in der Wahlpropaganda unterstreicht das Blatt eindringlich, dass Bauer und Republik ohneeinander nicht existieren können[28]. Auf die zahlenmäßige Macht, welche die

---

[25] Vgl. dazu: Daniela KNEISSL, Die Republik im Zwielicht: Zur Metaphorik von Licht und Finsternis in der französischen Bildpublizistik (1871–1914), München 2010 (Pariser Historische Studien, 88).

[26] Dasselbe gilt für die stilistische Einfachheit der Zeichnungen von Léonce Petit, die sich stark von seinen anderen Arbeiten unterscheiden.

[27] Z.B. Gazette nationale, 20.7.1885.

[28] Vor den Wahlen wurden die Namen der zu wählenden republikanischen Kandidaten stets in ausführlichen *chroniques électorales* aufgeführt. Darüber hinaus bot die Redaktion in Wahlpe-

angesprochene Wählerschicht repräsentierte, wird niemals explizit aufmerksam gemacht, stattdessen wird dazu ermahnt, wachsam zu sein, um die Errungenschaften der Französischen Revolution, nämlich Bürger- und Besitzrechte für die Bauern, nicht wieder zu verlieren. Das Rad der Geschichte wird also gleichsam zurückgedreht. Auch die unsichere Anfangsphase, die die Republik in den 1870er Jahren durchlebt hatte, wird künstlich verlängert und dramatisiert.

Um die Bindung der Bauern an die Republik zu stärken, betont die »Gazette nationale« gleichzeitig die Vereinbarkeit von Republikanismus und ländlicher Tradition: Gerade in Bezug auf die Kirche geht die Zeitschrift behutsam vor und vermeidet pauschalen Antiklerikalismus. Ohne explizit vom Kirchgang abhalten zu wollen, wird vor allem an die Toleranz gegenüber nicht Praktizierenden appelliert. Zudem unterscheidet Père Gérard in seinen Gesprächen zwischen Priestern, die sich der Seelsorge widmen und in politischen Dingen zurückhalten sowie dem Zerrbild des republikfeindlichen Jesuiten. Während der erste sich in die republikanische Gemeinschaft einfügt, flieht der andere vor den Strahlen der republikanischen Sonne. Der republiktreue Priester jedoch entspricht wesentlich mehr dem realen Erscheinungsbild eines Dorfpfarrers als der lichtscheue Jesuit – für die »Gazette nationale« ein typischer Kompromiss.

Abb. 3: Gazette nationale, 23.7.1882, La grande fête nationale du 14 juillet.

Ähnlich zweispurig wird bei der Scheidungsfrage verfahren. Einerseits hebt Père Gérard im Gespräch mit einer um die Moral fürchtenden Bäuerin hervor, dass die Scheidung unglücklich verheirateten und misshandelten Frauen zugutekäme[29]. Auf der wahrnehmungsintensiveren, visuellen Schiene triumphiert jedoch letztlich das Ideal der Großfamilie, die sich auf der Titelillustration vom 14. September 1882 dem Leser unter dem Motto »Rétablissement du divorce« präsentiert: »Divorcera qui voudra! Ma bonne Françoise et moi resterons ensemble au milieu de nos cinq enfants.«

---

rioden besonders preisgünstige zweimonatige Propagandaabonnements an, die interessierte Wahlkämpfer direkt und portofrei an die gewünschten Adressaten schicken lassen konnten.
[29] Gazette nationale, Nr. 38, 16.–23. Juni 1879.

Mit derartigen Strategien werden die moralische Überlegenheit der Landbevölkerung und die Beständigkeit ihrer Werte eindeutig hervorgehoben. Stets geht es also darum, das Zielpublikum in der Sicherheit des Vertrauten zu wiegen und zu suggerieren, dass die Werte der bäuerlichen Gesellschaft zu den unverzichtbaren Grundlagen der Republik gehören.

Dies kommt exemplarisch in einer kleinen Vignette zum Ausdruck, die zu den am häufigsten gebrauchten Bildern in der Zeitschrift zählt: Die unscheinbare Zeichnung zeigt eine Glocke mit der Aufschrift »RF« – »République Française«, was vom Bewusstsein für die immense Bedeutung der Glocke für die Strukturierung des dörflichen Lebens zeugt[30]. Mehr als einmal beendet das Mittagsläuten die Gespräche des Père Gérard. Die Umwidmung der Glocke und ihres Geläutes zur »Stimme der Republik« beschreibt in eingängiger Art und Weise den festen Willen, die bäuerliche Gesellschaft von ihren Grundlagen her zu republikanisieren, zu kontrollieren und zu disziplinieren.

ZUSAMMENFASSUNG

Die »Gazette nationale« verschrieb sich ganz und gar der Aufgabe, die Republikanisierung der Bauern in einer Krisenzeit der Landwirtschaft voranzutreiben.

Zwar sind die Gespräche und Briefwechsel Père Gérards als unmittelbare Reflexe der politischen Aktualität angelegt, doch die Vermittlung von politischen Fakten hatte in der »Gazette nationale« wenig Raum.

Die Schlichtheit des politischen Weltbildes, das sowohl aus den Texten wie aus den Illustrationen spricht, zielte darauf ab, den Leser nicht zu verwirren oder zu überfordern. Die Zensur spielte hierbei kaum eine Rolle, denn der Tenor der Zeitschrift blieb auch nach dem Erlass des Pressegesetzes von 1881 unverändert.

Die »Gazette« betrieb also eine strikte Informationskontrolle, die vor allem die verwirrende Vielfalt der politischen Wirklichkeit, in erster Linie natürlich in Bezug auf den in sich zerstrittenen Parti républicain, von ihren Lesern fernhalten wollte.

Die protektionistische Agrarpolitik, deren Entstehung und Frühphase die »Gazette nationale« während ihrer Erscheinungszeit begleitete, bildet gleichsam das mediale Prinzip der Zeitschrift. Dabei wendet die »Gazette« sich an einen naiven ländlichen Leser, der nach Erkenntnissen der Leseforschung zu Beginn der 1880er Jahre gerade im Verschwinden begriffen war: der unerfahrene Leser nämlich, der seine seltene Lektüre als übergeordnete Autorität und somit als absolute Wahrheit begreift[31]. Diese Vorstellung findet ihre Entsprechung im Bild der Öffentlichkeit, an die sich die »Gazette nationale« wendet: Ein der Republik durchaus gewogener, aber leicht beschränkter Landbewohner, für den Information in spezifischer Weise aufbereitet werden muss.

[30] Vgl. Alain CORBIN, Die Sprache der Glocken. Ländliche Gefühlskultur und symbolische Ordnung im Frankreich des 19. Jahrhunderts, Frankfurt a.M. 1994. (ID., Les cloches de la terre. Paysage sonore et culture sensible dans les campagnes françaises au XIXe siècle, Paris 1994.)

[31] Vgl. LYONS, What Did the Peasants Read? (wie Anm. 7), S. 168: »From the 1880s onwards, a decisive transformation occurred. The peasant was no longer a stranger to the printed and the written word, and at the same time, he or she was no longer a victim of its all-embracing power«.

Gleichzeitig bestand eine zentrale Strategie der Zeitschrift darin, vorgeblich originäre Meinungsäußerungen aus der Mitte der bäuerlichen Gesellschaft zu präsentieren und publik zu machen. Ein wichtiges Ziel bestand darin, der bäuerlichen Bevölkerung ein nationalisiertes Bild ihrer selbst überzustülpen, in dem regionale Unterschiede keine Rolle mehr spielen. Zudem konnte sich das Publikum als Teil einer durchweg ländlich geprägten Republik erleben, die bäuerliche Werte hochhält. Den fortschreitenden Veränderungen der ländlichen Strukturen versuchte die »Gazette nationale« also mit der Erschaffung eines Schutzraumes zu begegnen, dessen Bewahrung nichtsdestoweniger an die Verantwortung der Leser überstellt und von dem Maß ihrer republikanischen Gesinnung abhängig gemacht wird.

Als leicht lesbares, illustriertes Wochenmagazin, das sein Publikum direkt ansprechen wollte, konnte sich die »Gazette nationale« so über eine beachtliche Zeitspanne behaupten, bis sie im Jahre 1887 eingestellt wurde[32]. Angesichts der sich rapide entwickelnden und emanzipierenden Provinzpresse, die gegenüber den aus Paris kommenden Zeitungen einen erheblichen Aktualitätsvorsprung besaß[33], konnte die Mischung aus anspruchsloser Unterhaltung und republikanischer Propaganda der »Gazette nationale« letztlich wohl nicht bestehen. Aufstieg und Verschwinden der »Gazette nationale« spiegeln somit in einzigartiger Weise die Entwicklung der Mediengesellschaft im bäuerlichen Milieu vor dem politischen Hintergrund der Dritten Republik.

---

[32] Elphège Boursin starb vermutlich bereits 1886.
[33] MARTIN, La presse régionale (wie Anm. 18), S. 143. Boursin stellte sich dieser Konkurrenz bereits in den 1880 in loser Folge erscheinenden Pamphleten »Le Père Gérard à ses amis de Quimperlé«, in denen er die Artikel des in Quimperlé verlegten »Publicateur du Finistère« angriff.

LUDWIG VOGL-BIENEK

Projektionskunst und soziale Frage
Der Einsatz visueller Medien in der Armenfürsorge um 1900

Ausgehend vom Thema des Ateliers: »Das 19. Jahrhundert als Mediengesellschaft«, soll in diesem Beitrag nach Bezügen zwischen dem Medium der »Projektionskunst« und gesellschaftlichen Veränderungen im 19. Jahrhundert gefragt werden. Die historische Bezeichnung Projektionskunst umfasst die Gestaltung von Lichtbildern und -effekten, die Handhabung von Projektionsapparaten und die Inszenierung von Projektionsaufführungen. Der heutige Begriff »Mediengesellschaft« bezieht sich vor allem auf die elektronischen Bildschirmmedien (Fernsehen, Computer, Internet), außerdem auf Kino und Radio sowie auf die Printmedien.

Wie die Beiträge zu diesem Atelier zeigen, wird die Diskussion, ob sich historische Gesellschaften vor der Etablierung des Fernsehens als Leitmedium ebenfalls als Mediengesellschaften verstehen lassen, schwerpunktmäßig im Bereich des Pressewesens geführt. Während dort bereits Fragen einer möglichen Periodisierung zur Debatte stehen, lässt sich für die Projektionsmedien gegenwärtig nur feststellen, dass ihnen seit dem 17. Jahrhundert gesellschaftliche Funktionen zugewiesen werden und dass sie spätestens in den 1880er Jahren ein Massenpublikum erreicht haben. Die mediengeschichtliche Forschung krankt hier noch an den Folgen einer teleologischen Periodisierung der Filmgeschichte: Bis vor kurzem war es üblich, alle Formen von Projektionsaufführungen vor 1895 unter dem Sammelbegriff »Laterna magica« dem Konstrukt einer Vor-Geschichte des Films (*pre-cinema*) zuzuordnen. Untersuchungen zur gesellschaftlichen Praxis historischer Projektionsmedien blieben auf Liebhaberkreise beschränkt. Ein Austausch zwischen Sammlern, Archiven und Medienhistorikern, der sich in ersten grundlegenden Publikationen niederschlägt, ist erst seit wenigen Jahren zu beobachten[1].

Dort, wo der Einsatz von historischen Projektionsmedien mit der »Sozialen Frage« begründet wurde, lassen sich Beziehungen zu sozialen Veränderungen klar und deutlich nachvollziehen. Die hier behandelten Beispiele aus Großbritannien und Deutschland wurden recherchiert im Forschungsprojekt »Der Einsatz visueller Medien in der Armenfürsorge in Großbritannien und Deutschland um 1900«, das im Sonderforschungsbereich 600 »Armut und Fremdheit. Wandel von Inklusions- und Exklusionsformen von der Antike bis zur Gegenwart« an der Universität Trier angesiedelt ist.

---

[1] Eine Vorreiterrolle spielen die Publikationen der in Großbritannien ansässigen »Magic Lantern Society«, z.B.: Dennis CROMPTON, David HENRY, Stephen HERBERT (Hg.), Magic Images – The Art of Hand-Painted and Photographic Lantern Slides, London 1990; Richard CRANGLE, Mervyn HEARD, Ine VAN DOOREN (Hg.), Realms of Light. Uses and Perceptions of the Magic Lantern from the 17th to the 21st Century. An Illustrated Collection of Essays by 27 Authors from Six Countries, London 2005.

PROJEKTIONEN

»Projektionen sind gestaltete Lichterscheinungen«[2]. Im Unterschied zu Bildern, die an der Wand hängen oder auf Papier gedruckt sind, können Lichtbilder rasch verschwinden und auftauchen – und zwar in beliebig großen Formaten, die sie für viele Zuschauerinnen und Zuschauer gleichzeitig sichtbar werden lassen[3]. Durch die Abfolge von Lichtbildern, die aneinander anschließen oder ineinander übergehen, lassen sich Wandlungseffekte und Zusammenhänge herstellen, die als Variation der Gegebenheiten, als Orts- und Figurenwechsel oder generell als Bewegung wahrgenommen werden. Die performative Verbindung von Simultaneität und Sukzessivität visueller Elemente zeichnet die Inszenierungen des Mediums Projektionskunst aus, das sich gut mit anderen performativen Formen – vor allem Erzählung, Gesang und Musik – zu attraktiven Aufführungsereignissen vereinigen lässt. Ihre große Anschaulichkeit macht Projektionen auch zu einem vortrefflichen Medium für Vorträge und Lehrveranstaltungen aller Art.

Licht gezielt auszusenden, um seine Reflektion in wandelbarer, eindrucksvoller Gestalt auf Projektionsflächen erscheinen zu lassen, ist ein Verfahren mit langer Überlieferung. Die Kunde, dass es bereits in der Antike als »Spiegelschreibkunst« praktiziert worden sei, fand bei einigen Autoren wissenschaftlicher bzw. magischer Werke des 17. Jahrhunderts reges Interesse und führte zu einschlägigen Experimenten[4]. Kreative Überlegungen zu den Einsatzmöglichkeiten optischer Lichtgestaltung resultierten in Projektionsapparaten, die das wirkungsvolle Verfahren handhabbar machten. Es erfreute sich in der Folge zunehmender Beliebtheit[5] und wurde im 19. Jahrhundert zu einem vielfältigen Medium entwickelt. Es wurde sowohl von gewerblichen Schaustellern als auch von pädagogischen und kirchlichen Institutionen für Zwecke der Unterhaltung, der Volksbildung[6] und zur religiösen Erbauung des Publikums genutzt.

---

[2] Ludwig VOGL-BIENEK, Die historische Projektionskunst. Eine offene geschichtliche Perspektive auf den Film als Aufführungsereignis, in: KINtop. Jahrbuch zur Erforschung des frühen Films 3 (1994), S. 11.

[3] Vgl. DERS., Martin LOIPERDINGER, Magie der Illusion. Die Projektion von Lichtbildern, in: Kultur und Technik. Das Magazin aus dem Deutschen Museum 2 (2007), S. 32–37.

[4] Vgl. Franz Paul LIESEGANG, Vom Geisterspiegel zum Kino. Vortrag zu einer Reihe von 66 Bildern, Düsseldorf 1918, S. 15–29.

[5] Vgl. Johann Georg KRÜNITZ (Hg.), Oekonomisch-technologische Encyclopädie, oder allgemeines System der Staats-Stadt-Haus- und Landwirthschaft, und der Kunstgeschichte in alphabetischer Ordnung. Stichwort: »Laterna magica« in Band 65, Berlin 1794, S. 467–522.

[6] Vgl. Lester SMITH, Entertainment and Amusement, Education and Instruction: Lectures at the Royal Polytechnic Institution, in: CRANGLE u.a. (Hg.), Realms (wie Anm. 1), S. 138–145, oder Jens RUCHATZ, Licht und Wahrheit. Eine Mediumgeschichte der fotografischen Projektion, München 2003, S. 209–261.

Abb. 1: Stich: Magasin pittoresque, »Une scène de fantasmagorie« (1849).

Der abgebildete Stich »Une scène de fantasmagorie« aus dem »Magasin pittoresque«[7] illustriert modellhaft eine Projektionsaufführung: er veranschaulicht die Präsentation einer Phantasmagorie, wie die im ausgehenden 18. Jahrhundert beliebten Geistererscheinungen genannt wurden. Durch die Bewegung des Projektionsapparats vom Bildschirm weg wurde erreicht, dass die projizierte Gestalt sich kontinuierlich vergrößerte und damit bei den Zuschauerinnen und Zuschauern die Illusion erweckte, als käme sie aus einer scheinbaren Raumtiefe direkt auf sie zu.

Die Schnittzeichnung lässt eine Seitenwand weg, um den strukturellen Aufbau des inszenierten Geschehens sichtbar zu machen. Der analytische Blick ist ganz auf das räumliche Arrangement von Projektionsaufführungen gerichtet, auf die Positionen und Haltungen der Akteure und die dominante Anordnung des Apparats. Der elementare Aufbau der Präsentation tritt idealtypisch hervor: Der Stich zeigt, wie die Inszenierung wandelbarer Lichtbilder als dramaturgisches Zentrum in einem Aufführungsereignis vor sich geht und veranschaulicht damit ein fundamentales Gestaltungsprinzip in der Geschichte der visuellen Medien[8].

---

[7] Die Illustration gehört zum Artikel: La fantamagorie. Le physicien Robertson, »Magasin pittoresque«, ohne Datum, S. 53. Ein handschriftlicher Vermerk gibt 1876 als Datum an, der Stich ist auch 1849 im Magasin pittoresque nachgewiesen, vgl. David ROBINSON, The Lantern Image. Iconography of the Magic Lantern 1420–1880, Nutley 1993, S. 55.

[8] Vgl. Ludwig VOGL-BIENEK, Eine Szene der Phantasmagorie. Idealtyp einer Projektionsaufführung, in: KINtop. Jahrbuch zur Erforschung des frühen Films 14/15 (2006), S. 12–20.

Der Bewegungseffekt steht für das Geschehen in den Lichtbildern. Er wird graphisch in ein plastisches Heraustreten der Figur aus der Projektionsfläche umgesetzt und wird in der zurückweichenden Bewegung des Publikums fortgeführt. Das Phantom aus dem Projektionsapparat tritt geradezu sinnbildlich an die Wahrnehmung und Empfindung der Zuschauerinnen und Zuschauer heran. Sie erscheinen sehr erregt, dem Verfahren wird eine starke emotionelle Wirksamkeit zugeschrieben. Von diesem Wirkungspotenzial sind allerdings die ›Wirkungen‹ selbst zu unterscheiden: Die unterschiedlichen Reaktionen der einzelnen Personen erscheinen als das Ergebnis individueller Beziehungen zum medialen Geschehen, die zugleich in eine gemeinsame Erlebnissituation eingebettet sind.

Gegenüber steht leidenschaftslos, konzentriert und aufmerksam der dem Publikum verborgene Mann am Apparat. Seine Darstellung als einzelne Figur kennzeichnet die einheitliche Bestimmtheit zielgerichteten Handelns auf der Seite von Produktion und Gestaltung; auch wenn tatsächlich mehr Personen daran beteiligt waren. Antipodisch dazu wird die Seite des Publikums durch die unterschiedlichen Reaktionen und die vage Begrenzung des Raums als unbestimmt offene Größe dargestellt. Das gezeigte Arrangement der Rückprojektion verbindet die Funktion der Projektionsfläche als Schnittstelle zwischen Technik und Publikum mit der Abschirmung des Apparats gegen den Blick. Diese Verwendung führt in der optischen Branchenliteratur des ausgehenden 19. Jahrhunderts zu den Bezeichnungen: »Schirm«, »écran« oder »screen«, die der Etymologie des heutigen Bildschirmbegriffs[9] zuzuordnen sind.

Der Projektionsapparat ist ein Ensemble technischer Bauteile, um die geisterhafte Erscheinung aus einem transparenten Glasbild hervorzuzaubern. Das Glasbild befindet sich als austauschbares Element in seinem Innern. Es wird häufig mit dem projizierten Lichtbild gleichgesetzt. Aber die kleinformatigen, sukzessive in den Apparat eingesetzten Glasbilder verfügen keineswegs über die wirkungsvolle Größe und Wandelbarkeit ihrer Lichtprojektionen: Als technische Bildinformationen ›programmieren‹ sie ihre jeweiligen wandelbaren Lichtbilder, sind aber nicht mit ihnen identisch.

MEDIEN- UND SOZIALGESCHICHTLICHE QUELLENTYPEN DER HISTORISCHEN PROJEKTIONSKUNST

Glasbilder (gängige Bezeichnungen waren »Laternbilder«, »plaques pour lanterne magique«, »magic lantern slides«) sind neben den Projektionsapparaten der charakteristische Quellentyp für die Geschichte der Projektion. Ihre Analyse muss die Differenz zwischen technischer Bildinformation und potenziellem Lichtbild bewältigen. Die gläsernen Artefakte mit einer Kantenlänge von ca. 9 cm resultieren in Präsentationsformen und Aufführungen, die auf zeitlichen Abfolgen wandelbarer Lichtbilder mit Bilddiagonalen von mehreren Metern beruhen. Die Untersuchung von historischen Apparaten und Zubehör dient der Ermittlung der technischen Möglichkeiten und Grenzen der Aufführungsgestaltung. Heutige Aufführungen und Neuinszenierungen von

---

[9] Entsprechend die unveränderten Begriffe »écran« und »screen«.

Glasbilderserien mit historischen Apparaten sind – trotz ihrer vorrangig künstlerischen Intention – wegen ihrer Anschauungs- und Erlebnisqualitäten auch für die Mediengeschichtsschreibung aufschlussreich[10]. Allerdings finden Aufführungen in einem wissenschaftlichen Rahmen wegen des hohen Aufwands nur selten statt. Computergestützte Verfahren bieten mittlerweile neue Bearbeitungsmöglichkeiten, um die Inszenierung von Lichtbildern adäquat zu veranschaulichen[11].

Die Präsentation von Glasbilderserien war meistens mit gesprochenen Vortragstexten zu Projektionssequenzen verknüpft. In den gedruckten Vortragstexten verweisen Striche und handschriftliche Einfügungen häufig auf einen freien Umgang der Projektionskünstler mit den vorgegebenen Texten. Das gleiche gilt für die Noten von Begleitmusik und Gesang. Die Untersuchung dieser medienspezifischen gedruckten Quellen ist zu ergänzen durch Quellen, die einen Eindruck der Aufführungssituationen vermitteln, der Analyse von Produktions- und Einsatzbedingungen dienen und das Projektionsmedium in historische Kontexte stellen.

Auffallend viele Glasbilderserien des 19. Jahrhunderts und die zugehörigen Texte thematisieren soziale Probleme oder stehen in einem Verwendungskontext, der auf gesellschaftliche Einflussnahme zielt. Untersuchungsschwerpunkte ihrer Rolle in der Sozial- und Mediengeschichte des 19. Jahrhunderts sind im Trierer Forschungsprojekt vor allem die Eignung des Mediums, die Relevanz seiner Verbreitung, der intermediale Einsatz im Kontext der »Sozialen Frage« und die Gestaltung sozialer Themen.

EIGNUNG DES MEDIUMS PROJEKTIONSKUNST FÜR SOZIALE ZWECKE

Repräsentative Einschätzungen der Eignungen des Mediums finden sich in Liesegangs Handbuch »Die Projektionskunst« aus dem Jahr 1876[12]. Es wurde von dem Düsseldorfer Fabrikanten für Projektionsapparate herausgegeben, um die praktische Handhabung des Mediums zu vermitteln. Schon im Einleitungskapitel wird dessen Wert für soziale Einsatzgebiete auf den Punkt gebracht:

---

[10] Z.B. hat im Oktober 2007 die Theatergruppe »Illuminago« in London die Rekonstruktion bzw. Neuinszenierung einer Projektionsaufführung gezeigt, die den gesamten »Ring des Nibelungen« von Richard Wagner präsentiert. Der seinerzeit berühmte Projektionskünstler Paul Hoffmann hatte damit 1887 einem breiten Publikum die virtuelle Möglichkeit geboten, an einem der großen Kulturereignisse seiner Zeit teilzuhaben. Siehe »The Ring of the Nibelung: a Magic Lantern Spectacular«. Programmheft des Linbury Studio Theatre – Royal Opera House Covent Garden, London 2007.
[11] Im Rahmen des Sonderforschungsbereichs 600 wurden vom Autor mehrere Prototypen hergestellt. »The Magic Wand« nach einer Ballade des viktorianischen Schriftstellers George R. Sims wurde beispielhaft während des Ateliers gezeigt.
[12] Paul Eduard LIESEGANG, Die Projektionskunst für Schulen, Familien und öffentliche Vorstellungen, Düsseldorf ^{5}1876 (Autorenangabe nur in der 12. Auflage von 1909 mit der Anmerkung: bearb. von Franz Paul LIESEGANG, in 11. Auflage).

Von den verschiedenen Wegen, unterhaltend zu belehren und belehrend zu unterhalten, ist zweifelsohne derjenige, den die *Projektionskunst* einschlägt, unter die wirksamsten zu rechnen, ja wenn wir Herrn Abbé Moigno glauben sollen, ist es der sicherste Weg zur Belehrung des grossen Publikums.

Unterhaltung und Bildung bezeichnen zwei unterschiedliche Aufführungsmodi des Mediums Projektionskunst: Im Aufführungsmodus Unterhaltung richtet sich die Inszenierung auf eindrucksvolle Erlebnisse durch attraktive Effekte und bewegende Geschichten. Der Aufführungsmodus Bildung nutzt die enorme Anschaulichkeit der wandelbaren Lichtbilder zu pädagogischen und didaktischen Zwecken. Beide Modi wurden genutzt, um soziale Verhältnisse als imaginäre Wirklichkeiten zu präsentieren. Die visuelle Aufbereitung sozialer Themen verfolgte den Anspruch realistischer Darstellung und wirklichkeitsgerechter Verhaltensanleitung. Zu sozialer Relevanz gelangten die Projektionsaufführungen durch ihre massenhafte Verbreitung, die auf dem ökonomischen Vorteil beruhte, mit einer einzigen Glasbilderserie als Ausgangsmaterial große Menschenmengen erreichen zu können – und das bei geringem personellen Aufwand vor Ort (z.B. im Verhältnis zum Theater).

VERBREITUNG

Der oben zitierte Verweis auf Moigno[13] zeigt, dass Produzenten, Gestalter und Veranstalter über den internationalen Stand der Entwicklung der Projektionskunst gut informiert waren. Sie betrieben regen Austausch, pflegten Handelsbeziehungen oder kooperierten auf publizistischer Ebene. Franz Paul Liesegang unterscheidet rückblickend für die 1860er Jahre,

> daß sich in Deutschland damals sehr wenige Häuser auf diesem Gebiet fabrikatorisch betätigten [...], während man in Frankreich und besonders in England, wo die Anwendung des Lichtbildes eine bedeutend ausgedehntere war, schon bald zur Massenanfertigung von Bildwerfern überging[14].

Der Hinweis auf die industrielle Massenanfertigung von Apparaten macht deutlich, dass aufgrund des Multiplikationseffektes der Projektion für die Zeit nach 1860 von der Existenz eines breiten Massenpublikums auszugehen ist[15], wenn auch bei sehr unterschiedlicher Verbreitung des Mediums in Europa. Der Markt für Projektionsapparate stand in einem Wechselverhältnis zu dem für Laternbilder. Die Schlussfolgerung auf ein Massenpublikum wird auch auf dieser Ebene untermauert. Barnes führt z.B. in einer

---

[13] Er bezieht sich auf: Abbé MOIGNO, L'art des projections, Paris 1872.
[14] Franz Paul LIESEGANG (Hg.), Ed. Liesegang, Fabrik für Projektions-Apparate, Kinematographen und Lichtbilder, gegründet 1854, Düsseldorf, Berlin 1926, S. 13.
[15] Ein einfaches Modell auf der Basis von Zehnerpotenzen verdeutlicht die Verhältnisse: Beim Output einer Fabrik von 1000 Exemplaren, die durchschnittlich 10-mal im Jahr für ein Publikum von 100 Personen eingesetzt werden, würde alleine dieser Produktion ein Jahresrepublikum von 1 000 000 Zuschauerinnen und Zuschauern entsprechen. Bei synchroner Untersuchung eines Gebietes sind alle weiteren Produzenten zu berücksichtigen. Bei diachroner Betrachtung kommen die Nutzungsdauer in Jahren (additiv und subtraktiv) und die jährliche Folgeproduktion in der jeweiligen Periode hinzu.

unvollständigen Liste 113 Hersteller- und Vertriebsfirmen für *magic lantern slides* auf, die im 19. Jahrhundert in Großbritannien tätig waren[16]. Greifen wir einen der wichtigsten Hersteller für so genannte »life model slides«[17] heraus, das Unternehmen Bamforth aus Holmfirth in Yorkshire, so finden sich für das Jahr 1902 Angaben, die den Bestand des Auslieferungslagers auf 2 Millionen Glasbilder beziffern[18]. Der Vertriebskatalog des Unternehmens, der seit 1888 mit jährlichen Supplementen herausgegeben wurde, enthält in der Ausgabe von 1908 1105 verschiedene Bildsequenzen mit 14 728 Einzelbildern[19].

Ein überwiegender Anteil der Bilderserien in diesem Katalog thematisiert Armut, soziale Notlagen und prekäre Schicksale oder dient der Belehrung über einen besseren Lebenswandel, insbesondere im Kampf gegen übermäßigen Alkoholkonsum. Dieses und vergleichbare Angebote anderer Hersteller verweisen auf einen florierenden Markt für Glasbilder, die soziale Themen ansprachen und auf soziale Veränderungen abzielten. Rechnet man die umfangreiche Eigenproduktion und den Vertrieb bzw. den Verleih durch Organisationen hinzu, die Projektionsveranstaltungen im Rahmen ihrer Wohlfahrtspflege eingesetzt haben, ist festzustellen, dass allein dieser Einsatzbereich eine wesentliche Grundlage der massenhaften Verbreitung von Projektionsmedien darstellte. Beispielhaft ist etwa die Church Army, die ihre innere Mission unter den Armen mit sozialen Hilfsangeboten verknüpfte. Sie unterhielt seit 1892 ein eigenes Lantern Department, das eine Wochenproduktion von 1000 Glasbildern und eine Verleihrate von 1,5 Millionen Glasbildern jährlich erreichte[20].

Die Schlussfolgerung auf ein Massenpublikum, ausgehend von Quellen zur Massenanfertigung von Apparaten und Bildern, wirft die Frage nach den Veranstaltungen auf, in denen diese visuellen Materialien zum Einsatz kamen. Im Trierer Forschungsprojekt werden gezielte Erhebungen betrieben, die auf mikrohistorischer Ebene weiteren Aufschluss zu Verbreitung und Gestaltungspraxis der Projektionsaufführungen versprechen. Torsten Gärtner hat alleine für die anglikanische Sunday School Union zwischen 1871 und 1902, hauptsächlich im Londoner Raum, 3700 Einzelveranstaltungen mit Projektionsaufführungen für Jugendliche im Dienste von religiös geprägter Volksbildung und -unterhaltung ermittelt[21].

---

[16] John BARNES, A List of Magic Lantern Manufacturers and Dealers Active in England During the 19th Century, in: CROMPTON u.a., Magic Images (wie Anm. 1), S. 19–30.
[17] Fotografische Glasbilderserien, die Geschichten durch in Pose gestellte »Life Models« mit inszenierten Szenen erzählen. Vgl. Ludwig VOGL-BIENEK, From Life: The Use of the Optical Lantern in Charity and Social Care, in: Andreas GESTRICH, Steven A. KING, Lutz RAPHAEL (Hg.), Being Poor in Modern Europe. Historical Perspectives 1800–1940, Bern 2006, S. 467–484.
[18] Vgl. Mr. James Bamforth, of Holmfirth, Yorks, in: The Optical Magic Lantern Journal and Photographic Enlarger 13 (1902), S. 7f.
[19] Vgl. A Detailed Catalogue of Photographic Lantern Slides: Life Models & c. Holmfirth, Yorkshire: Bamforth & Co., Holmfirth 1908. Summen entnommen aus: Richard CRANGLE, Hybrid Texts. Modes of Representation in the Early Moving Picture and Some Related Media in Britain (unveröffentlichte Dissertation), Exeter 1996.
[20] Vgl. David ROBINSON, Stephen HERBERT, Richard CRANGLE (Hg.), Encyclopaedia of the Magic Lantern. London 2001, Stichwort: Church Army, S. 68f.
[21] Torsten GÄRTNER, The Sunday School Chronicle. Eine Quelle zur Nutzung der Laterna magica, in: KINtop 14/15 (wie Anm. 7), S. 25–35.

Die Größe des jeweiligen Publikums variiert vom kleinen Kreis mit nur 30 oder 40 Personen bis zu Aufführungen, die über 1000 Personen erreichen: »The Graphic« berichtet z.B. 1889 von einer unterhaltsamen Darbietung für 1450 arme und bedürftige Kinder[22], und in den »Illustrated London News« wird 1890 von Arbeiter-Bildungsveranstaltungen in Lancashire berichtet, bei denen regelmäßig 700–1200 Personen die Projektionsvorträge gesehen und gehört haben[23]. Das Journal »Help« berichtet 1891 über Gottesdienste in Luton, die nur aufgrund der Präsentation von Projektionen wöchentlich 1400 Besucher anlockten[24].

Abb. 2: Stich: Illustrated London News, Gilchrist Science Lecture to Working Men (1890).

---

[22] The Graphic, 23.2.1889, S. 189.
[23] Science for the People. At a Gilchrist Lecture, in: The Illustrated London News, 18.10.1890, S. 487f.
[24] Vgl. Help. A Journal of Social Service 1 Nr. 1 (1891), S. 13. Für den Gebrauch in britischen Kirchen stand eine große Auswahl so genannter Services of Song zur Verfügung, die rund um eine erbauliche Erzählung gestaltet waren und sich sehr häufig auf soziale Probleme bezogen. Dafür konnten bei verschiedenen Verlagen Text- und Notenblätter erworben werden, die Laternbilder standen im Verleih zur Verfügung.

EINSATZ DER PROJEKTIONSKUNST
IM KONTEXT DER »SOZIALEN FRAGE«

Aufführungen dieser Art gehören in den intermedialen Kontext von Angeboten, die häufig mit der »Sozialen Frage« begründet wurden – einem historischen Begriff, dessen Semantik in den Gesellschaften der Industrialisierung für ein weit verbreitetes, diffuses Problembewusstsein steht, das auf unterschiedliche Lösungsstrategien und Aktionsfelder der Armutsbekämpfung zielte.

Ein aufschlussreiches deutsches Beispiel für den Einsatz visueller Medien in diesem Zusammenhang bieten die Protokolle des »Ersten Kongresses für Volksunterhaltung am 13. und 14. November 1897 zu Berlin«[25], der sich über politische Grenzen hinweg den Meinungsaustausch über so genannte »Volksunterhaltungen« zum Ziel gesetzt hat. Deren »Wirken«, heißt es einleitend,

> entspringt der Überzeugung, daß die Sorge um das leibliche Wohl die Pflichten gegen die wirtschaftlich Schwächeren nicht erschöpft, daß es vielmehr eine gleich wichtige und gleich edle Aufgabe ist, dem Bedürfnis von Hunderttausenden nach Bildung und geistiger Anregung nachzukommen[26].

Der Vorsitzende Raphael Löwenfeld vom Berliner Schiller-Theater stellt in seinem Eröffnungsbeitrag fest:

> Die Ausbreitung der Bildung [...] hat einer großen Zahl neuer Menschen Bildungsfähigkeit und, was noch wichtiger ist, Bildungsstreben gegeben. Sie hat in Millionen von Menschen das Bewusstsein geweckt, daß sie teilnehmen können und darum auch sollen an den edlen Genüssen, die bis dahin nur das Eigentum weniger waren. [...] Aber es besteht ein Widerstreit zwischen den berechtigten Wünschen von Millionen und ihren wirtschaftlichen Verhältnissen. Diesen Widerstreit aufzuheben, ist die große Aufgabe der Gegenwart. Unsere Arbeit ist von dieser allgemeinen großen Aufgabe ein kleiner Bruchteil. Wir haben uns einen schmalen Küstenstrich ausgesucht innerhalb des großen, schier unübersehbaren Gebiets der sozialen Frage[27].

Obwohl er seine Argumentation auf Bildung begründet, grenzt er die Bestrebungen der Volksunterhaltung, »Erhebung und Erheiterung«, deutlich gegen die Volksbildung ab, ohne die Gemeinsamkeiten im Programm zu bestreiten:

> Wenn wir unsere Bildung vermehren, im wesentlichen also, wenn wir unsere Kenntnisse erweitern, so schaffen wir zu der Bürde, die wir schon tragen, nur eine neue. Es ist gewiß richtig, und der schwere Kampf, den wir unser ganzes Leben führen, erfordert es, daß wir allen das Rüstzeug auf ihren Lebensweg mitgeben; denn je mehr Kenntnisse der Einzelne hat, desto fester wird er im Kampfe des Lebens stehen. Aber eben dieser Kampf erschöpft uns körperlich und geistig so sehr, daß wir ein Heilmittel suchen müssen, um dieser Erschöpfung entgegenzuarbeiten.

---

[25] Vgl. Raphael LÖWENFELD (Hg.), Die Volksunterhaltung. Stenographischer Bericht über den Ersten Kongreß für Volksunterhaltung am 13. und 14. November 1897 zu Berlin, Berlin 1898.
[26] Ibid., S. 3.
[27] Ibid., S. 8.

Dieses Heilmittel sehen wir in der Volksunterhaltung. Wenn ich also von Erhebung und Erheiterung spreche, so meine ich das in diesem Sinne[28].

Das Formenspektrum der Volksunterhaltung, das die Kongressdelegierten vorstellten, war vielfältig und reichte vom Theater bis zur bildenden Kunst. Aber gerade in der großen Zahl derer, für die gesorgt werden sollte, lag auch das Problem von Aufwand und Kosten. Diesem Problem ließ sich durch die beschriebenen Eigenschaften des Mediums Projektionskunst begegnen: Bei relativ geringem Aufwand lässt sich ein sehr großes Publikum in leicht wiederholbaren Veranstaltungen an attraktiven Darbietungen beteiligen. Kein Wunder, dass ein Herr Schönrock, der sich selbst als »alten Praktikus auf dem Gebiete der Volksunterhaltung« apostrophiert, »die Vorführung von Lichtbildern aller Art« an erster Stelle empfiehlt[29]. Der Berliner Kunstpublizist Albert Dresdner fordert in seinem Beitrag »Die bildende Kunst im Dienste der Volksunterhaltung«[30] eine Ausbildung des Sehens. Er empfiehlt »zu diesem Zwecke die Heranziehung von Projektionslichtbildern«, die im Rahmen einer »künstlerischen Heimatskunde« vom Vertrauten ausgehend das Auge schulen sollten[31]. Die »Begleitworte« sollten nicht als Vorträge »von strenger, mehr oder weniger lehrhafter Form gestaltet« sein.

Da der Vortragende seinem Publikum den Rohstoff nicht erst zu vermitteln braucht, sondern ihn als allgemein bekannt und interessant voraussetzen darf, so braucht er nicht zu lehren, sondern er kann bequem plaudern, kann sein Thema mit Arabesken umspinnen, kann die verschiedensten Gesichtspunkte heranziehen, Anekdoten aus der Vergangenheit und Gegenwart einflechten, seine Darstellung feuilletonistisch beleben. So vermag er sicherlich das Interesse der Zuhörer am Gängelbande zu führen; sie werden ihm willig folgen[32].

Am Beispiel von Berlin erläutert er, wie die projizierte Bildfolge zu nutzen sei, um 1. Entwicklungen zu zeigen: vom »Fischerdorf an der Spree« bis zum »Berlin [...] Kaiser Wilhelms I.«; 2. Vergleiche herzustellen:

es müssten die verschiedenen charakteristischen Bestandteile, wie das Arbeiterviertel, das Geschäftsviertel, das Villenviertel u.s.w., nebeneinandergestellt und in ihrer Eigenart gekennzeichnet werden

und 3. Zusammenhänge zu erläutern:

Denn die Zuhörer sollen ihre eigene Vaterstadt erst sehen und verstehen lernen. Wie kam beispielsweise das Arbeiterviertel zu seiner Art und Gestalt? Es wäre verfehlt, wollte man die großen Kasernen dieses Viertels schlechthin als verwerflich und verurteilenswert darstellen. Vielmehr ist zu zeigen, wie die Rücksichten auf die Raumbenutzung, der Zeitgeschmack u.s.w. zusammenwirkten, den Typus der Mietskasernen zu erzeugen. In einer solchen Darstellung liegt meines Erachtens auch Kunst. Denn Kunst ist gerecht und hat für jede Erscheinung Verständnis[33].

---

[28] Ibid., S. 9f.
[29] Ibid., S. 121f.
[30] Ibid., S. 99–110.
[31] Ibid., S. 104.
[32] Ibid., S. 105.
[33] Ibid., S. 106.

Das Zitat verdeutlicht auch, wie weltanschauliche Vorstellungen zwangsläufig in die Vermittlung von künstlerischer Unterhaltung einfließen.

Den einander ergänzenden Bestrebungen von Volksbildung und -unterhaltung im ausgehenden 19. und frühen 20. Jahrhundert entspricht die Konstruktion der Aufführungsmodi »Unterhaltung und Belehrung« in der Projektionskunst. Diesen wachsenden Markt bedienten im Deutschen Reich Unternehmen wie Liesegang (Düsseldorf), Gebr. Mittelstrass (Magdeburg) oder Unger und Hoffmann (Dresden) mit unterschiedlichen Projektionsapparaten, einer großen Auswahl an Laternbildern aller Art und nach 1896 auch mit Filmen.

In Großbritannien verbindet sich die weite Verbreitung von Projektionsaufführungen mit der intermedialen Thematisierung sozialer Probleme der Industrialisierung. Ein illustres Beispiel ist die Initiative des Journalisten und Herausgebers William T. Stead, der im Februar 1891 ein neues Blatt auf den Markt brachte: »Help. A Journal of Social Service«. Im Editorial formuliert er den Leitsatz dieser Neuerscheinung »We want to solve the Social Problem«[34] und begründet ihre Notwendigkeit mit dem großen Erfolg seines Magazins »Review of Reviews«. Entgegen ursprünglicher Planung blieb dort kein Platz mehr für die Bereiche »record of the Service of the Helpers, for reporting the progress of the Magic Lantern Mission, or for the chronicling of progress made along the Way Out of Darkest England«[35]. Die Idee einer Magic Lantern Mission hatte Stead bereits vorher in die Diskussion gebracht[36] und stellte in dieser Darstellung ihre weitere Entwicklung in den Kontext der Förderung wohltätiger Aktivitäten und die sozialwissenschaftliche Begründung der sozialen Arbeit der Salvation Army[37]. Er beschreibt die enormen Erlebnispotenziale in der Gestaltung von Lichtbilderaufführungen und fordert deren erbaulich-unterhaltsame Verwendung in Erfüllung der religiösen Verpflichtung zur Armenhilfe. Keine geringere Bedeutung misst auch er dem Aufführungsmodus Bildung bei und kommt zu der bereits absehbaren Vorhersage: »The time is coming, however, when a school without a lantern will be as absurd an anachronism as a school without a slate or an inkpot«[38].

Vor dem Hintergrund häufiger Projektionsaufführungen mit philanthropischer, sozialerzieherischer oder missionarischer Intention kann Stead einen beachtlichen »Standard of Minima« definieren:

There ought to be one lantern performance a week in every workhouse in the country every winter; there ought to be one lantern service a week for six months in the year in every Sunday school in the land. [...] In every village a magic lantern, in every county a circulating library, so to speak, of slides[39].

---

[34] William T. STEAD, To our Readers, in: Help 1 (wie Anm. 24), S. 3.
[35] Ibid., S. 1.
[36] Vgl. DERS, Magic Lantern Mission. Reprinted from the Review of Reviews, o. O. 1890.
[37] Vgl. William BOOTH, In Darkest England and the Way Out. By General Booth, London 1890.
[38] STEAD, Mission (wie Anm. 36), S. 1.
[39] Ibid., S. 16.

Um dieses Ziel zu erreichen, schlug er ein Netzwerk vor, das sich in einer National Society of Lanternists (NSL) organisieren sollte[40]. Ihre Distrikte sollten so eingeteilt werden, dass je 10 000 Einwohnern ein »competent lanternist« und ein »equally qualified talker or lecturer« zur Verfügung stand, die bereit waren, wenigstens eine Aufführung pro Woche zu geben[41]. Tatsächlich fand die NSL nach ihrer Gründung regen Zulauf und erwies sich auch als eine neue Domäne weiblicher Aktivitäten. »Help« wurde zu ihrem Organ und lieferte regelmäßig Arbeitsberichte und Informationen zur Organisationsentwicklung. Es blieb letztlich allerdings bei einem Strohfeuer, das nach ca. fünf Jahren durch die allzu disparate Mitgliedschaft wieder erlosch[42]. Eine Assoziation freier Akteure hatte nicht die Stabilität von Organisationen wie die o.g. Church Army, deren Lantern-Department (später Lantern and Cinema-Department) Jahrzehnte aktiv war und die bis heute visuelle Medien einsetzt. Es ist aber davon auszugehen, dass die Maschen des zerfallenen Netzwerks zum Ausgangspunkt weiterer Aktivitäten wurden. Stead hatte offensichtlich einen Sinn für solche Impulse, wenn er sagt: »The indirect effects of such action are usually more important than the direct«[43].

GESTALTUNG SOZIALER THEMEN

Der Einsatz der Projektionskunst für die sozialen Zwecke von Volksbildung und -unterhaltung bediente sich vieler Themen und Motive – von erbaulichen oder erheiternden Szenen bis zu Unterweisungen in alltagspraktischen Fragen. Die Thematisierung sozialer Probleme in Projektionssequenzen ist unabhängig davon zu sehen. Die disparate Vielfalt ihrer Gestaltung wurde ebenfalls durch die diffuse Semantik von Begriffen wie »Die Soziale Frage« oder »The Social Problem« bestimmt. Im intermedialen Kontext mit anderen Text- und Bildmedien und mit weiteren Aufführungsformen diente sie sehr verschiedenen Absichten, in die gesellschaftlichen Verhältnisse einzugreifen oder die Öffentlichkeit kritisch damit zu konfrontieren. Sie richtete sich keineswegs alleine an die Betroffenen, sondern häufig auch an Zielgruppen, die selbst nicht von Armut betroffen waren.

Soweit die Klientel sozialer Arbeit angesprochen werden sollte, handelte es sich zumeist um erzieherisch gestaltete Projektionssequenzen. Sie bedienten sich der beiden Aufführungsmodi Bildung und Unterhaltung, um z.B. vor den schlimmen Folgen des Alkoholkonsums zu warnen: Medizinische Darstellungen zeigten drastisch die Folgen des Alkoholkonsums für die inneren Organe, und ergreifende Geschichten illustrierten die zerstörerische Wirkung auf die Familie. Zu den Unterhaltungsangeboten gehörten zwar Geschichten von Armutsschicksalen, aber andere Themen waren hier auch sehr

[40] Vgl. Help 1 Nr. 3 (1891), S. 68.
[41] Vgl. Help 1 Nr. 4 (1891), S. 89.
[42] Richard CRANGLE, Mission Unaccomplished: W. T. Stead, Charles W. Hastings and the Magic Lantern Mission, in: CRANGLE u.a. (Hg.), Realms (wie Anm. 1), S. 174–184.
[43] Help 1 (wie Anm. 24), S. 3. Die Bemerkung bezieht sich auf die Anleitung zu einem »Way Out of Darkest England« von General Booth (Salvation Army), vgl. BOOTH, Darkest England (wie Anm. 37).

beliebt, und es gilt sicher ebenso für die Projektionsleinwand, was ein Herr Sittenfeld beim oben erwähnten Berliner Kongress vom Theater berichtet: »Das Volk will nicht auch noch das Elend auf der Bühne sehen!«[44]

Seit den 1890er Jahren werden die Akteure der Sozialarbeit selbst in zunehmendem Maße zum Zielpublikum. Im Zuge der Forderung, ihre Arbeit sozialwissenschaftlich zu fundieren, stellten Dokumentationszentren in vielen Ländern Text- und Bildmaterial für ihre Ausbildung bereit. Modellhaft für viele war das 1895 gegründete Musée social in Paris, dem vergleichbare Einrichtungen folgten, wie das Social Museum der University of Harvard oder das American Institute of Social Service[45]. In einer Beschreibung der Materialien betont dessen Präsident Josiah Strong den Wert der bereitgestellten Fotografien, »which often speak more truthfully and effectively than any possible words«[46]. Dringend empfiehlt er das Angebot der »illustrated reading lectures«, für die Laternbilder und Vortragstexte bereitgestellt wurden, zu Themen wie: »Parks and Playgrounds«, »Housing« oder »Social Settlements«[47]. In einer »Descriptive List of Lantern Slides« wurden mehrere tausend Glasbilder zum Verleih angeboten[48].

Die Herstellung von Glasbilderserien zu Armutsthemen, die sich an das allgemeine Publikum richteten, konnte eine entsprechende Nachfrage voraussetzen. Eine beispielhafte Situationsbeschreibung gibt der viktorianische Schriftsteller und Journalist George R. Sims:

The way in which men and women were herded together in the vilest and most insanitary conditions in the capital of the British Empire touched the public conscience, and for a time ›slumming‹ became fashionable[49].

»Slumming« bedeutete, dass Außenstehende sich auf den Weg in die Slums machten, um sich mit den Lebensverhältnissen dort zu konfrontieren, einige im Sinne von Sightseeing, andere in der ernsthaften Absicht, zu helfen oder Aufklärung zu betreiben[50]. Sims war in diesem Kontext vielfältig engagiert. Als Journalist berichtete er in einer Fortsetzungsreportage[51] von einer Tour durch das Londoner East End, eine »pilgrim-

---

[44] LÖWENFELD, Kongreß für Volksunterhaltung (wie Anm. 24), S. 114.
[45] Vgl. Michelle LAMUNIÈRE, Science and Sentiment in Harvard University's Social Museum. Its Models, and its Competition, Vortrag im Rahmen der Konferenz »Imagination and commitment. Representations of the social question«, Universität Groningen 10.–11. Mai 2007.
[46] Josiah STRONG, A Clearing-house of Civilisation. I. American Institute of Social Service, in: Progress – Civic, Social, Industrial. The Organ of the British Institute of Social Service 1 (1906), S. 3.
[47] Ibid., S. 8.
[48] Social Service. A Descriptive List of Lantern Slides. Illustrating Movements for Social and Industrial Betterment, New York City 1905.
[49] George R. SIMS, My Life. Sixty Years' Recollections of Bohemian London, London 1917, S. 136.
[50] Das Phänomen ist für London gut beschrieben, wurde aber auch in anderen Großstädten beobachtet. Vgl. Seth KOVEN, Slumming: Sexual and Social Politics in Victorian London, Princeton 2006.
[51] Sie erschien im Frühjahr und Sommer 1883 in »Pictorial World« und im selben Jahr in Buchform: George R. SIMS, How the Poor Live, London 1883.

age of pain through Poverty Land«[52], zu der ihn ein junger Schulbeamter eingeladen hatte. Auch in vielen seiner Theaterstücke ging es um Armutsthemen und prekäre Lebenssituationen, darunter »The Lights o' London«, mit dem ihm der Durchbruch als Bühnenautor gelungen war[53]. Nicht weniger bekannt wurden seine sozialkritischen Balladen, die sich großer Beliebtheit bei öffentlichen Rezitationen erfreuten[54]. Um solche Vorträge noch lebendiger zu gestalten, wurden sie häufig von projizierten Lichtbildern begleitet, die das Geschehen visuell nachvollzogen. Damit entstand ein medial vermitteltes Erlebnis, eine virtuelle Form von »Slumming«, an der sich auch diejenigen beteiligen konnten, die nicht selbst in den Slums unterwegs waren. Das Gewicht solcher Reportagen und Aufführungen in den Auseinandersetzungen um Notwendigkeit und Formen sozialer Hilfe bzw. sozialpolitischer Veränderungen ist nicht geringzuschätzen. Im Konflikt mit Gegenpositionen, wie sie schon im Januar 1866 in der »Times« zu finden waren, die erklärte, sie hätte »no sympathy with the professional philanthropy which makes a pet of everything depraved«[55], spielten sie eine wichtige Rolle für die gesellschaftliche Akzeptanz menschenfreundlicher Armenhilfe und sozialstaatlicher Sicherungssysteme.

Als Beispiel soll abschließend eine Ballade von Sims vorgestellt werden, die bei York & Son (London) 1889 als Glasbilderserie produziert wurde: »The Magic Wand – A School Board Officer's Story«[56]. Die Rahmenhandlung ist eine »Slumming-Tour« durch das Londoner East End. Wie ein Fremdenführer zeigt der Schulbeamte die erschütternden Lebensverhältnisse (Abb. 3), und in einer elenden Behausung (Abb. 4) erzählt er die Geschichte eines Mädchens, das im Drury Lane Theatre die Feen-Königin spielen durfte (Abb. 5). Parallel wird der Vater im Wirtshaus gezeigt, den seine Familie nicht kümmert (Abb. 6). Die kleine Protagonistin glaubt an die magische Macht ihres Zauberstabs und ist überzeugt, dass sie damit der todkranken, geliebten Mutter helfen kann, aber während sie den Zauberstab über dem Krankenlager schwingt, stirbt die Mutter (Abb. 7). Das Mädchen bewahrt seinen naiven Glauben und berichtet in der Schule (Abb. 8), wie es ihr durch Zauberkraft gelungen ist, die Mutter in das Land der Glückseligkeit zu senden. Durch die verbundene Folge der einzelnen Bildräume findet sich das Publikum in einer sozialen Landschaft wieder, die ihm unbekannt ist wie ein fremder Kontinent, obwohl es in nächster Nähe wohnt[57]. In dieser Umgebung bewegen sich die Figuren der Handlung, die von den Zuschauerinnen und Zuschauern auf eindrucksvolle Weise miterlebt werden kann. Die Erzählung beinhaltet aber auch eine bemerkenswerte Drehung, die ein zentrales Problem der

---

[52] SIMS, My Life (wie Anm. 49), S. 136.
[53] Vgl. Michael R. BOOTH (Hg.), The Lights o' London and Other Victorian Plays. Oxford 1995, S. XXI–XXIV und S. 103–169.
[54] Siehe z.B. George R. SIMS, Ballads and Poems (The Dagonet Ballads. The Ballads of Babylon. The Lifeboat and Other Poems), London o. J. (Datierung British Library 1883).
[55] The Times, 29.1.1866, zitiert nach: KOVEN, Slumming (wie Anm. 50), S. 88.
[56] SIMS, Ballads (wie Anm. 54), S. 11–16.
[57] Beispielhaft für den historischen Gebrauch dieser Metapher ist die Einleitung von Sims Reportage »How the Poor Live«: »In these pages I propose to record the results of a journey with pen and pencil into a region which lies at our own doors – into a dark continent that is within easy walking distance of the General Post Office.« SIMS, How the Poor (wie Anm. 51), S. 3.

»Sozialen Frage« reflektiert: Der kritische Realismus der Darstellung gesellschaftlicher Verhältnisse verbindet Künstler, soziale Helfer und Publikum miteinander – exkludiert sie aber zugleich von der Protagonistin, trotz aller emotionellen Identifikation. Die »elend Ausgestoßene (wretched outcast)«[58] kann sich genau diesen ›verbindenden‹ Realismus nicht leisten, weil sie daran zerbrechen würde.

ZUSAMMENFASSUNG

Die Frage nach dem »19. Jahrhundert als Mediengesellschaft« wird in diesem Aufsatz in Bezug auf das noch wenig erforschte Medium der historischen Projektionskunst untersucht. Die große Verbreitung von Projektionsaufführungen im ausgehenden 19. Jahrhundert, deren Durchführung mit der »Sozialen Frage« begründet wurde, spricht für ihren Erfolg und ihre Wirtschaftlichkeit. Organisationen der Armenfürsorge haben sie ebenso angeboten wie einzelne oder nur lose miteinander verbundene Philanthropen. Die von ihnen veranlasste Gestaltung sozialer Themen in der Projektionskunst wird in Bezug auf die Zielgruppen Armutsklientel und Akteure der Wohlfahrtspflege skizziert. In Verbindung mit dem Phänomen »Slumming« zeigt sich, dass Aufführungen zu dieser Thematik sich auch an die allgemeine Öffentlichkeit richteten.

Im intermedialen Kontext des 19. Jahrhunderts bewähren sich die Aufführungsmodi der Projektionskunst Bildung und Unterhaltung durch die eindrucksvolle Anschaulichkeit des Mediums und sein Potenzial, attraktive Erlebnisse zu vermitteln. Auf dieser Grundlage ist bei Untersuchungen der »Mediengesellschaft des 19. Jahrhunderts« nach der Rolle der wandelbaren Lichtbilder in Auseinandersetzungen um die Deutungshoheit des Realen bzw. Realistischen durch die Inszenierung virtueller Realitäten zu fragen.

---

[58] SIMS, Ballads (wie Anm. 54), S. 14.

Projektionskunst und soziale Frage 177

Abb. 3

Abb. 4

Abb. 5

Abb. 6

Abb. 7

Abb. 8

Abb. 3–8: Szenen aus »The Magic Wand«.

FRANK BECKER

Augen-Blicke der Größe
Das Panorama als nationaler Erlebnisraum
nach dem Krieg von 1870/71

Zum Jahreswechsel 1879/80 wurden in der Nähe von Sedan einige verdächtige Personen verhaftet. Sie waren aufgefallen, weil sie das Terrain studierten und Skizzen anfertigten. Anwohner, die zudem bemerkt hatten, dass die Gäste deutsch sprachen, glaubten Spione am Werk zu sehen und verständigten die Behörden. Als die Polizei zugriff, stellte sich schnell heraus, dass keineswegs Spione, sondern Künstler durch die Landschaft gestreift waren. Da die Maler und Grafiker jedoch ohne behördliche Genehmigung gearbeitet hatten, bezahlten auch sie ihren Benchercheeifer mit einigen Tagen im Gefängnis. Was sie beobachtet hatten, kam einige Monate später einer viel beachteten künstlerischen Darstellung der Schlacht von Sedan zugute.

Diese Darstellung gehörte keineswegs zu jenen Tafelgemälden, die nach dem Krieg von 1870/71 in großer Zahl entstanden, um die Wände fürstlicher Repräsentationsbauten und Offizierskasinos, aber auch bürgerlicher Wohnzimmer zu schmücken. Schon der Umstand, dass mehrere Künstler beteiligt waren, deutet darauf hin, dass es sich um ein größeres Unternehmen handelte – um eines jener Schlachtenpanoramen nämlich, die im Deutschen Kaiserreich ähnlich wie in der französischen Dritten Republik zu Publikumsmagneten wurden. Verantwortlich für das Panorama der Schlacht von Sedan, das 1880 zum zehnten Jahrestag des Sieges in Frankfurt am Main eröffnet wurde und dessen Vorbereitung sich als so gefährlich erwiesen hatte, war der bekannte Schlachtenmaler Louis Braun[1].

Panoramen waren riesige Rundgemälde, die in eigens dafür errichteten Gebäuden, so genannten Rotunden, zur Schau gestellt wurden; die Rundumsicht sollte dem Betrachter, der sich auf einer Plattform in der Mitte der Rotunde aufhielt, suggerieren, dass er sich mitten im Geschehen befand. Die Täuschung wurde vollkommen gemacht, indem man auf dem *faux terrain* – also dem Bereich zwischen Betrachterplattform und Leinwand[2] – eine Szenerie schuf, die sich in die gemalte Realität einfügte. Um beim

---

[1] Hierzu und zu dem oben geschilderten Vorfall Alexandra BALDUS, Das Sedanpanorama von Anton von Werner. Ein wilhelminisches Schlachtenpanorama im Kontext der Historienmalerei, Diss. Bonn 2001, S. 185. Das Frankfurter Sedan-Panorama wurde bis 1895 gezeigt. Siehe Bernard COMMENT, Das Panorama. Die Geschichte einer vergessenen Kunst, Berlin 2000, S. 69. Als Anton von Werner mit seinen Assistenten im Mai 1882 für Terrainstudien nach Sedan reiste, um das Berliner Panorama vorzubereiten, wäre er ebenfalls fast verhaftet worden. Siehe Stephan OETTERMANN, Das Panorama. Die Geschichte eines Massenmediums, Frankfurt a.M. 1980, S. 206f.

[2] Marie-Louise VON PLESSEN, Der gebannte Augenblick. Die Abbildung von Realität im Panorama des 19. Jahrhunderts, in: DIES. (Hg.), Sehsucht. Das Panorama als Massenunter-

Genre des Schlachtenpanoramas zu bleiben: Hatte das dargestellte Schlachtfeld einen Sandboden, wurde Sand ausgestreut, dazu legte man Ausrüstungsgegenstände wie Soldatentornister, Waffen und Gerät, die in derselben Gestalt auch auf dem Bild erschienen. Manchmal wurden sogar Papp- oder Wachsfiguren eingesetzt, die man mit Uniformen bekleidete – die Grenze zwischen Plastik und Malerei verschwamm[3]. Eine geschickte Beleuchtung sorgte dafür, dass der Betrachter, der durch einen dunklen Gang zur Plattform gelangte, von dem hell erstrahlenden Rundbild geradezu überwältigt wurde[4]. Zusätzlich verstärkt wurde die emotionale Wirkung durch pathetische Musik, die aus dem Irgendwo zu kommen schien, weil die Kapelle den Augen des Publikums geschickt entzogen war[5].

Der Anspruch, Realität so täuschend echt wie nur möglich nachzuahmen, wirkte sich auch auf die Arbeitsweise der Künstler aus. Terrainstudien am Ort des Geschehens, wie oben beschrieben, waren obligatorisch; hinzu kamen Gespräche mit Augenzeugen und ein genaues Studium von Uniformen und Gerät. Gezeichnete und gemalte Vorstudien, aber auch Fotografien wurden schließlich in einem komplizierten Verfahren auf die Riesenleinwand projiziert; dadurch wurde es möglich, sie maßstabsgerecht auf das Rundbild zu übertragen, an dem zahlreiche Maler gleichzeitig arbeiteten[6]. Kunst und Technik kamen gewissermaßen zusammen: Herausragende Maler führten Regie, aber sie waren auf die Unterstützung von Künstlern geringeren Ranges[7] und auf zahlreiche technische Hilfsmittel angewiesen. Gerade diese Konstellation hat viele Medienhistoriker dazu bewogen, das Panorama als einen Vorläufer des Kinos zu interpretieren[8]. Auch die Form, in der Panoramen vermarktet wurden, stützt diese These. Panoramen waren Investitionsobjekte, die durch den Verkauf von Eintrittskarten die Herstellungskosten decken und zusätzliche Gewinne einspielen sollten. Ihre Betreibergesellschaften gaben Aktien aus, deren Renditen sich nach den Besucherzahlen bemaßen. Wenn ein Panorama über mehrere Jahre hinweg in einer Stadt gezeigt worden war und das Pub-

---

haltung des 19. Jahrhunderts. Ausstellungskatalog, Basel, Frankfurt a.M. 1993, S. 12–19, hier S. 14.

[3] Zu dieser Praxis etwa BALDUS, Das Sedanpanorama (wie Anm. 1), S. 126f.; François ROBICHON, Die Illusion eines Jahrhunderts – Panoramen in Frankreich, in: VON PLESSEN (Hg.), Sehsucht (wie Anm. 2), S. 52–63, hier S. 58.
[4] Zu der ›Ent-Ortung‹, die der Gang durch den unbeleuchteten Korridor bedeutete, auch ROBICHON, Die Illusion (wie Anm. 3), S. 57.
[5] So beim Berliner Sedan-Panorama. Siehe OETTERMANN, Das Panorama (wie Anm. 1), S. 205.
[6] VON PLESSEN, Der gebannte Augenblick (wie Anm. 2), S. 15.
[7] So hatte Anton von Werner bei der Arbeit am Sedan-Panorama 14 Assistenten. Siehe COMMENT, Das Panorama (wie Anm. 1), S. 70; Astrid WEIDAUER, Berliner Panoramen der Kaiserzeit, Berlin 1996, S. 25.
[8] VON PLESSEN, Der gebannte Augenblick (wie Anm. 2), S. 13. Der entscheidende Unterschied besteht darin, dass sich beim Panorama der Betrachter vor dem fest installierten Bild bewegt – auf der rotierenden Plattform –, während beim Film die Bilder vor dem still sitzenden Zuschauer vorüberziehen. Siehe WEIDAUER, Berliner Panoramen der Kaiserzeit (wie Anm. 7), S. 24.

likumsinteresse nachzulassen begann, wurde das Bild meistens noch auf eine Tournee durch andere Städte geschickt[9].

Schon der finanzielle Zwang, ein möglichst großes Publikum anzusprechen, machte es unumgänglich, das Panorama als ein visuelles Massenmedium zu konzipieren. Für die Schlachtenpanoramen galt ebenso wie für ihre Geschwister, die andere Themen präsentierten, dass sowohl der Gegenstand als auch die Form seiner Darbietung eine ›Sensation‹ sein musste. Die Schlachten des deutsch-französischen Krieges, die auf beiden Seiten des Rheins fast jedes Schulkind hersagen konnte, erfüllten dieses Kriterium problemlos; ihre Darstellungen in den Rotunden, die für die Schaulust so viel Nahrung boten, nicht weniger. Trotzdem waren die Panoramen keineswegs nur Elemente des großstädtischen Vergnügungsbetriebes, die aus der Neugier des Publikums ihren Profit schlugen. Sie besaßen noch eine andere Eigenschaft, die sie auch weit von den Anfängen des Kinos wegrückte: Sie waren Stätten eines nationalen Erinnerungskultes. Diese Rolle wertete sie auf und unterschied sie deutlich von anderen optischen Sensationen, die ähnlich wie der frühe Film nicht viel mehr als Jahrmarktsattraktionen waren.

Weil das Panorama dieses Doppelgesicht besaß, weil es gleichzeitig Massenmedium und Erinnerungsort war, wuchs ihm für die Nationalkultur des 19. Jahrhunderts eine besondere Bedeutung zu. Der Versuch, die Masse der Bevölkerung zu erreichen und zu mobilisieren, ist so alt wie der Nationalismus selbst; der Krieg war oft Anlass für besondere Anstrengungen hierbei, und er wurde umgekehrt aus der Retrospektive gerne als kommunikatives Vehikel für nationale Botschaften genutzt. Die neuere Forschung hat betont, in welch hohem Maße die modernen Nationalstaaten nicht nur faktisch, sondern auch kollektivpsychologisch ›Kriegsgeburten‹ sind[10]. Das Panorama identifizierte die Nation mit ihrem Schlachtenschicksal, und es präsentierte seine Botschaft gleichzeitig in einer Form, die so populär und eingängig war, dass sie auch die breite Mittelschicht, ja sogar die Unterschicht erreichte. Auch wenn der Eintrittspreis für einen Panoramabesuch nicht unerheblich war, sprechen doch alle Informationen, die über das Publikum der Rundbilder vorliegen, eindeutig dafür, dass auch Arbeiter, die für dieses Ereignis möglicherweise sogar sparen mussten, und Dorfbewohner, die dazu Ausflüge in die Stadt unternahmen, den Gang in die Rotunden antraten[11]. Da auch gekrönte Häupter, bevorzugt an Eröffnungstagen, den Rundbildern die Ehre

---

[9] Eine Vorgehensweise, die durch Normierung der Formate erleichtert wurde: »Gleiche Abmessungen von Leinwänden und Rotunden sorgten für ein international verwendbares Verbundsystem« (VON PLESSEN, Der gebannte Augenblick [wie Anm. 2], S. 17).

[10] Anthony D. SMITH, National Identity, Reno, Las Vegas, London 1991, S. 27, sowie der Literaturbericht von Dieter LANGEWIESCHE, Nation, Nationalismus, Nationalstaat, in: NPL 40 (1995), S. 190–236, hier bes. S. 192–193; außerdem Ute FREVERT, Nation, Krieg und Geschlecht im 19. Jahrhundert, in: Manfred HETTLING, Paul NOLTE (Hg.), Nation und Gesellschaft in Deutschland. Historische Essays. Festschrift Hans-Ulrich Wehler, München 1996, S. 151–170.

[11] BALDUS, Das Sedanpanorama (wie Anm. 1), S. 184; OETTERMANN, Das Panorama (wie Anm. 1), S. 196; François ROBICHON, Le panorama, spectacle de l'histoire, in: Le Mouvement social 131 (1985), S. 65–86, hier S. 6.

gaben[12], gilt für das Panorama offenkundig, was in der Medienlandschaft des 19. Jahrhunderts insgesamt noch Seltenheitswert besitzt: Es konnte praktisch das gesamte Spektrum der sozialen Schichten mit seiner Botschaft erreichen.

In Frankreich setzte die Panoramawelle nach dem Krieg von 1870/71 einige Jahre früher ein als in Deutschland. Dafür waren wahrscheinlich die noch gut erinnerbaren Schlachtenpanoramen aus dem Krimkrieg verantwortlich. Während in Deutschland wie in weiten Teilen Europas die Panoramen nach ihrer ersten Konjunktur von 1800 bis zum Vormärz fast vollständig aus der Mode gekommen waren[13], so dass im Kaiserreich zu ihrer Wiederentdeckung ein großer Schritt getan werden musste[14], hatten die Franzosen schon unter dem dritten Napoleon die schnelle Renaissance dieses Mediums erlebt[15]. Insbesondere der Einsatz der französischen Expeditionsarmee bei der Belagerung von Sewastopol war auf Rundbildern dargestellt und gefeiert worden. Nach dem Krieg gegen Preußen-Deutschland stellte sich die Situation für die Panoramakünstler und -unternehmer allerdings ungleich schwieriger dar als im Gefolge des Konflikts mit dem Zarenreich. Nun ging es nicht darum, Siege zu feiern, sondern eine schwere Niederlage zu verarbeiten. Weit davon entfernt, das militärische Desaster zu tabuisieren oder mit einem Bilderverbot zu belegen, entwickelten die Verantwortlichen Strategien, die Niederlage so zu stilisieren, dass sie das Publikum nicht deprimierte, sondern Emotionen auslöste, die goutierbar waren und zu optimistischen Zukunftsentwürfen führten. Die große Mehrheit der französischen Panoramen widmete sich in diesem Sinne der zweiten Kriegsphase nach der Revolution vom 4. September 1870, in der die neu konstituierte Republik die größten Anstrengungen unternahm, um das Land von den Invasionsarmeen zu befreien – trotz der verheerenden Niederlagen Napoleons III., die eine fast schon hoffnungslose Situation herbeigeführt hatten. Nur zwei Rundbilder thematisierten Schlachten aus der ersten Kriegsphase. Dabei handelte es sich einerseits um eine Darstellung des Angriffs französischer Kürassiere bei Reichshofen in der Schlacht von Wörth am 6. August 1870, andererseits um eine Wiedergabe der Schlacht von Rezonville zehn Tage später[16]. Beide Panoramen behandelten militärische Ereig-

---

[12] Frank BECKER, Bilder von Krieg und Nation. Die Einigungskriege in der bürgerlichen Öffentlichkeit Deutschlands 1864–1913, München 2001 (Ordnungssysteme. Studien zur Ideengeschichte der Neuzeit, 7), S. 470f.

[13] Die ›Erfindung‹ des Panoramas datiert noch etwas früher – 1787 wurde von Robert Parker in London die erste Rotunde eröffnet. Siehe ROBICHON, Die Illusion (wie Anm. 3), S. 52.

[14] Oettermann sieht die erste Panoramawelle in Deutschland 1850 enden, die zweite 1880 beginnen. Dass die zweite Welle nicht unmittelbar nach dem Krieg von 1870/71 einsetzte, führt er auf den Gründerkrach zurück. Siehe OETTERMANN, Das Panorama (wie Anm. 1), S. 187f.

[15] ROBICHON, Die Illusion (wie Anm. 3), S. 56.

[16] Das Panorama der Schlacht von Rezonville wurde ab 1883 in Wien gezeigt, dann zur Weltausstellung von 1889 nach Paris geholt. Siehe COMMENT, Das Panorama (wie Anm. 1), S. 72. Ab 1893 war es in Berlin zu sehen. Siehe OETTERMANN, Das Panorama (wie Anm. 1), S. 204. Für das Reichshofen-Rundbild lässt sich eine ähnliche Karriere konstatieren: Zuerst wurde es in Österreich und Deutschland gezeigt (ROBICHON, Die Illusion [wie Anm. 3], S. 54). Offenkundig war die Skepsis im Hinblick auf die Akzeptanz beim Publikum bei diesen Bildern aus der ersten Kriegsphase sehr groß.

nisse, mit denen sich eine gewisse Tragik verbindet. Die Kürassiere von Reichshofen mussten erleben, dass aller Angriffsmut vergeblich war, wenn die Verteidiger mit modernen Hinterladergewehren Schnellfeuer schossen; die Zeit ihrer Waffengattung, so die bittere Erkenntnis, war abgelaufen. Bei Rezonville drangen die Franzosen lange siegreich vor, ein rettender Durchbruch in Richtung Paris wäre möglich gewesen, wenn das Oberkommando die Schwäche der gegnerischen Kräfte erkannt und energisch genug nachgesetzt hätte. Das Panorama zeigt den Abend der Schlacht, die bleierne Stimmung nach der vergeblichen Anstrengung, den vielen vergeblichen Opfern[17].

Diese tragische Grundstimmung kam der Atmosphäre der Rundbilder sehr nahe, die Ereignisse aus der zweiten Kriegshälfte darstellten. Möglicherweise konnten die Panoramen von Reichshofen und Rezonville deshalb entstehen und öffentlich ausgestellt werden, obwohl der Wechsel des politischen Systems dafür gesorgt hatte, dass das Kaiserreich und mit ihm die Kriegführung des napoleonischen Offizierkorps in Frankreich häufig verteufelt wurden – bis hin zu der Unterstellung, Teile dieses Offizierkorps hätten nach dem 4. September absichtlich Niederlagen herbeigeführt, um die neue republikanische Regierung zu schwächen. Diese Verratsthese bildete auch einen Anspielungshorizont der Panoramen zur zweiten Kriegsphase. Hier wurde gezeigt, wie die Nation zu retten versuchte, was die Eliten Napoleons verdorben hatten. Der Einsatz der Franzosen war vorbildlich, aber letztlich zum Scheitern verurteilt, weil die Lage, die das alte Regime hinterlassen hatte, den bis zuletzt Widerstand Leistenden einfach keine Chance mehr ließ.

Aus der Gruppe der Panoramen, die diese Botschaft verkündeten, ragten zwei Werke heraus, die von den führenden französischen Schlachtenmalern der Dritten Republik geschaffen und über viele Jahre lang im Herzen von Paris ausgestellt wurden[18]. Einerseits handelte es sich um eine Darstellung der »Verteidigung von Paris«, die Félix Philippoteaux schon 1873 dem Publikum übergab[19], andererseits um ein Rundbild der »Schlacht von Champigny«, das 1882 von Édouard Detaille und Alphonse de Neuville fertig gestellt wurde[20] (Abb. 1 und 2). Das erstgenannte Panorama, das 1878 auch auf der Pariser Weltausstellung gezeigt wurde, thematisierte die Kämpfe rund um das Fort Issy, eines der großen Festungswerke, auf die sich die Verteidigung der Hauptstadt

---

[17] VON PLESSEN (Hg.), Sehsucht (wie Anm. 2), Katalogteil, S. 158.
[18] ROBICHON, Die Illusion (wie Anm. 3), S. 57.
[19] Das Rundbild wurde von 1873 bis 1890 im Panorama National an den Champs-Élysées ausgestellt. Philippoteaux fertigte zudem zwei Kopien an, eine für den europäischen, die andere für den amerikanischen Markt. Siehe COMMENT, Das Panorama (wie Anm. 1), S. 67. Darüber hinaus wurde das Werk auf der Weltausstellung von 1878 in Paris gezeigt. Siehe OETTERMANN, Das Panorama (wie Anm. 1), S. 194.
[20] Im Mai 1882 wurde mit diesem Panorama eine neue Rotunde eröffnet, die sich an der zwischen den Champs-Élysées und dem Boulevard Haussmann gelegenen Rue de Berri befand. Siehe COMMENT, Das Panorama (wie Anm. 1), S. 68. Das Interesse an dem Rundbild hielt rund zehn Jahre an; 1892 wurde es zerstückelt und in Einzelteilen verkauft. Siehe ROBICHON, Die Illusion (wie Anm. 3), S. 55.

stützte; das letztgenannte, das pro Tag durchschnittlich 1600 Besucher anzog[21], einen Ausfall aus der belagerten Stadt, der immerhin zu Anfangserfolgen führte und für einige Stunden die Hoffnung nährte, dass der Belagerungsring der Deutschen gesprengt werden könnte. Beide Rundbilder zeigten gewöhnliche Franzosen, die sich als Mobilgardisten für ihr Vaterland einsetzten – aber sie demonstrierten auch, dass die Kommandogewalt bei den Offizieren der regulären Armee lag, um damit die Behauptung der Pariser Kommune zu widerlegen, das Volk von Paris habe allein die Lasten der Verteidigung getragen[22]. Die Erinnerungspolitik der Dritten Republik würdigte den Einsatz eines jeden Mitglieds der Nation, aber sie legte Wert darauf, dass die republikanischen Institutionen diesen Einsatz gefordert und gelenkt hatten. Die nationale Erhebung von 1870/71 wurde in der offiziösen Deutungskultur des Krieges in die Tradition der als primär bürgerlich-republikanisch aufgefassten Großen Revolution gestellt, indem man sie mit der *levée en masse* von 1793 analogisierte.

Philippoteaux gab in seiner Darstellung ebenso wie Detaille und de Neuville nicht nur einen Gesamteindruck von der militärischen Lage, sondern löste das Geschehen gleichzeitig in Episoden auf. Insbesondere das Champigny-Bild nutzte diese Technik, um die Franzosen vereinzelt auch siegreich zeigen zu können[23]. Massenszenen, die dem Charakter des modernen Krieges gerecht werden und die Geschlossenheit des nationalen Einsatzes demonstrieren sollten, lösten sich dabei mit Darstellungen ab, die das Schicksal von Einzelpersonen in den Mittelpunkt rückten[24]. Diese Einzelpersonen wurden in Handlungszusammenhängen gezeigt, in die sich das Publikum ohne weiteres hineinversetzen konnte. Jedem Betrachter der Panoramen wurde damit auch ein Identifikationsangebot gemacht[25]. Gleichzeitig appellierten die Bilder an den Betrachter, sich in vergleichbaren Situationen ähnlich opferbereit zu verhalten – und dann

---

[21] COMMENT, Das Panorama (wie Anm. 1), S. 68. Insgesamt bescheidenere Zahlen nennt Robichon: In Frankreich besuchten zwischen 1872 und 1885 durchschnittlich 150 000 bis 200 000 Menschen pro Jahr ein Panorama, ab 1885 ließ das Publikumsinteresse aber spürbar nach. Siehe ROBICHON, Die Illusion (wie Anm. 3), S. 54 und 56.

[22] Ibid., S. 58.

[23] Eine prägnante Beschreibung dieses Rundbildes liefert OETTERMANN, Das Panorama (wie Anm. 1), S. 134. Zu den für Frankreich siegreichen Einzelgefechten auch ROBICHON, Die Illusion (wie Anm. 3), S. 58.

[24] Dieser Doppelcharakter wird herausgearbeitet von François ROBICHON, Les panoramas de Champigny et Rezonville par Édouard Detaille et Alphonse de Neuville, in: Bulletin de la Société de l'histoire de l'art français, 10. November 1979, S. 259–283. Bei aller gemeinsamen Vorliebe für die Massenszene und das Episodische unterschied sich der Malstil Detailles aber durchaus von demjenigen de Neuvilles. Detaille zeigte vor allem die Absurdität des Krieges, de Neuville brachte den märtyrerhaft-heroisierenden Zug in die Darstellung ein. Auch den Zeitgenossen blieb nicht verborgen, dass das Panorama zwei verschiedene künstlerische Handschriften erkennen ließ – manche Kritik an den ästhetischen Mängeln des Rundbildes machte sich daran fest. Siehe François ROBICHON, Detaille, de Neuville et les Panoramas, in: Uniformes 59 (1981), S. 14–20.

[25] François ROBICHON, Émotion et sentiment dans les panoramas militaires après 1870, in: Revue suisse d'art et d'archéologie 42 (1985), S. 281–287. Ähnlich auch schon DERS., Les Panoramas en France au XIXe siècle, Diss. Paris X (Nanterre), 1982.

sicherlich mit größerem Erfolg, weil nicht ein korruptes Regime in den ersten Kriegswochen bereits eine Lage herbeigeführt hatte, in welcher der Gegner aus einer eindeutig überlegenen Position heraus seine zahlenmäßige Übermacht ausspielen konnte, die jeden noch so heroischen Widerstand letztlich erstickte[26].

Abb. 1: Édouard Detaille vor der Leinwand des Panoramas von Champigny. Fotografie aus dem persönlichen Album des Künstlers (abgebildet in Marie-Louise VON PLESSEN [Hg.], Sehsucht. Das Panorama als Massenunterhaltung des 19. Jahrhunderts. Ausstellungskatalog, Basel, Frankfurt a.M. 1993, Katalogteil, S. 157).

---

[26] Heilige Schauder, schreibt Robichon, überliefen die Besucher beim Anblick der glücklosen Helden. Siehe ROBICHON, Die Illusion (wie Anm. 3), S. 58.

Abb. 2: »Mobiles morts«. Ausschnitt aus dem Champigny-Panorama von Alphonse de Neuville und Édouard Detaille (abgebildet in François ROBICHON, Detaille, de Neuville et les panoramas, in: Uniformes 59 [1981], S. 18).

Auf der deutschen Seite befand man sich nicht in der Verlegenheit, Niederlagen in moralische Siege ummünzen zu müssen. Das Problem bestand eher darin, unter den vielen Siegen diejenigen auszuwählen, die am meisten darstellungswürdig waren. Dabei ergab sich eine im Vergleich zu Frankreich exakt umgekehrte Präferenz: Die überragende Mehrzahl der Panoramen behandelte die erste Phase des Krieges, die großen Siege über die Armeen Napoleons III. Die zweite Kriegsphase galt aus deutscher Sicht zu sehr als ›schmutziger Krieg‹, in dem sich die Grenzen zwischen Kombattanten und Nicht-Kombattanten im Zeichen des Volks- und Partisanenkrieges verwischten und der harte Winter von 1870 auf 71 die Stimmung im Heer und auch in der Heimat merklich abflauen ließ[27]. Dagegen war der August 1870 die Phase des schnellen Vormarsches, in der sich die logistischen Fähigkeiten des preußisch-deutschen Generalstabs genauso auszahlten wie der Angriffsmut der Invasionsarmee, der sich nicht zuletzt aus nationaler Euphorie speiste. Diese Kriegsphase fand ihren Gipfel- und Endpunkt in der Schlacht von Sedan, mit der die Angreifer ihr militärisches Meisterstück ablieferten. Dass mit der Gefangennahme Napoleons III. und der Revolution in

---

[27] BECKER, Bilder von Krieg und Nation (wie Anm. 12), S. 219–250.

Paris auch das Regime des ursprünglichen Kriegsgegners zusammenstürzte, machte Sedan zu einer Entscheidungsschlacht im Clausewitzschen Sinne. Diese Entscheidung wurde von der neuen französischen Regierung allerdings nicht akzeptiert. Deren Fortführung des Krieges galt auf deutscher Seite freilich immer nur als das unerfreuliche Nachspiel eines eigentlich schon gewonnenen Feldzuges – obwohl die erste Kriegsphase nur gut fünf Wochen, die zweite hingegen fünf Monate umfasste.

Vor diesem Hintergrund kann es nicht überraschen, dass die Schlacht von Sedan in der deutschen Panoramamalerei gleich drei Mal gewürdigt wurde. Diese Häufung erklärt sich aber nicht allein aus der zentralen Bedeutung der Schlacht. Hinzu kamen Motive, die aus der Rivalität der deutschen Länder resultierten. Das eingangs erwähnte Sedan-Panorama von Louis Braun in Frankfurt am Main stellte die Leistung der süddeutschen Truppen in den Vordergrund[28]; in Reaktion darauf schuf Anton von Werner 1883 in Berlin ein Rundbild der Schlacht, das vor allem die Preußen feierte; und zuletzt zeigte 1895 ein Münchner Panorama von Michael Zeno Diemer die Kämpfe bei Bazeilles[29], mit denen die Schlacht von Sedan eröffnet und die von bayerischen Truppen ausgefochten worden waren. Aus diesen Rivalitäten ein Fortleben des kleinstaatlichen Prinzips in Deutschland herauslesen zu wollen, wäre allerdings maßlos übertrieben; vielmehr ging es darum, den eigenen Beitrag zum gemeinsamen nationalen Projekt zu betonen, also gewissermaßen darauf hinzuweisen, dass die nationale Einigung sich in besonderem Maße dem Engagement der Preußen, Bayern oder anderer Landsleute verdankte.

Das Berliner Sedan-Panorama ragte in Deutschland in ähnlicher Weise heraus, wie in Frankreich die Rundbilder der Verteidigung von Paris und des Ausfallgefechts bei Champigny[30]. Schon die aufwendige Gestaltung der Rotunde am Bahnhof Alexanderplatz[31] unterstrich den besonderen Anspruch. Die Herstellungskosten lagen bei rund einer Million Goldmark. Der Durchmesser des Gebäudes betrug 39 Meter; das Rundbild selbst war ca. 15 Meter hoch und 115 Meter breit[32]. Neben dem Panorama wurden einander abwechselnd noch drei Dioramen gezeigt[33], welche die historischen Momente im Umfeld der Schlacht behandelten – die Übergabe der französischen Kapitulation durch General Reille (Abb. 3), die nächtlichen Kapitulationsverhandlungen in Donchery, die Begegnung Bismarcks mit Napoleon III. am Morgen des 2. September[34]. Das Rundbild fing den Stand der Schlacht am 1. September zwischen 13.30 und 14 Uhr

---

[28] VON PLESSEN (Hg.), Sehsucht (wie Anm. 2), Katalogteil, S. 168f.; WEIDAUER, Berliner Panoramen der Kaiserzeit (wie Anm. 7), S. 24.
[29] Eine Abbildung dieses Panoramas findet sich bei COMMENT, Das Panorama (wie Anm. 1), S. 226f.
[30] Eine Abbildung des Berliner Sedan-Panoramas zeigt Dominik BARTMANN (Hg.), Anton von Werner. Geschichte in Bildern. Katalogteil, München 1993, S. 272–275.
[31] Das wuchtige, im Neorenaissancestil errichtete Gebäude machte sich auch im Stadtbild stark bemerkbar. Siehe BALDUS, Das Sedanpanorama (wie Anm. 1), S. 178; WEIDAUER, Berliner Panoramen der Kaiserzeit (wie Anm. 7), S. 24.
[32] BARTMANN (Hg.), Anton von Werner (wie Anm. 30), Katalogteil, S. 270.
[33] OETTERMANN, Das Panorama (wie Anm. 1), S. 210.
[34] BALDUS, Das Sedanpanorama (wie Anm. 1), S. 139f.

ein, die Dioramen rückten in der Chronik jeweils fünf oder sechs Stunden vor[35]. Gerade die Dioramen stellten die Demütigung Frankreichs heraus; Reille wurde in tiefer Verbeugung vor der preußisch-deutschen Führung gezeigt, Napoleon III. trat als gebrochener Mann einem hoch zu Ross triumphierenden Bismarck entgegen. Im Land des westlichen Nachbarn wurde die gesamte Anlage nicht von ungefähr als Provokation empfunden[36]. Zusätzlich zu den Dioramen waren in der Rotunde auch noch eine Relief- und eine Landkarte von Sedan zu sehen[37]. Wie Kapellen waren all diese zusätzlichen Schaustücke in die Nischen der großen Kathedrale des Panoramas eingefügt. Die Stimmungslage, die sich bei den Besuchern einstellte, schwankte zwischen Ehrfurcht, Faszination und Überwältigt-Sein. Mehr als eine Million Menschen haben nach Auskunft der Forschung bis zum Jahre 1904, als die Rotunde geschlossen wurde[38], das Berliner Sedan-Panorama besucht[39].

Abb. 3: Anton von Werner, General Reille überbringt König Wilhelm Napoleons Brief. Diorama im Sedan-Panorama am Alexanderplatz in Berlin (abgebildet in Dominik BARTMANN [Hg.], Anton von Werner. Geschichte in Bildern. Katalogteil, München 1993, S. 280f.).

Die Rolle, die dieses Panorama als nationale Weihestätte spielte, durfte dabei in keiner Weise beschädigt werden. Dass eine ausländische, konkret: eine belgische Kapital-

---

[35] Reille übergab den Kapitulationsbrief um 19 Uhr, die Verhandlungen werden als mitternächtliche Szene dargeboten, Bismarck und Napoleon III. trafen am 2. September um 6 Uhr morgens zusammen. Siehe BARTMANN (Hg.), Anton von Werner (wie Anm. 30), S. 279–289; WEIDAUER, Berliner Panoramen der Kaiserzeit (wie Anm. 7), S. 25.
[36] ROBICHON, Die Illusion (wie Anm. 3), S. 54.
[37] OETTERMANN, Das Panorama (wie Anm. 1), S. 210.
[38] Ibid., S. 206.
[39] Ibid., S. 191.

gesellschaft den Bau der Anlage finanzierte[40], wurde vertuscht, indem offiziell ein Berliner Konsortium vorgeschoben wurde – hinter dem freilich das Geld der Gesellschaft aus dem westlichen Nachbarland stand[41]. Und als sich bei der Schließung der Berliner Rotunde andere Städte darum bewarben, das Schaubild für einige Zeit in ihren Mauern zu beherbergen, verweigerte Anton von Werner die Freigabe mit den Argumenten, dass der Kaiser das Gemälde zu kaufen gedenke und dass eine so offensichtlich kommerziell motivierte ›Tournee‹ dem nationalkulturellen Status dieses Werkes nicht entspreche, das in der Hauptstadt des Deutschen Reiches den einzigen ihm würdigen Platz eingenommen habe[42].

Um den Stellenwert des Panoramas in der Erinnerungskultur des Krieges angemessen beschreiben zu können, sind vor allem die Emotionen zu beachten, die von den Rundbildern provoziert wurden. In einer Genealogie medialer Kriegsdarstellungen bildeten sie die bis dato höchste Aufgipfelung des Realismus: Hatten zunächst mündlich oder schriftlich dargebotene Berichte die Vorstellungskraft des Publikums herausgefordert, hatten anschließend und parallel visuelle Darstellungen den Eindruck des Augenscheins vermittelt, so kombinierten Panoramen den Augenschein, der durch die Rundumsicht zusätzliche Authentizität gewann, mit einem Kulissenzauber, der den Besuch der Rotunde zu einer regelrechten Zeitreise werden ließ. Panoramen zeigten nicht nur ein Abbild der Realität, sondern simulierten vergangenes Geschehen. Wer sie besuchte, vollzog das Erleben derjenigen nach, die tatsächlich an dem gezeigten Ereignis beteiligt gewesen waren[43].

---

[40] Belgische Gesellschaften waren ohnehin im europäischen Panoramageschäft lange führend, bevor auch französische Konsortien eine Rolle zu spielen begannen. Siehe ROBICHON, Die Illusion (wie Anm. 3), S. 54.
[41] BALDUS, Das Sedanpanorama (wie Anm. 1), S. 179; auch OETTERMANN, Das Panorama (wie Anm. 1), S. 188f., sowie WEIDAUER, Berliner Panoramen der Kaiserzeit (wie Anm. 7), S. 24.
[42] BALDUS, Das Sedanpanorama (wie Anm. 1), S. 218f.
[43] Wie intensiv dieses Nacherleben sein konnte, deutet eine Passage aus Fontanes Roman »Effi Briest« an. Nach einem Besuch des St. Privat-Rundbildes (das von 1881 bis 1883 im Nationalpanorama an der Berliner Herwarthstraße gezeigt wurde – siehe OETTERMANN, Das Panorama [wie Anm. 1], S. 204), hat Effi abends nervöse Zustände, was von ihrem Ehemann Innstetten auf die Wirkung des Schlachtengemäldes zurückgeführt wird. Siehe Theodor FONTANE, Effi Briest, in: DERS., Werke in fünf Bänden, Bd. 4, Berlin, Weimar 1983, S. 45 und 50.

Abb. 4: Albert Robida, Le Panorama de la bataille de Champigny. Zeichnung aus »La Caricature« vom 15. Juli 1882 (abgebildet in François ROBICHON, Die Illusion eines Jahrhunderts – Panoramen in Frankreich, in: Marie-Louise VON PLESSEN [Hg.], Sehsucht. Das Panorama als Massenunterhaltung des 19. Jahrhunderts. Ausstellungskatalog, Basel, Frankfurt a.M. 1993, S. 55).

Schon während des Feldzugs von 1870/71 war in Deutschland das Kriegserlebnis zu einer Initialzündung für die Entstehung von Nationalbewusstsein stilisiert worden. Das galt nicht nur im Hinblick auf die Kriegsteilnehmer, die in der Rolle von *Deutschen*, die ihnen im Verlauf des Feldzugs immer stärker zuwuchs, extreme Erfahrungen von Schmerz, Erschöpfung und Todesangst, aber auch Jubel und Euphorie machten, die sie fortan an diese Rolle binden sollten, sondern auch für die Daheimgebliebenen, die durch Medienkonsum, durch eine dichte Kommunikation via Zeitung, Zeitschrift und Druckgrafik, aber auch Brief und Postkarte die Erfahrungen der Soldaten so intensiv

wie möglich nachvollzogen[44]. Die Einheit der Nation wurde im Krieg von 1870/71 nicht nur faktisch erkämpft, sondern gleichzeitig als Einheit eines nationalen Erlebnisraumes inszeniert. Die wechselseitige Perspektivübernahme von Kriegsschauplatz und Heimat, durch Medien in den Bereich des Möglichen gerückt, schuf eine Kultur der Identifikation, die für nationale Kriege fortan konstitutiv bleiben sollte[45].
Das Panorama war der Ort, an dem diese Kultur der Identifikation in die Retrospektive verlegt wurde. Die Kriegsteilnehmer erhielten die Gelegenheit, ihre damaligen Erfahrungen wieder aufzufrischen, die Daheimgebliebenen und die Nachgeborenen nutzten die perfekte Simulation historischer Realität, um den Erfahrungen der Soldaten so nahe wie möglich zu kommen[46]. Alle Mitglieder der Nation, könnte man angesichts des Massenpublikums der Rotunden zugespitzt formulieren, ließen sich imaginär auf die Schlachtfelder des Krieges entführen, um des Erlebnisses teilhaftig zu werden, das als der Ursprung der Nation, der nationalen Einheit und Gemeinschaft galt. Ob dieses Erlebnis, wie in Deutschland, der mit dem Blut vieler Soldaten erkaufte Sieg über die einzige verbliebene Macht war, die der nationalen Einheit noch im Wege stand, oder ob es, wie in Frankreich, der tragische Heroismus einer Niederlage war, aus der sich die Hoffnung auf künftige Siege schöpfen ließ, änderte nichts an der strukturellen Ähnlichkeit dieses Zusammenspiels von Krieg, Erinnerung und Identifikation.
Ein Blick in die Schweiz offenbart, dass es im Gefolge des Krieges von 1870/71 sogar noch eine weitere Variante gab. Der Genfer Maler Édouard Castres schuf 1881 ein Rundbild, das die Armee des französischen Generals Bourbaki zeigte, die im Februar 1871 in militärisch aussichtsloser Lage halb verhungert und erfroren bei Verrières die Schweizer Grenze überschritt[47] (Abb. 5). Nach internationalem Recht mussten die Schweizer diese Armee sofort entwaffnen, um nicht durch die Begünstigung einer Kriegspartei ihren Status als neutrale Macht aufs Spiel zu setzen. Indem Castres diesen Akt der Entwaffnung darstellte und indem er gleichzeitig vor Augen führte, wie nicht nur das Rote Kreuz, sondern auch Privatpersonen den entkräfteten Soldaten sofort humanitäre Hilfe leisten, spiegelte er in den Ereignissen zwei zentrale Bestandteile des nationalen Selbstverständnisses der Schweiz: Neutralität und Humanität. Weniger martialisch als die Schlachtenpanoramen in Frankreich und Deutschland, erfüllte doch auch das Schweizer Panorama den Zweck, gleichzeitig optische Sensation und nationale Kultstätte zu sein[48].

---

[44] BECKER, Bilder von Krieg und Nation (wie Anm. 12), passim.
[45] Frank BECKER, Deutschland im Krieg von 1870/71 oder die mediale Inszenierung der nationalen Einheit, in: Ute DANIEL (Hg.), Augenzeugen. Kriegsberichterstattung vom 18. zum 21. Jahrhundert, Göttingen 2006, S. 68–86, hier S. 76–81.
[46] Auch das Sedan-Panorama begünstigte die Identifikation noch dadurch, dass es auch einfache Soldaten porträtierte – Figuren also, in denen die Betrachter sich selbst gespiegelt sahen. Siehe BALDUS, Das Sedanpanorama (wie Anm. 1), S. 126.
[47] Informationen zu diesem Rundbild und eine Abbildung desselben bei COMMENT, Das Panorama (wie Anm. 1), S. 214f.
[48] Mit wichtigen Informationen schon Édouard RAVEL, Édouard Castres et le panorama de l'entrée de l'armée française aux Verrières en 1870, in: Recueil genevois d'art. Nos anciens et leurs œuvres, Genf 1903, S. 88–92. In der neueren Forschung Brigit KÄMPFEN-KLAPPROTH,

Abb. 5: Das Rote Kreuz versorgt entkräftete französische Soldaten. Ausschnitt aus dem Bourbaki-Panorama von Édouard Castres (abgebildet in Frank BECKER, Bilder von Krieg und Nation. Die Einigungskriege in der bürgerlichen Öffentlichkeit Deutschlands 1864–1913, München 2001, S. 452, Bildteil, Nr. 31).

Die großen Panoramen, die nach dem Krieg von 1870/71 entstanden, dienten also in doppelter Hinsicht als Schmelztiegel: Zum einen lösten sie soziale Barrieren auf, indem sie Menschen aus allen Gesellschaftsschichten zu ihren Besuchern zählten; zum anderen verschmolzen sie die Perspektiven von Kriegsteilnehmern und Daheimgebliebenen – in der Rotunde wurden die nicht am Feldzug Beteiligten imaginär mit den großen Ereignissen der nationalen Vergangenheit konfrontiert, und sie hatten damit auch Teil an den Gefühlen, von denen die wirklichen Augenzeugen bewegt worden waren. Die visuelle Wunderwelt verband sich mit der Vision einer Nation als Erfahrungsgemeinschaft: Wer durch ein Schlachtenpanorama hindurchgeschleust worden war, hatte damit die Erlebnisse mitvollzogen, die das emotionale Fundament der nationalen Einheit bildeten. Dieses Fundament bei Bedarf zu erneuern, gehörte zu den Aufgaben des Panoramas, das die Augen-Blicke der nationalen Größe, indem es sie konservierte, auch immer wieder aufs Neue konsumierbar machte.

Das Bourbaki-Panorama als Werk von Édouard Castres, in: Revue suisse d'art et d'archéologie 42 (1985), S. 288–291; BECKER, Bilder von Krieg und Nation (wie Anm. 12), S. 481f.

Personenregister

Agulhon, Maurice 85
Ahlwardt, Hermann 103
Arenberg, Franz von 106
Arndt, Ernst Moritz 58, 64
Audouard, Olympe 69–71

Barbet, Virginie 72f.
Bebel, August 94, 106f., 112f.
Balzac, Honoré de 25
Bérenger, Henri 134f., 143
Bertillon, Alphonse 90
Beta, Heinrich 61
Bethmann Hollweg, Theobald 111
Bieberstein, Adolf 109
Bierbaum, Otto Julius 122
Bismarck, Otto von 101, 109, 186f.
Blook, Paul 94
Borchardt, Rudolf 121
Bosquet, Amélie 69
Bourbaki, Charles 190f.
Boursin, Elphège 152f., 161
Braun, Louis 178, 186
Bülow, Bernhard von 94, 107, 113, 120

Caillaux, Joseph 103
Caldelar, Adèle 69
Castres, Édouard 190f.
Champfleury (Redakteur/rédacteur au »Corsaire«) 27
Charles X 79
Chenu, Marie 69
Clausewitz, Carl von 186
Clemenceau, Georges 140

Daubié, Julie 69, 71
Deneuville, Alphonse 182–185
Dernburg, Bernhard 107
Deroin, Jeanne 67–69
Detaille, Édouard 182–185
Diemer, Michael Zeno 186
Dilke, Charles 103
Dresdner, Albert 171
Dreyfus, Alfred 103
Dumas, Alexandre 25
Durand, Marguerite 75
Duruy, Victor 69
Dutaq, Armand 9, 24

Edouard VII 133

Endrulat, Bernhard 56
Erzberger, Matthias 104
Eulenburg, Philipp 102, 111, 114, 116, 123–127

Falkenhayn, Erich 111
Ferrouillat, Jean-Baptiste 149f.
Féval, Paul 23, 25
Forain, Jean-Louis 147
Forstner, Günter von 111
Franz Joseph I. 65

Gagneur, Marie-Louise 72
Gambetta, Léon 154
Gautier, Théophile 25, 27
Gentz, Friedrich 31
George, Lloyd 108
Girardin, Delphine de 25
Girardin, Émile de 9, 11, 20, 24f., 29
Gouin, Mme 80

Hammann, Otto 101
Harden, Maximilian 104, 112, 123f.
Hauptmann von Köpenick siehe Voigt, Wilhelm
Hauptmann, Gerhart 93
Herbois, Collot d' 153
Héricourt, Jenny P. d' 69
Heeringen, Josias von 114
Hervé, Gustave 80
Hirsch, Jenny 69, 73
Hoffmann, Paul 166
Horn, Waldemar 102
Hugo, Victor 71

Ibsen, Henrik 93

Jahn, Friedrich Ludwig 58

Kinkel, Gottfried 61
Knight, Charles 37
Kotze, Leberecht von 102
Krupp, Friedrich Alfred 102–104, 113

Langerhans, Georg 94
Lanier (Drucker/imprimeur du »Courrier français«) 137
Leckert, Heinrich 102, 109
Legrand, Louis 140, 149

Leist, Heinrich 102, 104, 106f.
Leloir (Richter/juge) 143
Léo, André 69, 72–74
Lewald, Fanny 69, 72
Liebknecht, Karl 103, 114
Liesegang, Paul Eduard 166
Löwenfeld, Raphael 170
Lozé, Henri Auguste 149
Luden, Heinrich 31
Lützow, Karl 102, 109
Lyser, Johann Peter 61

Mann, Thomas 121
Marx, Karl 157
Metternich, Clemens Lothar Wenzel von 31
Meyer, Arthur 79
Meysenbug, Malwida von 69
Mink, Paule 69, 73
Miquel, Johannes von 103
Moigno (Abt/abbé) 167
Moltke, Kuno von 111, 116, 124
Morin, Louis 135
Murger, Henri 27f.

Napoléon Ier 57
Napoléon III 181f., 185–187
Nerval, Gérard de 25
Niboyet, Eugénie 69f.
Nisard, Désiré 24
Noltenius, Rainer 56

Otto, Louise 67–69, 72f.

Pape-Carpantier, Marie 71
Parnell, Charles Stewart 103
Pelleton, Camille 87
Peters, Carl 102, 107
Petit, Léonce 158
Philippoteaux, Félix 182f.
Podbielski, Victor von 114
Posa, Marquis von 62
Poujade, Eugénie 69
Prutz, Robert 31
Puttkamer, Jesco von 102

Quidde, Ludwig 112, 122f.

Reille, André Charles Victor 187
Richer, Léon 74
Richter, Eugen 106, 113

Riotor, Léon 138
Robida, Albert 145f., 189
Roques, Jules 137f., 140f.
Roselius, Ludwig 120
Rössler, Robert 73
Royer, Clémence 69

Sand, George 25
Sarkozy, Nicolas 7
Schack, Wilhelm 103
Schiller, Friedrich 56, 58f., 62f.
Schmidt, Auguste 73
Schnitzler, Arthur 93
Schönrock (Projektionskunst) 171
Schönwasser, Rosalie 69, 72
Schröder, Gerhard 7
Sello, Erich 116
Séverine (Journalistin/journaliste) 75
Siebenpfeiffer, Philipp Jakob 34
Simon, Jules 69
Sims, George R. 166, 174f.
Sittenfeld (Projektionskunst) 174
Soulié, Frédéric 25
Stanley, Henry Morton 103
Stead, Wilhelm T. 104, 108, 172f.
Strong, Josiah 174
Sue, Eugène 25–27

Tausch, Eugen von 109

Veber, Jan 133f.
Victoria, Königin von England 133
Vitu, Auguste 27
Voigt, Wilhelm (alias Hauptmann von Köpenick) 89–98, 110

Wagner, Richard 166
Wehlan, Ernst 102, 104, 106f.
Werner, Anton von 186
Wilhelm I./Guillaume I 171
Wilhelm II./Guillaume II 102, 112f., 119, 121–128
Willette, Adolphe-Léon 134–138, 142f., 144
Wilson, Daniel 137
Wirth, Johann Georg August 34

Zetkin, Clara 75
Zier, Édouard 139f., 149
zu Hohenlohe-Schillingsfürst, Chlodwig 109

Medienregister

Almanach du Père Gérard 153f.
Augsburger Allgemeine 10, 38

Berliner Lokal-Anzeiger 10, 40, 91, 96, 108
Berliner Morgenpost 91, 97
Berliner Morgenzeitung 89f., 92, 95, 97
Berliner Tageblatt 89, 91f., 94f., 97, 106, 109, 124
Berliner Volkszeitung 56
Berliner Zeitung am Mittag 93, 105

Courrier de Paris et des Départements 153f.

Daheim 39
Daily Mail 105
Daily Telegraph 102, 113, 125–129
Der Frauen-Anwalt 73
Der Hamburgische Correspondent 60, 65
Der Wandelstern 68
Deutsches Wochenblatt 72
Die Frauen-Zeitung 67
Die Gleichheit 75
Die Ost-Deutsche Post 61

Frankfurter Zeitung 96

Gartenlaube 39f.
Gazette de Paris 153
Germania 110

Help 169, 172f.

Illustrated London News 169
Illustrirte Deutsche Monatshefte 72

Journal des enfants 24
Journal officiel 85

Kladderadatsch 62, 102
Kölnische Volkszeitung 104, 124
Kölnische Zeitung 72
Kulturparlament 126

L'Almanach des femmes 67–69
L'Artiste 27
L'Égalité 73
L'Époque 23
L'Est. Journal démocratique 153

L'Humanité 80
L'Indépendant 82
L'Opinion des femmes 68
L'Opinion nationale 71
La Caricature 132, 145f., 149, 189
La Démocratie 72f.
La Dépêche 81–84, 86f.
La Feuille de Douai 82
La Fronde 75
La Libre Pensée 73
La Petite Presse 78
La Politique des femmes 68
La Presse 9, 11, 13, 20, 24–29, 48
La République 87
La Silhouette 24, 27
La Situation 72
La Voix des femmes 69
Le Charivari 24, 158
Le Corsaire 28
Le Courrier français 132, 136f., 139f., 147f.
Le Droit des femmes 74
Le Figaro 48, 50, 81–83, 85, 87
Le Fils du diable 23
Le Gaulois 79
Le Grelot 158
Le Journal des connaissances utiles 24
Le Journal des femmes 71
Le Journal pour toutes 69f.
Le Magasin pittoresque 24, 164
Le National 83f., 87
Le Papillon 71
Le Père Gérard 152–161
Le Petit Journal 22, 48–50, 80, 82–86, 152
Le Petit Parisien 11, 48, 50
Le Rire 132f., 142–144
Le Siècle 9, 13, 24, 48, 72
Le Temps 133
Le Voleur 24
Les États-Unis de l'Europe 73
Les Mouches et les Araignées 73
London Times 65

März 126
Mitteldeutsche Zeitung 73
Musée d'éducation 24

Neue Bahnen 73f.
Neue Preußische Zeitung 112

Penny-Magazin 37
Pfennig-Magazin 37–40

Reichs-Anzeiger 107
Revue cosmopolite 71

Simplicissimus 125
Süddeutsche Monatshefte 126

Tam-tam 27
Tat 126

The Graphic 169

Über Land und Meer 39

Vorwärts 104, 107f., 110, 112
Vossische Zeitung 10, 38, 40, 103, 112

Westermann's Jahrbuch (siehe Deutsche Illustrirte Monatshefte) 72
Westermanns Monatshefte 39
Wiener Morgenpost 64

Autorinnen und Autoren

Anne-Claude AMBROISE-RENDU, maître de conférence à l'université Paris X – Nanterre

Frank BECKER, Professor für Neuere und Neueste Geschichte an der Universität Münster

Laurent BIHL, agrégé d'histoire-géographie, professeur au lycée Paul-Éluard à Saint-Denis

Frank BÖSCH, Professor für Fachjournalistik Geschichte am Historischen Institut der Justus-Liebig-Universität Gießen

Christian DELPORTE, professeur d'histoire contemporaine à l'université Versailles-Saint-Quentin

Thorsten GUDEWITZ, Stipendiat am Graduiertenkolleg »Transnationale Medienereignisse von der Frühen Neuzeit bis zur Gegenwart« der Justus-Liebig-Universität Gießen

Daniela KNEISSL, Fachreferentin für Zeitgeschichte am Deutschen Historischen Institut in Paris (2005–2008)

Martin KOHLRAUSCH, Dilthey-Fellow an der Fakultät für Geschichtswissenschaft der Ruhr-Universität Bochum

Philipp MÜLLER, Lecturer in Modern German History, University College London

Alice PRIMI, post-doctorante à l'université Paris VIII – Vincennes-Saint-Denis

Jörg REQUATE, Privatdozent an der Fakultät für Geschichtswissenschaft und Philosophie der Universität Bielefeld

Marie-Ève THÉRENTY, professeur de littérature française à l'université Montpellier III – Paul-Valéry

Ludwig VOGL-BIENEK, wissenschaftlicher Mitarbeiter am Sonderforschungsbereich »Fremdheit und Armut« der Universität Trier